本书系 2021 年教育部人文社科青年基金项目
"20世纪80年代图书出版场域及其影响研究"成果，项目编号为 21YJC860019

传媒与文化书系

20世纪80年代图书出版与社会思潮关系研究

宋 扬 ◎ 著

中国传媒大学出版社
·北京·

目 录
Contents

前　言 ……………………………………………………………………………………… 1
第一章　绪　论 …………………………………………………………………………… 1
　　一、研究背景与选题意义 ………………………………………………………………… 1
　　二、研究对象与概念的廓清 ……………………………………………………………… 7
　　三、理论框架及其在本书中的应用 …………………………………………………… 12
　　四、研究方法与主体框架 ……………………………………………………………… 15
第二章　20世纪80年代的社会思潮及其对中国现代化道路的回应 ……………………… 19
　　一、两场运动的双重变奏以及20世纪80年代的时代主题 …………………………… 19
　　二、文化热与三个民间文化团体 ……………………………………………………… 31
　　三、贯穿20世纪80年代的四种社会思潮及其对中国现代化道路的回应 …………… 44
　　四、四种社会思潮的表征之一：对中国知网相关讨论文章的统计 ………………… 49
第三章　20世纪80年代图书出版的发展概况与阶段性特点 ……………………………… 55
　　一、从严控到宽松：图书出版环境逐步改善 ………………………………………… 56
　　二、从"书荒"到"书潮"：图书出版能力与规模持续走高 ………………………… 60
　　三、从"卖方"到"买方"：图书市场性质发生根本转变 ………………………… 68
　　四、从"系列丛书"到"编委会制"：出版编辑模式灵活多样 …………………… 70
第四章　20世纪80年代图书出版与人道主义思潮 ………………………………………… 77
　　一、哲学与美学领域的人道主义思潮 ………………………………………………… 77
　　二、文学领域的人道主义思潮 ………………………………………………………… 87
　　三、20世纪80年代图书出版与人道主义思潮的相关性回归分析 …………………… 92
第五章　20世纪80年代图书出版与科学主义思潮 ………………………………………… 97
　　一、20世纪80年代的"唯物论科学主义" …………………………………………… 97
　　二、20世纪80年代的"经验论科学主义" ……………………………………………101

三、20 世纪 80 年代图书出版与科学主义思潮的相关性回归分析 ……………… 111

第六章　20 世纪 80 年代图书出版与文化保守主义思潮……………………… 117
　一、"寻根文学"与文化寻根 ……………………………………………………… 117
　二、中国文化书院及其文化保守主义思想 ……………………………………… 120
　三、以"中国文化史"命名的系列丛书在 20 世纪 80 年代的出版 …………… 129
　四、20 世纪 80 年代图书出版与文化保守主义思潮的相关性回归分析 ……… 136

第七章　20 世纪 80 年代图书出版与文化自由主义思潮……………………… 141
　一、20 世纪 80 年代的文化自由主义思想与"全盘西化"论 ………………… 141
　二、20 世纪 80 年代的西学译丛：作为一种文化自由主义的想象 …………… 145
　三、新时期中国"现代派"文学与文化自由主义 ……………………………… 162
　四、20 世纪 80 年代图书出版与文化自由主义思潮的相关性回归分析 ……… 169

结论与讨论 ……………………………………………………………………………… 175
参考文献 ………………………………………………………………………………… 179
附　录 …………………………………………………………………………………… 195

前　言

作为新时期的20世纪80年代，常常被认为是中国历史上五四运动以来的"第二次启蒙运动"时代。这一时期，各种社会思潮竞相激荡、碰撞交叠，大量新知识、新概念、新方法被广泛且频繁地引介至国内，人们的思想观念急剧变化。因而，20世纪80年代也被认为是中国历史上知识生产的又一个高峰时期，是当代中国思想文化重要的"原始积累"阶段。正是由于20世纪80年代处于中国历史上如此特殊的位置，对其思想文化的研究便相应地显现出了更加深层次的价值和意义。

社会思潮是特定社会历史条件下，具有广泛影响力的反映某种群体利益或诉求的社会意识的运动形态，它通常是从知识分子群体发端，或者从外部世界引入，逐步扩展至社会生活的各个层面，进而影响到普通民众的心理取向和行为选择。就形成原因而言，社会思潮往往与社会发展和变革当中所产生的问题密切相关：激变的社会提出了某些急迫的问题，这些问题在思想家、知识分子那里转化为某种社会关切，此时，社会思潮以相对规整的理论形态提出了对"问题"的回应。

图书是积累知识和播撒文明最有效的载体与工具，"一个时代的文化，在很大程度上就蕴藏在图书馆里"；而相应的，图书出版活动作为社会文化生活的重要组成部分，是传播思想文化乃至推动思想潮流变革与发展的关键媒介与必要桥梁。本书将20世纪80年代图书出版对社会思潮产生的影响作为研究对象，尝试说明图书出版活动与社会思潮的形成、发展、转向、消亡之间具有确定性的关联。通过对已有的20世纪80年代思想文化研究文献的回顾，笔者发现在学者们展开研究和论证的过程当中，图书出版始终是绕不开的话题，凡提及20世纪80年代的重要人物或节点性事件，几乎都会自然而然地提到与之相关的图书出版。究其原因，正是出版与思想文化之间有着天然的渊源，文化是出版的内容，出版是思想的载体。图书出版业所产出的具有文化价值的精神产品，为人类社会不竭地提供着知识给养与思想源泉，为筑牢国家与民族的精神文化堡垒贡献着力量。由此，本书创新性地以图书出版作为20世纪80年代思想文化研究一以贯之的重要视角，并以社会思潮为抓手，对新时期中国的思想文化整体状况和基本走向进行较为全面的梳理与考察。

本书欲以人道主义思潮、科学主义思潮、文化保守主义思潮、文化自由主义思潮作为20世纪80年代的代表性社会思潮。究其原因，它们均是在各自的精神向度探索着中国现代化道路的前进方向，是对20世纪80年代时代课题的积极回应。概括来说，它们对新时期中国现代化道路的选择分别是以人的现代化、科学技术的现代化、传统文化的现代化转化、西化来实现国家和民族的现代化。但是，无论是从历史还是从现实的维度来看，"当代中国的伟大社会变革，不是简单延续我国历史文化的母版，不是简单套用马克思主义经典作家设想的模板，不是其他国家社会主义实践的再版，也不是国外现代化发展的翻版"。回溯中国近代以来所走过的艰辛历程，一次又一次的实践证明，唯有中国特色社会主义道路才是一条既符合中国国情，又适合时代发展要求并取得巨大成功的正确道路。中国特色社会主义道路是实现我国社会主义现代化、创造人民美好生活的必由之路。中国特色社会主义是实现中华民族伟大复兴的必由之路。

从这个意义上讲，对20世纪80年代图书出版与社会思潮之间关系的研究，对于新时代的出版业与出版人具有一定的指导意义，使其能够准确把握时代脉动，制定富有创造性的出版策略，营造正能量的阅读环境。另外，图书出版活动应被视为我国现代化建设中的重要活动，正确引导图书出版活动，能够使其有效地引领正确的价值观念，推动我国社会思潮健康发展，使先进的思想文化得以广泛传播，为快速发展与变革中的社会提供坚强有力的思想基点和精神柱石。

第一章 绪 论

一、研究背景与选题意义

（一）20世纪80年代思想文化研究的特殊意义

1949年7月，在第一次中华全国文学艺术工作者代表大会上，胡风以抒情长诗《时间开始了》庆祝中华人民共和国成立，"时间开始了！"这句经典的表达被誉为以一句话抒发了"绝无法用文字表达的感情"。本书所要关注的20世纪80年代则常常被认为是中国历史上五四运动以来开启"第二次启蒙运动"的时代。

将20世纪80年代的思想文化讨论书写成为五四运动的继承，已见诸多位著名思想文化学者的论著当中。纽约大学教授张旭东（2014：37）曾说："发生在80年代的文化讨论是1919年'五四新文化运动'以来一次最广泛、最深刻的文化反思潮流。"复旦大学教授邹诗鹏（2012：1）认为："从1978年至1989年，大致可以看成是思想观念的新启蒙时期，也可以看成是当代中国史上的'文艺复兴'时期，是20世纪'五四'文化精神在当代中国的续写和再现。"20世纪80年代中后期"文化热"中的主要在场者甘阳（2006：3）在《八十年代文化意识》一书初版的《前言》中概括道："1980年代（20世纪80年代）的'文化热'常常被称为五四运动以来中国规模最大的一次文化反思运动。"中国当代人文学者刘再复在一次访谈中也将20世纪80年代的文化思想讨论与五四运动并列，将两者称为"20世纪中国的两大思想运动"（马国川，2008d）。20世纪80年代颇具影响力的李泽厚（1987：44）也说过："一切都得从五四讲起。中国现代史好些基本问题都得追溯到五四，在思想文化、意识形态领域内，尤其如此。"李泽厚在《启蒙与救亡的双重变奏：五四回想之一》一文中将五四运动描述为"新文化运动"与"学生爱国反帝运动"两个性质不同运动的综合，认为五四运动是思想启蒙性的新文化运动与反帝救亡性的政治运动的合流。他（李泽厚，1986）进一步提出，"虽然'五四运动'以新文化运动作为起点，但是当文化启蒙、科学民主的主题又一次与救亡、爱国的主题相互碰撞、纠缠、同步的时候，启蒙与救亡并行不悖、相得益彰的局面就被打破了，时代的危亡局势和剧烈的现实斗争，迫使政治救亡的主题又一次全面压倒了思想启蒙的主题，救亡的局势、国家的利益、人民的疾苦压倒了知识者或知识群体对自由、平等、民主、民权和各种美妙理想的追求和需求，压倒了对个体尊严、个人权利的注视和尊重。启蒙与救亡（革命）的双重主题的关系在'五四'以后并未得到合理的解决，革命不仅没有继续推进文化思想启蒙，而且逐渐忽略了启蒙的价值和意义，使得传统的旧意识形态改头换面地卷土重来，最终带来了巨大的苦果"[①]。根据李泽厚对"文化启蒙"与"政治救亡"两种力量之关系的描述，从某种意义上讲，"文革"后的20世纪80年代的思想文化讨论实际上承担起了五四运动所未完成的思想启蒙使命。因此，周扬（1980：6-9）在1979年5月2日至9日召开的纪念五四运动六十周年学术研讨会上提出："伟大的五四运动不仅仅是反帝反封建的政治运动，同时还是空前未有的思想解放运动。"历史地看，周扬这一报告在新时期伊始即对五四运动思想启蒙的历史使命进行了高度评价，实际上正是指涉20世纪80年代的思想文化讨论应承续五四运动成为中国历史上另一个思想解放的高峰时期，是对思想再启蒙这一时代课题的及时回应。

除去将20世纪80年代的思想文化讨论视为思想启蒙"断裂"后的"接续"，还有学者从知识生产的角度肯定20世纪80年代思想文化讨论的历史意义，认为可以将其视为继五四运动甚至洋务运动之后中国的又一个知识生产高峰，认为20世纪80年代是当代中国重要的思想"原始积累"阶段。（张旭东，1997：18）与此相类似的是，李杨（2009：14）认为："我们对于今天这个世界的理解框架仍然是'80年代'所建构和奠定的。"换言之，20世纪80年代在思想文化方面的争论和探索，奠定和形塑了当代中国的思维模式和思想体系。金观涛曾在一次访谈中说："'80年代'是一个思想丰富、见解各异的时代，大家都在为中国找出路，目标都是中国的开放、现代化。"（马国川，2011：175）因此，无论是将20世纪80年代思想文化讨论视为上承五四运动、下接新时期"现代化"想象的关键历史连接点，还是将其视作"文革"结束与改革开放开始之间的"历史中间物"（皮坰勋，2013：1），都不会否认其反思"文革"、思想启蒙，并为新时期中国寻找现代化

[①] 李泽厚认为，"五四运动"中的"新文化运动"至少在发展初期与清末谭嗣同、严复、梁启超等人在戊戌变法中所大力提倡的"新民""西学取代中学"等启蒙主张是一脉相承的，并无根本的不同。戊戌变法中的思想启蒙之所以被打断，究其本质实际上是为实现"反帝或反清朝"的目的让路，这与五四运动中"救亡压倒启蒙"的论断是殊途同归的，因此，文中"又一次"即指涉戊戌变法中启蒙主张中断。这里也暗示了思想启蒙在中国历史上一次又一次地被打断，终未完成的历史现状，进一步说明了20世纪80年代的"思想启蒙运动"在中国历史中的源流和意义。

出路的时代主题。20世纪80年代处于中国历史上如此特殊的位置，对这个阶段的思想文化的研究便相应地显现出更加深层的价值和意义，如何理解和评价这段历史中发生的思想与文化变迁，不仅关涉如何评价中国现代化进程中所涌现的社会思潮与意识形态，而且进一步关涉如何评价文化对于当代中国式现代化的塑造作用、文化对于仍在进行当中的改革开放的历史影响、文化对于实现中华民族伟大复兴的中国梦的积极贡献。

（二）图书出版视角下20世纪80年代思想文化研究的独特价值

21世纪之后，随着20世纪80年代相关研究成果的不断发表或出版，20世纪80年代的思想文化开始受到文化界和学术界的持续关注，对20世纪80年代思想文化的研究逐渐从一门显学，演变成为一种具有学术潮流的标题。

以20世纪80年代思想文化作为研究对象的论著当中，一批以亲历者、参与者的口吻和视角对那个年代所进行的记述尤为值得关注，被认为是20世纪80年代思想文化研究的第一手珍贵资料。其中，《我与八十年代》（马国川，生活·读书·新知三联书店，2011）、《八十年代：访谈录》（查建英，生活·读书·新知三联书店，2006）、《重返黄金时代：八十年代大家访谈录》（马原，吉林出版集团股份有限公司，2016）三部著作均是以访谈的形式，记录20世纪80年代主要亲历者的相关回忆和当时的思想动向，并尝试从中挖掘出新的价值和意义。在这三部访谈回忆录当中，查建英的《八十年代：访谈录》在书写笔法上显得更为写实和随性，她几乎"原生态"地记录了与阿城、李陀、甘阳、崔健等十二位访谈对象之间的对话，这种记述方式与查建英对20世纪80年代所持有的态度密切相关，同为20世纪80年代在场者的查建英认为，"20世纪80年代是当代中国历史上一个短暂、脆弱却颇具特质、令人心动的浪漫年代"。（查建英，2006：3）但是，查建英奔走各地并将访谈内容结集成册也并不仅出于对彼时热情、浪漫的怀旧，正如她在该书的序言中提到的："经过十几年的沉淀、积累、云游世界，人人一脑袋见识，个个一肚子干货，于是决定增加访谈人数，拓宽角度，不仅请他们回顾过去，也听他们谈论现在。……他们如何看待自己形成期的历史与追求？他们如何应对全球化时代里种种复杂的新问题？他们如何看待自己青年时代的价值理想？我相信他们的思考和实践必定会在不同程度上影响到社会的未来。"（查建英，2006：5-10）马国川的著作《我与八十年代》当中的访谈稿最早作为改革开放三十周年的系列纪念文章于2008年被先后连载在《经济观察报》中。从访谈对象的选取来看，马国川倾向于选择更具代表性的学者或者思想家，他试图通过对王元化、李泽厚、汤一介、金观涛、刘再复等人的访谈，尝试最大程度还原和展现真实的历史，正如他自己所言："历史的真实不应该脱离人的心灵而单独存在，'八十年代'的人物以他们的心灵和眼睛为我们所展示的历史是真实的历史，至少是真实历史中的一部分，其中也沉淀着他们穿越历史的思考。"（马国川，2011：3-6）与以上两部访谈录相比，马原的《重返黄金时代：八十年代大家访谈录》则显得更为宏大。马原在20世纪90年代初的1992年10月至1993年7月，密集地对102位以文学家为主的20世纪80年代亲历者进行了有视频记录的访谈，这一非官方的系列访谈也因其几乎囊括了20世纪80年代文坛的各种思考和声音，而被人称为20世纪80—90年代的"文学长征"。由于马原的《重返黄金时代：八十年代大家访谈录》一书的内容实则为其访谈视频的文字转录，且在后期编辑排版过程中对文字的润色不多，因此书中的文本呈现了一种还原度更高的简单一问一答模式，著者和编者想必是有意通过此种风格重现20世纪80年代特殊的场景和氛围，回顾能使读者对今日仍有讨论价值的当年热点话题进行反思。但是，另一方面，《重返黄金时代：八十年代大家访谈录》也表现出了深度方面的不足，四十五万字的篇幅承载百余位作家、翻译家的访谈实录，难免让人常怀意犹未尽之感。

同样是以亲历者的视角对20世纪80年代思想文化进行回顾式总结和研究的著作，《八十年代文化意识》（甘阳主编，世纪出版集团、上海人民出版社，2006）、《八十年代的中国文化书院》（陈越光，生活·读书·新知三联书店，2018）、《从"青年文稿"到"河殇"：中国大众文化运动与政治转型 1979—1989》、《重读八十年代》（朱伟，中信出版集团，2018）四部著作也值得被关注和重视。甘阳主编的《八十年代文化意识》一书收录了陈来、苏国勋、刘小枫、赵越胜等多位文化学者的十九篇文章，这些文章大多完成并发表于20世纪80年代中后期，甘阳的目的在于表达和重申自己对于20世纪80年代文化大讨论的反思。在甘阳（2006b：5）看来，20世纪80年代的文化反思是从"古今中西"四个维度分别展开的，正是当时人们对整个"纵与横"文化价值体系进行的彻底反思与检讨，丰富新时期思想资源的历史使命才得以完成。《八十年代的中国文化书院》一书是时任中国文化书院副院长陈越光根据翔实的内部史料写就的一部个案研究著作。中国文化书院是20世纪80年代著名的三大民间文化团体之一，该书院以弘扬优秀传统文化为办院宗旨，《八十年代的中国文化书院》一书以内部存档资料为据，以书院人物事务为纲，记述了1978年至1991年之间中国文化书院从创办到兴盛，从兴盛到动荡，并在困局中坚守的过程，使文化研究者能够更全面地了解中国文化书院这一民间文化团体的内部情况。而《从"青年文稿"到"河殇"：中国大众文化运动与政治转型，1979—1989》（*From Youthful Manuscripts to River Elegy: The Chinese Popular Cultural Movement and Political Transfromation, 1979—1989*）一书则是20世纪80年代中后期文化热中另一个著名民间文化团体"走向未来丛书"编委会主编金观涛，同香港中文大学中国文化研究所所长陈方正用英文合著的一本专著，在该著作中他们回顾了从《青年文稿：历史的沉思》杂志的出版（《青年文稿：历史的沉思》被认为是"走向未来丛书"的前身），到《兴盛与危机——论中国封建社会的超稳定结构》单行本的出版，再到"走向未来丛书"出版的全部过程，记述了"走向未来丛书"编委会这个科学主义启蒙阵地所经历的诸多困难与危机。《重读八十年代》一书的作者朱伟同样是20世纪80年代的亲历者，他作为当时《人民文学》杂志的编辑，相继推出了刘索拉、阿城、莫言、余华、苏童等一大批文学作家的作品。基于这段不寻常的经历，朱伟在其著作中对王蒙、李陀、韩少功、王安忆、马原、余华、苏童等十位作家的作品进行了系统梳理和解读，朱伟认为《重读八十年代》是一部"对20世纪80年代各个阶段社会背景的烙印作出反应"的"文学史"。（朱伟，2018：6）

除了以亲历者和在场者的身份对20世纪80年代所发生的事情进行研究之外，一些学者还从各自不同的角度尝试理解和诠释那个年代，其中张旭东在《改革时代的中国现代主义：作为精神史的80年代》（北京大学出版社，2014）中，尝试通过对20世纪80年代文化大讨论的解读与批判，以电影、文学为切口，从形式符号和社会语境的时空逻辑中追溯"中国现代主义"的生成与嬗变，并进一步从思想文化的角度对"新时期"进行深刻的历史观照。而贺桂梅在《"新启蒙"知识档案：80年代中国文化研究》（北京大学出版社，2010）中，则以文学文本为主要对象，以美学、哲学、历史领域的相关研究为参考，力图将20世纪80年代发生的各种思潮作为具有"共振性"的文化场域加以把握，并且试图从一种更为宏观和整体的历史角度揭开20世纪80年代中国文化实践的不同侧面，展现其与中国所面临的现实问题之间的关联。除此之外，《怀念八十年代》（山东人民出版社，2015）的作者王学典则希望通过对20世纪80年代的重新踏访，再次探讨曾处于文化讨论热潮中心的问题之一——"文化究竟是古今问题还是东西问题？究竟是时间问题还是空间问题？究竟是传统与现代的关系问题还是不同文明之间如何相处的问题？"（王学典，2015：2）王学典通过对自己身边思想知识界学人、前辈往事的回顾，完成了对20世纪80年代思想文化冷静而独特的认识建构，在他看来，黎澍、庞朴等人所主张的文化保守主义以及文化民族属性，是中国学者对中国思想文化史做出的卓越贡献，"这一贡献直接关乎今天中华民族伟大复兴的'中国梦'的提出和实现"（王学典，2015：13）。

通过对20世纪80年代思想文化研究众多文献的细致回顾，我们不难发现，学者们在研究和叙述的过程中，始终绕不开图书出版这个话题，凡提及20世纪80年代的重要人物或节点性事件，几乎都会自然而然地提到与之呼应的图书出版，比如在《我与八十年代》一书中的系列访谈内容中，马国川与李泽厚的访谈即是以《批判哲学的批判》一书在1979年的出版引入的；马国川在与张贤亮的访谈中重点谈到了《绿化树》中主人公走上红地毯这一情节在当时引发的争议;马国川与温元凯的访谈同样以温元凯的代表作《中国的大趋势》作为访谈话题的线索。再如张旭东在论及20世纪80年代文化大讨论的形成时提道:"'新三论'(信息论、控制论、系统论)、艾尔文·托夫勒取得巨大商业成功的《第三次浪潮》和奈斯比特的《大趋势》,在1984年前后共同把信息爆炸和'后工业转向'的概念深深印入了广大城市读者的脑海,这要归功于当时出版行业的主动参与与支持。"(张旭东,2014:41)贺桂梅在概括甘阳与"文化:中国与世界"编委会的基本思想取向时说道:"'现代西方学术文库'译出的第一本书是韦伯的《新教伦理与资本主义精神》。……第一辑列入的美国学者的五本书《社会行动的结构》(帕森斯)、《社会理论和社会结构》(默顿)、《科学与社会秩序》(巴伯)、《变化社会中的政治秩序》(亨廷顿)和《儒教中国及其现代命运》(列文森),都与现代化理论及其应用有关。"(贺桂梅,2010:269)这样的例子在20世纪80年代文化研究的文本中可谓俯拾皆是,究其原因,正是出版物与文化有着天然的渊源,文化是出版物的内容之一,出版物是文化的载体之一。

进一步讲,图书是与人类文明共存时间最长的文化承载物,著名语言学家、编辑出版家陈原(2001:6)曾说:"一个时代的文化,一个社会的文明,在很大程度上就蕴藏在图书馆里。……图书,在任何情况下,都是传播文化和积累文化的最有效的工具。"图书出版作为一种社会文化活动,是传播社会思想文化的重要渠道,推动着思想潮流的变革与发展;尤其是在精神极度匮乏的年代,图书更是人们充实自身、摆脱思想贫困的必需食粮。张文红认为,出版是出版人对信息、知识的生产与传播,出版活动在传播属性之下还有政治属性、经济属性、文化属性和科技属性。(张文红,2017)就出版活动的社会贡献而言,刘杲认为,出版活动是社会的舆论导向、智力支持和精神动力,出版对社会最大的贡献就是提供了"文化力",文化是出版物的灵魂。(刘杲,2008)事实上,一些欧美文化史学家以及文学批评家在20世纪70年代就已经开始关注出版印刷对于欧洲文化所产生的深刻影响。伊丽莎白·L.爱森斯坦(Elizabeth L.Eisenstein,1979)在其著作《作为变革动因的印刷机:早期近代欧洲的传播与文化变革》(*The Printing Press as an Agent of Change*:*Communications and Cultural Transformations in Early-Modern Europe*)中认为,"古登堡活字印刷机的发明是一项被忽略的革命,活字印刷的出版品改变了欧洲人理解与再现这个世界的方式,改变了思考的方式与文化的传递。"法国学者罗杰·夏蒂埃在《法国大革命的文化起源》(*The Culture Origins of The French Revolution*)一书中,罗伯特·达恩顿在《启蒙运动的生意:〈百科全书〉出版史(1775—1800)》(*The Business of Enlightenment*:*A Publishing History of the Encyclopedie*,1775—1800)一书中,都从图书的出版印刷入手,重新思考了文化的变迁、思想观念的改变对法国大革命的影响，展现了一副更为丰富复杂的历史面貌。可以说，一个时代的图书出版往往可以起到重塑时代文化、普及大众文化、引领先进文化等文化功能。（刘美华、周志平，2009）没有出版业，人类的文明就会断裂，人类的交流就会被湮没，文化自信就难以建立。从古至今的出版发展史表明，出版功能的发挥铸就了文化自信，出版是文化自信的"拱心石"。（周蔚华，2018）

在业已完成的研究当中，对20世纪80年代图书出版的总结和梳理内容也有不少，比如北京大学张文彦博士的《20世纪80年代我国丛书出版研究》、北京大学皮炯勋博士的《1980年代[①]"科学"和"理性主体"的重建：以"走向未来丛书"为中心》、华东师范大学蔡菁的硕士论文《1980年代中国"西学热"的形成：以翻译出版活动为中心的考察》等。但是，以图书出版作为20世纪80年代文化研究一以贯之的唯一且重要的视角，以社会思潮为抓手，对其中的思想文化整体状况和基本走向进行统一且全面的考察和梳理——这方面的研究还鲜有人尝试。因而，本书从图书出版的角度切入，考察20世纪80年代整个时期社会思潮的形成与演进，并且进一步重点研究图书出版与社会思潮之间的相关性——这一点是本研究重要的创新之处。

二、研究对象与概念的廓清

（一）本书的研究对象

正如上文所述，本书将20世纪80年代图书出版与社会思潮之间的相关性作为研究对象。谈及图书以及读书生活对社会思潮产生的影响，康晓光在《中国人读书透视：1978—1998大众读书生活变迁调查》一书中表示，图书对社会产生影响正是通过控制论所论及的"反馈作用"加以实现的；图书与阅读对社会的反馈作用持续积累便会以形成思潮的方式被人们察觉到，因而衡量社会思潮的一个重要指标就是人们在读什么书，当人们的阅读兴趣发生转移之时，思潮也就随之发生更替。（康晓光等，1998：118-120）陈伟军也旗帜鲜明地表达了图书对思潮具有推动作用，他（陈伟军，2015：146-181）认为，"在任何时候，图书都是交流思想、积累文化、传播思潮的有效工具；反观改革开放以来的历程，图书出版有力地促进了新时期文化思潮的起伏、递兴。'文革'后，西方的现代主义思潮、后现代主义思潮相继进入中国，这与大量出版西方文学作品是分不开的"。

图书出版业作为一种特殊的精神文化生产事业，它天然地与社会氛围的变迁、文化

[①] 规范写法应为20世纪80年代，尊重原文标题这里不做修改。

思潮的形成有密不可分的关联；而作为精神文化产品的图书，则可以为人类社会提供不竭的知识给养与思想源泉，筑牢国家与民族的精神文化堡垒。特别是在时代处于剧烈变革中时，出版业与出版人若能把握时代脉搏，跟随时代变迁的主旋律，便有可能在各领风骚、频繁更迭的文化思潮中做到积极适应、主动参与，甚至引领创造，最终使全社会形成某种集体的心理价值，影响人们的思维、行为方式，使先进的思想文化广泛传播。

改革开放以来，社会迎来巨大变革，人们的思维模式产生深刻转变，文化理念持续更新，价值体系得以重建。20世纪80年代还是一个全民阅读的时代，产生全民阅读热的一个不容忽视的特殊原因是彼时信息和知识获取方式相对单一，在整个20世纪80年代，电视还远没有实现全民普及，纸质图书是绝对强势的媒介形态之一。从这个角度来说，图书作为20世纪80年代占有统治地位的大众传播媒介，对当时社会文化思潮的影响远甚于今日。总体来讲，20世纪80年代的图书出版事业与这一时期的社会思潮，表现为积极而热烈的良性互动关系，20世纪80年代是人们社会心理、思维观念出现大幅转变的年代，这时期的出版物引导着大众的文化趣味和价值取向，塑造着广大读者的精神世界。

一个时代的社会氛围、思想高度，决定和制约着这一时期出版物的水平；同时，我们也可以透过一个时代的出版物，来观照这个时代。纵观整个20世纪80年代，在思想解放运动、思想启蒙运动的激荡下，中国出版业始终站在时代潮流的最前沿，积极地推动着中国社会的发展和文化进步。随着中国经济持续且高速发展，当今的社会文化思潮活跃而多变，图书出版业下一步应该如何影响并引领社会潮流？其导向功能和意义仍然不容低估。因此，对20世纪80年代图书出版与社会思潮相关性的研究能够给文化建设、社会发展提供一些有益启示，是值得展开篇幅进行深层次探讨和研究的课题。

（二）主要概念的廓清

1."20世纪80年代"

本书尝试研究的20世纪80年代，在很多作家以及文化学者眼中，是一个令人深深怀念的年代，贾长华在其主编的《我们的八十年代》一书中说："80年代，是一个欣欣向荣充满激情的年代，是理想主义旗帜高扬的年代，是人们对未来生活充满希望和憧憬的年代。"作为20世纪80年代的亲历者，朱伟(2018: 4)在《重读八十年代》一书中说："80年代是可以三五成群坐在一起，整夜整夜聊文学的时代；是可以大家聚在一起喝啤酒、整夜整夜地看电影录像带、看世界杯转播的时代；是可以像'情人'一样'轧'着马路的时代。"查建英则在《八十年代访谈录》一书的封底列出了一系列与20世纪80年代有关的常见词，其中包括"激情、贫乏、热诚、浪漫、知识、启蒙、思想、精英、人文、理想主义"等。（查建英，2006）

那么，以上文化学者所指涉的 20 世纪 80 年代，是否就是按照自然年份划分的 1980 年至 1989 年的十年呢？若将 20 世纪 80 年代置于人文与社会科学的研究范畴，其时间源起与终点又应该如何界定？事实上，有关 20 世纪 80 年代的时间范围问题，王学典认为，20 世纪 80 年代作为一个时间概念已经被符号化了，就像"五四"并不是特指 1919 年 5 月 4 日这一天一样，20 世纪 80 年代也并不是 1980 年至 1989 年这十年的特指。（王学典，2015：2）《我与八十年代》一书的作者马国川也认为，20 世纪 80 年代是一个特定的词，不应该将它框定在 1980 年至 1989 年这十年。（马国川，2011：5）笔者经过对文献的梳理和总结发现，目前研究文献中对 20 世纪 80 年代起止时间的界定大概有以下六种：第一种，即为自然纪年的 1980 年至 1989 年。第二种，对于一个符号化了的 20 世纪 80 年代，有人认为起点应该追溯到中国新时期社会政治变革的源头，即以 1978 年年底的十一届三中全会为起点，以 1989 年春夏之交为终点。① 第三种观点认为，应该以稍早一些的"真理标准问题大讨论"作为文化史层面上 20 世纪 80 年代的源起。② 第四种时间界定的方式将 20 世纪 80 年代的起点线继续向前推进，认为应该涵盖"文革"结束至 1989 年这十多年的时间（王学典，2015：2）。马国川也是这种观点的支持者，他（马国川，2011：5）认为从思想的源流来说，"'80 年代'应该开始于 1977 年'文革'结束之后，当一些思想者开始小心翼翼地独立思考的时候，'80 年代'的大门已经缓缓开启"。第五种观点的特别之处在于对 20 世纪 80 年代结束期的判断上，认为应为 1978 年至 1991 年，其理由是 1991 年被认为是 20 世纪"世纪意识"的终结之年（金观涛，2000）。对这一观点更早的佐证在英国历史学家艾瑞克·霍布斯鲍姆的重要史学著作《极端的年代：1914—1991》中，他（霍布斯鲍姆，2014：4）认为，"19 世纪相对'漫长'，而 20 世纪相对'短暂'，以社会革命为主要特征的 20 世纪以 1914 年第一次世界大战开始，至 1991 年苏联解体结束"。《八十年代中国文化书院》一书的作者陈越光据此认为，从改革意识和活跃主体出发，可以看到 1978 年至 1991 年的一贯性，"1991 年才是逆转和挫折后 80 年代的尾声，而邓小平 1992 年的南方谈话才是而后新格局的开始。"（陈越光，2019：10）最后一种对 20 世纪 80 年代的时间界定方式显得最为宽泛，贺桂梅（2014：14）在《"新

---

① 因十一届三中全会是在 1978 年年底召开的，故第一种时间界定也可认为是 1979 年至 1989 年。

② 1978 年 5 月 10 日，在胡耀邦主持下，中共中央党校内部刊物《理论动态》第 60 期发表了《实践是检验真理的唯一标准》。1978 年 5 月 11 日，《光明日报》以特约评论员的署名转发了这篇文章。1978 年 6 月 2 日邓小平在全军政治工作会议上讲话说："实事求是，一切从实际出发，理论同实践相结合，这是毛泽东思想的出发点。"再次对"两个凡是"提出了批评。关于真理标准问题讨论的详细经过，笔者参考了沈宝祥的《真理标准问题讨论始末》（北京：中国青年出版社，1997 年版）以及吴江的《十年的路：和胡耀邦相处的日子》（香港：镜报文化企业出版公司，1995 年版）两本著作。

启蒙"知识档案：80年代中国文化研究》一书中说："80年代应该宽泛地指涉从'文革'结束到80—90年代转型的这个历史时段。"

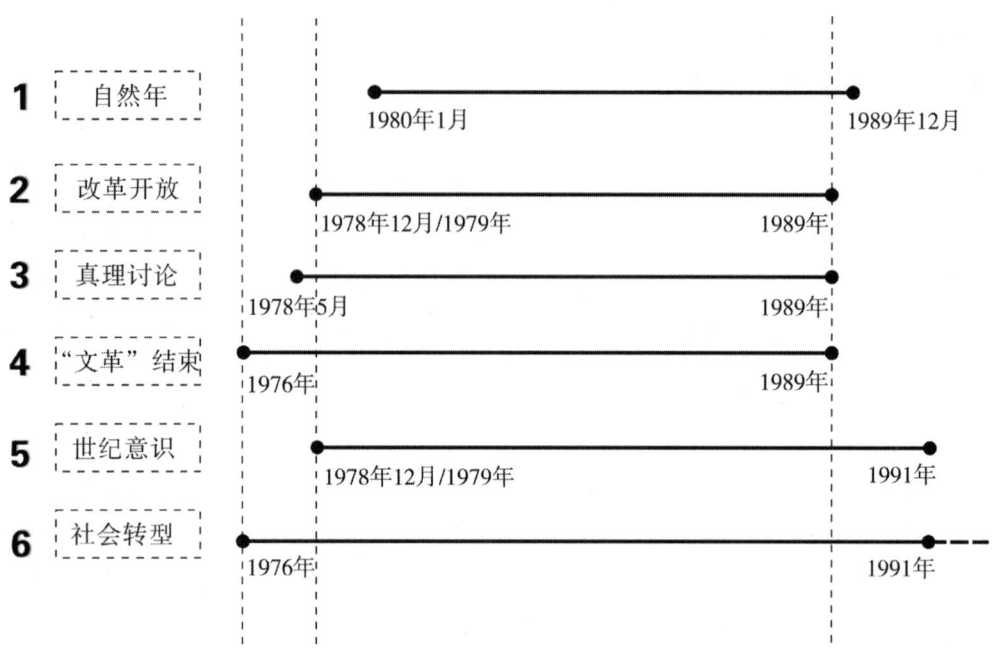

图1-1　常见的六种有关20世纪80年代时间范围的界定

以上几种对20世纪80年代时间范围所进行的界定可以说都有其各自的道理，造成其中区别的原因恐怕是文化主体观察视角的不同，每位学者在其自身的个案分析中难免有因事而异的不同观点。而本研究对20世纪80年代的时间界定，框定在"十一届三中全会"结束至1989年的这十几年之内，与上文提到的第二种时间界定方式相同。其中的原因，主要是笔者欲以"已发表的相关文章数量"作为社会思潮的热度表征，而"中国知网"数据库是从1979年1月1日开始对公开发表的文章进行系统数据收录的。笔者以此时间范围对20世纪80年代进行框定，之后选取1979年1月1日至1989年12月31日之间的相关样本，对图书出版与社会思潮进行相关性对比分析，便具备了必要的合法性。

2. 社会思潮

"社会思潮"一词，从词源来看并不属于汉语的原生词，而是后世的合成词汇。在英文中，思潮一般使用"trend"一词进行表述，有趋势、倾向、动向之意；也有些英文作家使用"thought going to"来表示"思潮"，实际上同样强调的是思想的趋势和方向。在汉语世界，最早将思潮作为研究对象并对其进行诠释的当属梁启超，他（梁启超，1902/1998：1）在1902年的《论时代思潮》一文中写道："今之恒言，曰'时代思潮'。此其语最妙于形容。凡文化发展之国，其国民于一时期中，因环境之变迁，与夫心理之感召，不期而思想之进路，同趋于一方向，于是相与呼应汹涌，如潮然。……凡'思'

非皆能成潮；能成'潮'者，则其'思'必有相当之价值，而又适于其时代之要求者也。凡'时代'非皆有'思潮'；有思潮之时代，必文化昂进之时代也。"梁启超在他对思潮的定义中，强调了思潮的时代性及其与社会环境、社会心理的关系，特别肯定了思潮对于社会的价值和作用。

在梁启超之后，我国现当代学者尝试从各自的研究角度为思潮作诸多界定，但遗憾的是，目前学界并未产生一个有关思潮的公认定义。笔者通过对相关辞书的检索，发现思潮多被解释为一种"思想潮流"或"思想趋势"。1979年出版的《辞海》当中对思潮一词有如下释义：（1）某一历史时期内反映一定阶级或阶层的利益和要求的一种思想倾向；（2）涌现出来的思想感情，如思潮起伏。（辞海，1979：3837）1973年出版的《现代汉语词典》对思潮的解释为："某一时期内在某一阶级或阶层中反映当时社会政治情况，而有较大影响的思想潮流。"（现代汉语词典，1973：970）《现代汉语词典》的解释突出了思潮和社会政治的关系。事实上，"思想潮流说"或"思想趋势说"是思潮定义中最早出现并且最为常见的一种，比如吴仁华（2014：4）认为："社会思潮一般是指在一定时期、地域内反映某一阶级、阶层和社会群体的利益诉求、思想愿望或情感需要，以某种理论学说为主导或依据，并且进行广泛传播并对社会生活产生一定影响和作用的思想倾向或思想潮流。"除此之外，吴仁华还强调了社会思潮与主流社会意识现象的区别，他认为"思潮是一种非主流的社会意识现象"，任何一种社会思潮都"必须面对同时代的主流思潮"，从这个角度讲，又可将一个特定时期的社会思潮分为"同向型社会思潮""差异型社会思潮""敌对型社会思潮"三种。

除了"思想潮流说"和"思想趋势说"，朱汉国还将社会思潮的诸多定义总结为"社会意识说""思想体系说""思想观点总和说""思想运动说"等几类，其中比较有影响力的，也是朱汉国本人较为认可的一种，是将思潮解释为一种"思想运动"（朱汉国，2012：2-7），高瑞泉也认为可以将思潮解释为一种思想运动，他（高瑞泉，2019：3）说："社会思潮应该是较大规模的观念形态的运动，是特定社会各种矛盾的尖锐化、复杂化在精神世界的反映，通常是从知识分子群体发端，或者从外部世界引入，渐渐扩展到社会层面，进而影响到生活世界与民众心理。"

使用高瑞泉的这一概念诠释，可以恰切地解释20世纪80年代风起云涌的社会思潮。20世纪80年代的我国正处在社会变革中，社会复杂程度持续加剧；西方学说、图书译介在精英知识分子或者文化机构的助推下广泛而大量地传播，加之大众无禁区的阅读热情，各种社会思潮纷至沓来、应接不暇，可谓你方唱罢我登台，各领风骚三五年。谈到社会思潮形成的原因，高瑞泉（2019：3）进一步指出："思潮的形成必定有其深刻的历史原因，社会变革提出了某些急迫的问题，这些问题在思想家、知识分子那里转化为某种社会关切,此时,社会思潮正是以相对规整的理论形态提出了对'问题'的回应。"这里便涉及本书中的一个关键问题:什么才是20世纪80年代全社会共同关切的"问题"?是否存在一个时代主题是彼时的思想家、知识分子想要急迫进行回应的?作为回应,他们拿出的相对规整的理论形态(社会思潮)又分别是什么?这一系列的问题是本书后文所要论述的重点。

三、理论框架及其在本书中的应用

(一)布尔迪厄的场域理论

法国著名社会学者皮埃尔·布尔迪厄(1930—2002年)尝试使用场域理论解释社会结构中的社会关系网络,他(Bourdieu,1993:162)认为场域指的是"具有自己独特运作法则的社会空间"。在布尔迪厄的场域理论中,社会空间是客观存在的,其所构成的社会结构不是抽象的,社会结构只能是行动者在不同场域进行象征性实践的社会空间(高宣扬,2004:136)。场域是不同参与者进行权力争斗的场所,不同场域之间相对独立又层次分明。

实际上,"场"(field)的概念来源于物理学,指物体周围传递重力或者电磁力的空间。场理论被引入社会学,始于格式塔心理学,其代表人物库尔特·勒温(1890—1947)创造了"心理场"等概念,他赋予场理论以元理论的地位,他希望将场理论"理解成一种研究方法:一种分析因果关系和建立科学结构的方法"。(刘海龙,2005)布尔迪厄继承了场理论中从关系角度分析社会结构的核心思路,并突破了该理论仅限心理学研究的局限。在与美国学者华康德的学术讨论中,布尔迪厄进一步解释了"场域"的概念,他(布尔迪厄、华康德,2015:122-123)说:"一个场域可以被定义为在各种关系之中客观存在的一个网络(network),或者一个构型(configuration),正是由于在各种关系中存在以及它们强加于占据特定关系的行动者或机构之上的决定性因素,这些关系以及与网络才得到了客观的界定,其根据是这些关系在不同类型的权力(或资本)的分配结构中实际的和潜在的处境(situs),以及它们与其他关系之间的客观联系(支配、屈从、结构上的对应等),占有这些权力就意味着把持了这一场域中利害攸关的专门利润(Specific profit)的得益权。"

简言之,场域理论最基本的因素,就是多面向的社会关系网络。布尔迪厄进行社会研究的出发点,就是把社会看作社会中的人及其文化的复杂交错所构成的有机生命体(戴维·斯沃茨,2006:111)。布尔迪厄认为用场域的概念进行思考就是从关系的角度进行思考。场域理论作为重要的社会科学领域的研究理论和方法,它最大的优势就在于从关系的角度来理解和解释现实世界。而本书中所关涉的课题，正是从关系的角度分析图书出版与社会思潮的双向互动，它们二者虽然分属现实世界中的不同空间，但通过特有的逻辑规则相互影响。从这个角度讲，布尔迪厄的场域理论的确为本书提供了一个极具启发性和实用性的理论框架。

（二）场域理论在本书中的应用

本书将基于场域理论所主张的场域之间的关联性和层次性特性对其展开应用，布尔迪厄将整个社会称为"元场"（或称"元场域"），元场由众多"子场"（或称"子场域"）构成，在子场中还可包含若干"次场"（或称"次场域"）。（刘月悦，2019）他（Bourdieu，1983）认为，"在高度分化的社会里，社会世界是由大量具有相对自主性的社会小世界构成的，这些社会小世界就是具有自身逻辑和必然性的客观关系的空间。而这些小世界自身特有的逻辑和必然性也不可化约成支配其他场域运作的那些逻辑和必然性。例如，艺术场域、宗教场域或经济场域都遵循着它们各自特有的逻辑"。关于作为"社会小世界"的艺术场域、文学场域、科学场域等，布尔迪厄将它们统称为"文化生产场"，他认为文化生产场是包含了具有多个差异性小场的整体社会场，与政治场域、经济场域之间在结构和功能上具有同源关系，是社会这一元场域的一个子场域。"文化生产场域作为一个子空间具有一个有自身独特逻辑的社会空间，每个社会空间中都有围着某种利害关系的特殊事物，使得该场域内的行动者你争我夺。"（孙琳，2014：89/109）1996年，布尔迪厄（1996/2011）在《关于电视》一书中又首次提出了"媒介场"(media field)的概念，这里的"媒介"指的便是规模生产的，诸如电视、广播、图书、报纸等大众传播媒介。在媒介场域之下，有学者继而提出了"出版传媒场域"和"书业场域"的概念。王兆辉等人（王兆辉、肖军、闫峰，2015）认为，"出版媒介场域是以图书、期刊、报纸等各类出版传播媒介为主体，由与传播活动相关的各个方面，如出版物、创作者、阅读者等共同构成的一个有运行规律的客观关系网络"。甄巍然等人（甄巍然、陈昌辉，2017）认为，"书业场域所呈现的是图书策划、编辑、包装、市场推广等一系列不同环节中多种位置的复杂结构，它并非线性、完全续接的，而是以图书生产销售为主线，每一个环节上又延伸出网状的结构，网与网之间又纠结缠绕，形成行动者利益、组织利益、行业利益的不同层面的竞争格局"。书业场域或称图书场域，其作为文化生产场域的一个次场域，通过生产文化产品、凝聚社会文化思潮等方式对整个社会世界这一元场域施加影响。

不同场域之间的相互关联与影响是一个极其复杂的问题，在对单个场域以及场域之间关系进行研究的过程中，布尔迪厄（Bourdieu，1971）提示说，研究者一般需要完成三个必不可少并且存在关联的步骤。首先，研究者需要分析研究对象与元场域之间的相对场域位置。就"图书次场域"到"文化生产子场域"再到"社会元场域"的研究而言，如图1-2所示，笔者首先需要厘清场域间的层次与相对位置。其次，研究者还需勾勒出行动者或机构所占据的位置之间的客观关系结构，因为在这个场域中，占据这些位置的行动者或机构为了控制这一场域特有的合法形式的权威，相互竞争，从而形成种种关系。基于此点提示，笔者在具体研究中需要对20世纪80年代图书场域（图书出版）与文化生产场域（社会思潮）分别进行内部细观，分析其中诸多行动者或机构的位置更迭，其中需要着重搞清图书出版场域中"行动者"的某种或某类具体图书出版行为。最后，布尔迪厄还提示研究者需要分析各层级场域中行动者的惯习（habitus，亦有译作"生存心态"），亦即千差万别的性情倾向系统，行动者是通过将一定类型的社会条件和经济条件予以内在化的方式获得这些性情倾向的；而且需要在所研究场域中分析哪些确定的轨迹促使这些惯习或性情倾向系统成为行动者获取更多资本的有力工具。在这里需要强调的是，作为包含各种隐而未发的力量和正在活动的力量的空间，场域从来都不是静止的存在，而是呈现出一种争夺的状态，这些争夺旨在维持或变更场域中各种力量的构型，是场域的动力所在；因而，场域的疆域并非固定的，而是表现为一个动态的界限。在同一个场域以及从层级场域之中，各种行动者或者机构不断争来争去，旨在把持作为"游戏"关键的那些特定产物。同时，他们必须始终不懈地应付被支配者的行为反抗、权利诉求和言语争辩。（布尔迪厄、华康德，2015：129）如图1-2所示，首先，任何一个子级场域都会受到元场域的制约；其次，根据每个行动者自身的惯习和其拥有的资本，行动者的策略总的来说可分为三种，分别为保守、继承和颠覆。当一个场域基本上处于稳定或静止状态时，保守或继承策略是行动者的主要选择，此时行动者对本场域及上级场域所施加的影响较小；但当一个场域处于激烈的变革中时，颠覆策略就成为场域一般特性，行动者强调断裂、反叛和挑战性，并以异端自命。布尔迪厄专门借用韦伯宗教社会学的观点解释了后一种情况，他将在场上拥有较多资本且具有统治地位的行动者们比喻成牧师，他们强调传统、继承、连续性和再生产，并自居为正统；至于雄心勃勃的新秀们则被比喻为先知，他们以回溯到场域基本信念的根源的名义，宣判了场中现行游戏规则的死刑（朱国华，2004）。然而，行动者们任何一方的行为都会对相关场域，特别是上级场域产生影响。以本书的研究为例，作为20世纪80年代中后期文化热中主要参与者的"走向未来派""中国文化书院派"以及"文化：中国与世界"编委会成员，他们以各自的文化主张特别是以他们分别贡献的出版物为症候，先后扮演了20世纪80年代文化生产场域中先知和牧师的角色；当前两个文化派别分别逐渐由先知蜕变成为牧师之时，以甘阳为首的"文化：中国与世界"编委会适时出现，编委会成员成为最后的先知和激进的反叛者，他们自命为前两个派别的继承者和批判者，并引领了新的社会文化思潮的形成和传播，最终对 20 世纪 80 年代社会元场域产生了较为深刻的影响。

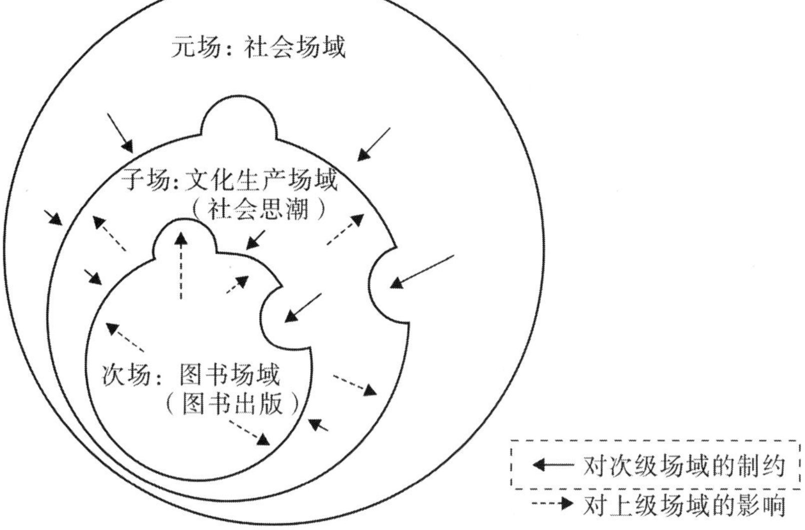

图 1-2　图书次场域、文化生产子场域、社会元场域关系示意图

四、研究方法与主体框架

（一）本书的研究方法

本书尝试在思辨的基础上，结合有指向的定量方法来进行更偏向阐释主义路径的研究。主要应用的方法包括：文献分析法、词频分析法、基于立意抽样的个案分析法、回归分析法等。

文献研究法，主要用于与 20 世纪 80 年代社会思潮演进以及与 20 世纪 80 年代图书出版情况相关的历史文献资料的分析和解读。通过对相关文献资料的分析，梳理出 20 世纪 80 年代的时代主题、代表性社会思潮、社会思潮的源起与发展、20 世纪 80 年代图书出版的概况与阶段性特点等内容。

词频分析法，主要用于获得与每一种社会思潮最为相关的关键词。具体的做法是，分别将"20 世纪 80 年代 / 人道主义""20 世纪 80 年代 / 科学主义""20 世纪 80 年代 / 文化保守主义""20 世纪 80 年代 / 文化自由主义"键入百度搜索引擎进行检索，之后对百度搜索返回结果进行词频分析，删除没有实质性意义或专指度低的关键词，对分析结果中的词频和权重进行汇总统计，最终获得每种思潮的关键词 TOP5。

基于立意抽样的个案分析法，笔者首先采取立意抽样的方法对每种社会思潮在 20 世纪 80 年代出版的图书进行抽样，每种思潮对应 100 种图书。其次，个案分析法的应用范围主要集中在第三章至第六章，具体来讲，即在思辨的逻辑之下对代表性图书的出版、对四种社会思潮的影响分别进行个案解读和诠释。

回归分析法，主要用于"四种社会思潮对应的样本图书的出版时间"与"作为思潮表征的讨论文章发表时间"两组数据的相关性分析。具体来说，需要在第三章至第六章每章的末尾分别应用多元回归的方法对"人道主义思潮""科学主义思潮""文化保守主义思潮""文化自由主义思潮"四种社会思潮的数据进行各自的相关性分析，在得出小结结论的基础上，最终验证图书出版与社会思潮之间的相关性。

（二）本书的主体框架

本书属于当代出版史和文化史的研究范畴，大致包含两条研究线索：纵向线索是以时间的发展为轴线，依次梳理先后出现在自然时间线上的图书与思潮；横向线索是以四种社会思潮为各篇，对人道主义思潮、科学主义思潮、文化保守主义思潮、文化自由主义思潮中的代表性图书、标志性节点事件、典型的社会团体、出版社、文化学者等进行研究。

根据以上两条线索，本书大致分为如下七个章节。首先绪论部分，分别对本书的研究背景、选题意义、研究对象、理论框架、研究方法等进行诠释，并以此明确提出本书所要研究的问题；之后在第二章，主要梳理 20 世纪 80 年代社会思潮的源起以及人道主义思潮、科学主义思潮、文化保守主义思潮、文化自由主义思潮四种代表性社会思潮对于中国现代化路径的回应；第三章，总结 20 世纪 80 年代图书出版概况和阶段性特点，初步说明图书出版活动是社会思潮形成和发展的重要条件之一；第四章到第七章，以横向线索分别展开图书出版与四种社会思潮之间的相关性研究，并以阐释主义的方式分别研究体现图书出版与人道主义思潮、科学主义思潮、文化保守主义思潮、文化自由主义思潮相关性的典型案例，以此与回归分析结果进行呼应；最后在本书的结语部分，笔者对研究假设和研究问题进行总体上的验证和回应，最终得出本书的研究结论。全文逻辑结构如图 1-3 所示。

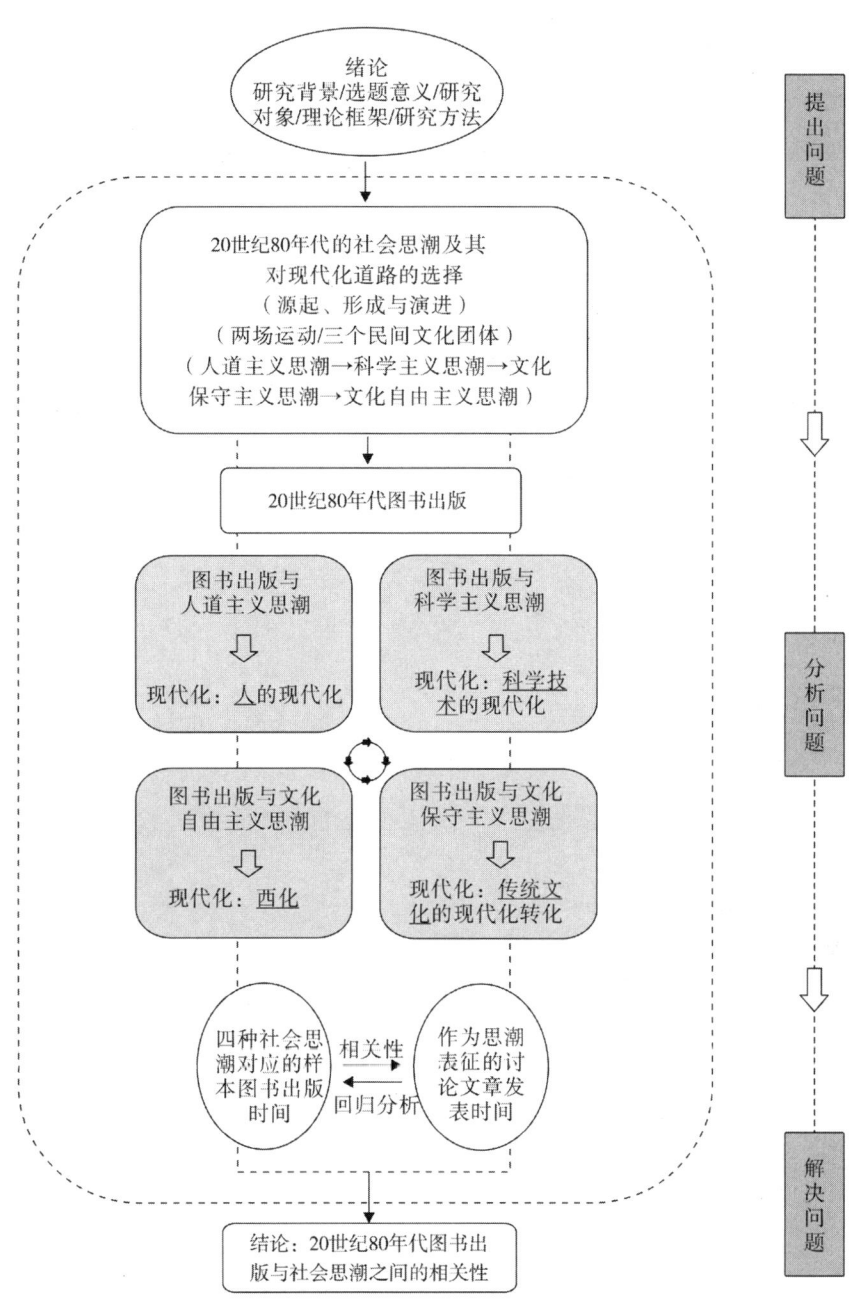

图 1-3 本研究的总体研究框架

第二章 20世纪80年代的社会思潮及其对中国现代化道路的回应

一、两场运动的双重变奏以及20世纪80年代的时代主题

(一)"思想解放运动"与"新启蒙运动"

想要精准把握20世纪80年代的社会思潮及其演进方向,首先需要做的,即是回到那个年代,捕捉彼时在场的人与事,厘清其中纷繁复杂的纠缠与纷争,并以此找寻到专属于20世纪80年代的时代主题,进而建立一个能够全面了解那个特殊历史时期的思维模型,为最终确定图书出版与社会思潮之间的关系做好准备。

1978年12月,中国共产党第十一届三中全会胜利召开,以此为标志,"以邓小平同志为核心的党的第二代中央领导集体彻底否认'以阶级斗争为纲'的错误理论和实践,实行党和国家工作重点向经济建设转移,实行改革开放,开辟了中国特色社会主义道路"(习近平,2009)。1981年6月,中国共产党第十一届六中全会召开,此次会议通过了《关于建国以来党的若干历史问题的决议》,其中对"从'抓纲治国'到'以经济建设为中心'"做了更为具体的表述:"1978年12月召开的十一届三中全会,果断地停止使用'以阶级斗争为纲'这个不适用于社会主义社会的口号,作出了把工作重点转移到社会主义现代化建设上来的战略决策"(中国共产党中央委员会,1981:35)。现代化建设由此再次成为党和国家的中心任务。历史地看,新中国的"现代化建设"这一理念早在1949年春党的七届二中全会召开时便已由毛泽东提出,他说:"我们已经或者即将区别于古代,取得了或者即将取得使我们的农业和手工业逐步地向着现代化发展的可能性。"(毛泽东选集·第四卷,1991:1430)1964年12月,周恩来根据毛泽东的提议在第三届全国人民代表大会第一次会议上首次提出"四个现代化"的目标,即实现"农业、工业、国防和科学技术的现代化",这一表述使社会主义现代化建设的概念更加具体。[①]

---

① 有关新中国"现代化"理念与提法的发展与演进,请参见本节第三部分更为具体的描述。

可以说，党的十一届三中全会前后对"四个现代化"目标的重新提起与反复强调是新时期"拨乱反正"工作中的重要一环，它起到了使中国共产党和中国人民摆脱"以阶级斗争为纲"的理论与实践，实现工作重心转移到经济建设上来的激励和桥梁作用（杨凤城，2014），由此，20世纪80年代的中国正式开启了改革开放以及探索中国特色社会主义道路的伟大征程。

在一些亲历20世纪80年代的知识精英眼中，那是一个充满激情的年代，在"文革"刚刚落幕的岁月里，人人都憧憬未来，人人都充满希望，人人都怀有激情。李泽厚曾试图用"激情、理想、梦幻"回忆并总结20世纪80年代，[①]在他看来，20世纪80年代是值得"经常想起"的时代。王学典（2015：86）则根据自己的考据，将思想文化史上的20世纪80年代进行了三段式划分：第一阶段是从"文革"结束到1983年，这一时期主要以"拨乱反正""思想解放""反'文革'"和"反封建"为主题；第二阶段是从1984年开始至1986年年底，这一阶段突出的主题是文化热，是"反传统"；从1987年春至1989年春夏之交，是第三阶段，这一阶段继续以"反传统"为主流思想，并出现了"全盘西化"的主张。纵观20世纪80年代思想文化史研究，不难发现，经过30余年的沉淀，研究者们的出发点各有不同，亲历者与旁观者的角度更是存在很大差异，但是，他们在对20世纪80年代的研究中，"思想解放"与"新启蒙"都是绕不开的关键词。20世纪80年代以文学评论家身份保持在场的李陀认为，研究20世纪80年代的历史，首先要做的就是回顾20世纪80年代"思想解放"和"新启蒙"这两场思想运动，回顾它们之间的纠葛。将两场思想运动混为一谈或者只论其一是不正确的，对其相互对立又相互限制的关系的梳理是非常有必要的，它们对20世纪80年代思想的发展有着决定性影响。（查建英，2006：273）据此，笔者试图从"思想解放"与"新启蒙"两场运动入手，分析两场运动各自如何发生又在何时进入高潮的，并最终通过寻找两场运动中表现出的同一性态度，探求专属于20世纪80年代的时代主题。

"文革"刚刚结束时，拨乱反正工作的开展受到了重重阻碍。由此，亟待解决的问题就是使广大干部和人民群众的思想得到解放。1977年4月，尚未恢复工作的邓小平给党中央写信，信中写道："我们必须世世代代地用准确的、完整的毛泽东思想来指导我们全党全军和全国人民，把党和社会主义事业，把国际共产主义运动事业，胜利地推向前

[①] 2008年，李泽厚接受《经济观察报》记者马国川专访，后者将访谈内容整理并与其他内容一起结集成册，于2011年在生活·读书·新知三联书店出版了《我与八十年代》一书。在本书的前言中，马国川回忆说，李泽厚曾建议将该书书名定为"八十年代：激情·理想·梦想"，可见在李泽厚看来，激情、理想和梦想是描述那个年代最重要的关键词，而李泽厚的观点代表了相当一部分亲历20世纪80年代的知识精英的看法。

进。"（邓小平文选·第二卷，1994：39）1977年5月3日，中共中央向全党转发了邓小平的这封信，肯定了邓小平"两个凡是"不符合马克思主义的意见。（沈宝祥，2005：59）邓小平对"两个凡是"的批判，成为20世纪80年代思想解放运动的先导。1978年，一些领导干部和理论工作者经过认真思考，以极大的勇气和精准的角度提出了"实践标准"的问题：一篇名为《实践是检验真理的唯一标准》的文章被发表于当年5月10日的第六十期的《理论动态》上；5月11日，《光明日报》将此文作为特约评论员文章，在第一版和第二版全文公开发表；5月12日，《人民日报》《解放日报》《新华日报》《福建日报》《河南日报》《长江日报》和《广州日报》等报纸对《光明日报》的文章进行了全文转载。有人统计，两天之内，全国35家省、市以上的大报有25家转载了这篇文章。（沈宝祥，1997：106）一时间，一场名为"真理标准问题讨论"或"实践是检验真理的唯一标准问题的讨论"很快在理论界、学术界形成了一股热潮。"真理标准问题的讨论"适应了拨乱反正的需要，反映了广大人民的心声。

可以说，1978年5月开始的"真理标准问题的讨论"正式打开了新时期中国思想解放运动的闸门，许多曾经天经地义的政治理论受到了怀疑，一些原本神圣不可侵犯的言说禁区被大胆冲破。在这一时期，一些曾经在"文革"前期遭受批判，"文革"后期又陆续复出的"党内理论家"开始在思想解放运动中频繁发声，这批有着特殊身份和经历的以周扬、王若水、于光远、黎澍、李洪林等为代表的党内理论家，"文革"甫一结束他们便开展"真理标准问题"的讨论，反对封建主义，启用"异化"概念，主张人道主义，推动理论工作务虚会议的召开，参与"若干历史问题决议"的起草与讨论等（王学典，2014），他们提出的若干理论问题引发了各界人士深入的思考和讨论，他们在思想解放运动中扮演了十分重要的角色。

随着真理标准问题的讨论的深入和理论工作务虚会议的召开，人们的思想得到空前解放，一些人开始反思。在他们看来，大量的事实表明党内生活和现行制度当中存在着种种弊病，这些弊病产生的根源都是几千年来的封建主义影响没有被肃清。1979年1月，历史学家黎澍在《历史研究》杂志发表《消灭封建残余影响是中国现代化的重要条件》一文，文章中说："不重视有两千年历史的封建传统文化的批判，不坚决清除旧制度的残余，片面强调'批判资产阶级'特别是批判所谓'党内资产阶级'，其结果必然是封建势力乘机在各方面以各种不同的形式死灰复燃，暗中取代社会主义。"（黎澍，1979）1980年5月24日，李维汉应邀拜访邓小平，在与邓小平两个多小时的长谈中，李维汉提出："我们的民主革命是要反帝反封建。反对帝国主义做得比较彻底，而反封建却只做了一半……封建主义，包括它的思想体系、风俗习惯，在我们国家、我们党里，反映相当严重。过去由于老是打仗，来不及清算，把它带到了社会主义时代。"（散木，2011）

1980年6月27日，在与起草《关于建国以来党的若干历史问题的决议》的中央负责同志的一次谈话中，邓小平说："封建主义残余影响的问题要讲一讲。"（邓小平文选·第二卷，1994：298）当年8月18日，邓小平在中央政治局扩大会议上作出题为《党和国家领导制度的改革》的重要报告，"明确提出继续肃清思想、政治方面的封建主义残余影响的任务"（邓小平文选·第二卷，1994：335）。邓小平在改革开放之初提出的反封建主义残余的思想，强化了我国社会主义民主法治建设，促进了新时期现代化建设的有序开展。

但是，与思想意识充分"解冻"同时到来的，还有各种社会矛盾的释放和聚集，各类上访事件频发、群众聚众闹事的场面也经常出现。在这样的背景下，邓小平在1979年3月30日的理论工作务虚会上发表了"坚持四项基本原则"的谈话，为方兴未艾的思想解放运动划出了一条底线，他认为开展思想解放运动，是为了实现中国的现代化，而"要在中国实现四个现代化，必须在思想政治上坚持四项基本原则：第一，必须坚持社会主义道路；第二，必须坚持无产阶级专政；第三，必须坚持共产党的领导；第四，必须坚持马列主义、毛泽东思想"（邓小平文选·第二卷，1994：164-165）。历史地看，邓小平在此时及时而必要的表态具有反"左"和反"右"双重功效：反"左"是为了继续解放思想、坚持改革开放，而反"右"是为了遏制社会乱象的丛生，是为了在中国共产党的坚强领导下有秩序、有效率地实现中国的现代化。

此时，也有一部分理论家试图通过向马克思主义原典复归的方式，继续扮演彻底的思想解放者的角色。1979年，周扬在纪念五四运动六十周年学术讨论会上的报告，明确将"文革"后的新时期叙述为继五四运动、延安整风运动之后的"第三次伟大的思想解放运动"时期。（周扬文集，1980：6-9）在他看来，社会主义之所以出现"文革"的封建回归，根源就是忽视了人道主义精神。就这样，"马克思主义的人道主义"成为新时期思想解放运动中的一面新的旗帜。1983年3月，在纪念马克思逝世一百周年大会上，由王元化等人起草的、以周扬名义发表的《关于马克思主义的几个理论问题的讨论》被认为是阐述人道主义的马克思主义的代表作，思想解放运动的影响力也随着该文章于1983年3月16日被发表在《人民日报》上而达到顶峰。但另一方面，从客观上讲，回归本原与经典的人道主义的马克思主义并不能与中国亟待进入的现代化进程相匹配，现代化实践中出现的诸多问题也已经远远不是马克思早期思想所能解决的了。1984年以后，社会各界开始更加积极地参与到新时期中国现代化的讨论中来，一场被称为"新启蒙"的思想运动随之而来。

从1983年10月开始，原本一些在思想文化领域表现活跃的理论家因突如其来的"反精神污染"运动而遭到一定程度的打击。在这样的历史背景下，以李泽厚、汤一介、庞朴、刘再复、金观涛等人为代表的学界人士被推到了思想文化领域的前沿。这些人在"文革"刚刚结束时,虽然也积极投身到汹涌澎湃的清算"文革"系列活动中,但是他们实际上只是在学术、文化方面进行了反思,只是充当了"党内理论家"援军和追随者的角色,与周扬等人在政治思想方面的反思活动相比,只是处在"二线"。由于1983年年底"反精神污染"运动所导致的言说环境的变化,1984年以后,理论界的文化讨论,有了一个明确的方向性转变,"研究的出发点逐渐转向现实问题,讨论的主题开始明确地转变为如何认识当代中国社会,研究的重点转向近现代,转向中西方文化对比研究,转向对中国传统文化的总体反思上"(王学典,2015:91)。总体上看,"反文革""反封建"的语境自1984年起被"反传统"和"反思传统"所替代,从某种意义上讲,"反传统"是"反封建"的延续,"反思传统"实际上就是"反传统"的新指涉。

在当时的历史条件下,中国的知识分子完成了,甚至是有些不自觉地完成了历史性转变,他们绕过敏感的体制改革话题,通过"文化言说"取代"政治言说",从政治、意识形态的话语体系中逐渐超脱和分离出来,在民间开辟了一个全新的思想空间,重新获得了文化上的自主性和精神上的公共性,他们通过言语转换重新构建的思想界,具有哈贝马斯所说的"公共空间"性质。(许纪霖,2007:7)随着20世纪80年代中后期文化热中人们讨论的深入,人们在借助五四运动突出文化启蒙意义的同时,又广泛尝试以全球性的现代化理论范式更加深入地讨论"传统文化"与"现代化"之间的关联,"新启蒙"式的讲述实际上已经脱离了向经典马克思主义回归的话语轨道,新启蒙运动的影响也随着文化热中各种学术团体与派别对新思想的阐释与传播而在20世纪80年代中后期达到高潮。

如图2-1所示,整个20世纪80年代的思想因若干关键事件而经历了一系列变化:从最初的"反'文革'",到"真理标准问题大讨论"之后的"反封建";再因1983年短暂的"反精神污染"运动,思想从"反封建"的政治主张向"反传统(文化)"的文化倾向转变;时间来到20世纪80年代中后期,随着"走向未来丛书"编委会、中国文化书院、"文化:中国与世界"编委会三大民间学术团体的相继出现,它们对传统的反思与对现代化问题持续的回应,使社会上出现了对中国当代文化影响深远的文化热现象。从整体看,思想解放运动与新启蒙运动贯穿20世纪80年代始终,但两场运动最受关注的高潮期却并不重叠,思想解放运动在20世纪80年代早期影响力更大,而新启蒙运动则是在20世纪80年代中后期,伴随着文化热的发生发展迎来了属于自己的高光时刻。

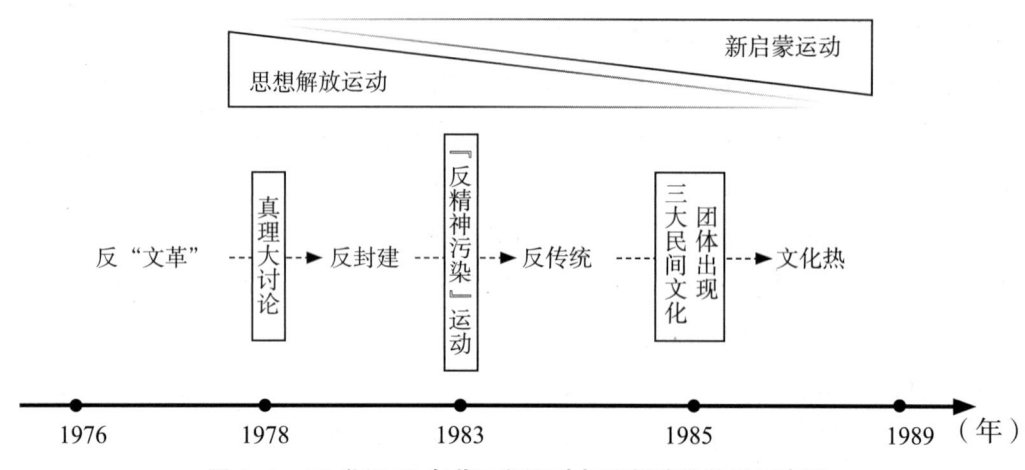

图 2-1　20 世纪 80 年代两场运动与思想演进关系示意图

需要补充的是，有些学者对于两场发生在 20 世纪 80 年代的运动之间的关联存有自己的看法，王学典认为，将新启蒙运动的发端判定在 1984 年或 1985 年是一种历史的误读，整个 20 世纪 80 年代都应该用新启蒙运动来概括（王学典，2009）。除此之外，还有人认为，新启蒙运动应该被理解和阐释为思想解放运动的一个有机组成部分（李鹏、谢纳，2015），其中的理由是，官方的认可和支持才是启蒙主张得以传扬，甚至从某种意义上讲能够转化为一种意识形态的原因，认为从政治话语层面看，较早将文化启蒙与思想解放联系在一起的应该是周扬。周扬曾在 20 世纪 80 年代初多次表示，"中国的所有民主运动都对五四运动欠下了债，所有运动都不彻底……尽管不断努力消灭愚昧无知，但是启蒙思想还是需要的"（舒衡哲，2007：283）。李鹏、谢纳认为，正是周扬等人以官方意识形态主管的身份为知识分子重申"启蒙"立场签发了一张官方通行证，才使得新时期启蒙主义话语能够在纳入思想解放运动的框架后被充分展开（李鹏 谢纳，2015）。李陀也曾阐释过，他认为思想解放运动对新启蒙运动进行着制约，认为由国家主导的思想解放是有纪律要求的：不论什么样的人，什么样的思想，你要解放，都必须在现有的制度和主导意识形态框架之内进行，新启蒙运动当然是首当其冲的，它对新知识和新理论的好奇和追求不能不受到很大的束缚。（查建英，2006：274）对于以上论断，笔者并不强调思想解放运动与新启蒙运动在时间上的接续性，笔者认为两者始终存在于 20 世纪 80 年代的始末，只是在影响力与受关注程度方面出现了前后相继的相关征兆，体现出一些主张与诉求方面的不同。但与观照两者的异质性相比，考察两场运动的态度同一性，对于真正理解 20 世纪 80 年代，把准 20 世纪 80 年代思潮走向，找寻 20 世纪 80 年代时代主题更具现实意义。

（二）两场运动态度上的同一性：20 世纪 80 年代的时代主题

在思想解放运动与新启蒙运动的差异性与独立性的另一面，是两者更为重要的相互交叉、保持一致方面，有学者认为 20 世纪 80 年代的中心问题之一就是否定"文化大革命"的极"左"主义路线并对其进行深刻反思，进而讨论如何避免"文革"的重演，可以说，在"文革"的创伤之上重塑、奠定思想的基础，已经成为 20 世纪 80 年代中国知识界所要面对的头等大事之一；除此之外，寻找未来出路、提出中国新时期"现代化"的战略目标并为之探寻实现路径，更应该被视为政治上的思想解放运动与文化上的新启蒙运动具同构性或共通性的表现（李鹏、谢纳，2015）。虽然在理解实现终极目标的具体方案方面有所差异，但两场运动仍然都以一种历史目的论的方式，对现代化前景做出了普适性的承诺。总体来看，思想解放运动与新启蒙运动的共同之处在于它们在政治、经济和思想上的诉求，即它们都彻底否定"文革"、批判封建主义传统意识形态、进行以实现现代化为目标的改革开放。实际上，在整个 20 世纪 80 年代，不仅两场运动在反思"文革"与寻找现代化路径方面达成了高度的一致，新启蒙运动中各个派别的知识分子，也获得了某种在现代化理论影响下的共同思想预设，他们各自所秉持的思想在"现代化"的名义下，被当作一个有机整体被接受下来，在整个 20 世纪 80 年代并未呈现出内在剧烈的紧张性。正如前文所述，社会思潮的形成必定有其深刻的历史原因，社会变革中产生了某些急迫的问题，这些问题在思想家、知识分子那里转化为某种社会关切，社会思潮正是思想家、知识分子以相对规整的理论形态回应社会关切和时代主题的表现。（高瑞泉，2019：3）而思想解放运动和新启蒙运动在态度上的同一性表述，即反思"文革"进而探索新时期中国现代化道路，恰恰是对 20 世纪 80 年代社会关切和时代主题最好的概括。

现代化是中国社会发展的必然选择，也是几代中国人的共同理想，走出"文革"的阴霾，新时期的中国应该通过什么样的方式开启现代化征程，即是 20 世纪 80 年代从官方到民间的各界精英共同面对的时代拷问，所有人都在积极尝试回答这一问题。历史地看，"现代化"的概念在中国最早形成于 20 世纪 30 年代（罗荣渠，1988/2008：34）；从现代化的理论框架来看，"近百年来为振兴中国而进行的各种政治、经济、文化运动，都可统称为探索中国现代化道路的运动"（罗荣渠，1988/2008：1）。而关于中国现代化道路的探索甚至现代化问题的讨论却屡遭打断：20 世纪 30 年代被抗日战争中断，到了 20 世纪 40 年代又被解放战争的洪流所压倒，之后更是因"文革"而延误。从某种意义上讲，20 世纪 80 年代发生的在文化层面探讨中国现代化出路的思想运动，正是人们对中国近代以来现代化探索的承续。因而，为了更好地厘清 20 世纪 80 年代令人眼花缭乱、目不暇接的社会思潮，本书有必要在此回转视线，对中国近代以来现代化思想的起源与演进进行一番基础性的回顾。

（三）中国近现代历史中"现代化"思想的起源与演进

"现代化"一词作为一个新的社会科学词汇出现在学术界和思想界，是在20世纪30年代。据罗荣渠（2008：16）考据，"1933年7月，上海《申报月刊》为创刊周年纪念，发行特大号，刊出'中国现代化问题号'特辑"，这被认为是"现代化"作为新概念被正式推广应用的开端。但是，中国近代有关"现代化道路问题"的讨论早已开始，与现代化问题被热烈讨论的事实相比，"现代化"概念的出现实则显得有些姗姗来迟。胡适（1933/2018：58）曾在1933年发表的《建国问题引论》一文中表示："三十年前，主张'维新'的人，即是当日主张现代化的人。"按照胡适的说法，清朝末年康有为、梁启超等人所发起的戊戌变法运动，就是一场推动中国现代化的运动。其实，想要追溯中国"现代化"思想的源头，恐怕需要将视线伸向更远的历史时空：1840年，西方列强用坚船利炮打开了古老东方帝国的大门，中国自身缓慢发展的道路由此被截断，中华大地上也由此揭开了"三千年未有之大变局"（李鸿章）的序幕，中国的现代化思想也由此萌发，并在整个20世纪多次成为被全社会讨论的热门话题。

在中国近现代历史中，有关现代化的论争的高潮至少出现过三次，分别发生在以"洋务运动""戊戌变法"为标志性事件的清朝末年和五四运动前后，以及首次明确以"现代化"作为讨论议题的20世纪30年代。接下来，本书将对这些历史阶段中国的现代化思潮的发展脉络做简要梳理。

1840年以后，一批志在兴国的有识之士开始"睁眼看世界"，他们开始认识到"天朝"与西方世界发展之间的差距，开始主张学习西方新知识，寻求"经世致用"的新思想，于是，儒学一统天下的天朝道统被逐渐打破。从19世纪60年代开始，洋务运动兴起，一些曾受到经世思潮影响的居于领导地位的士大夫开始大力倡导办"洋务"，采"西学"，呼吁"借法自强"，张之洞、曾国藩、李鸿章等洋务派在当时的口号是"中体西用"，即"中学为体、西学为用"，这一思想的核心，即把代表传统文化的"中学"和代表西洋文化的"西学"在价值和功用上加以区分，将中学与西学的关系总结为"体"与"用"的关系，或"道"与"器"的关系、"本"与"末"的关系、"内"与"外"的关系，即中学为体、西学为用，中学为道、西学为器，中学为本、西学为末，或中学是内学、西学为外学。（许纪霖、陈达凯，2006：60）虽然后世的研究者们往往对"中体西用论"颇有责难，甚至将洋务运动和维新变法的失败均归结于此，但是，中体西用的基本思想是以西学来补中学之不足，承认中学不是完美无缺而有可补之处，这不能不算是鸦片战争以来中国思想界的一个进步（罗荣渠，1993：343），"中体西用"的思想也因此被一些现代化理论家认为代表"现代化意识的最初萌芽"（高瑞泉，2019：5）。1898年，康有为、梁启超等人在光绪皇帝的支持下开始进行以学习西方科学文化，改革政治制度等为内容的戊戌变法运动，但这场被胡适称为"主张现代化的人"发起的现代化运动，很快便遭到了清廷顽固派的残酷镇压而最终失败。戊戌变法运动虽然失败了，但是来自西方的新思想却开始在中国产生重大影响，人们开始意识到中国的问题单靠西学的补充是不够的，中国思想界由此发生巨大变化。严复所译《天演论》一书出版后的热销，足以说明19世纪末20世纪初中国知识分子探求现代化道路的热情以及对现代化理论的渴望。（罗荣渠，1993：344）

20世纪初，孙中山、章炳麟等激进革命派提出种族革命的理论，通过辛亥革命推翻了在中国延续了两千多年的皇权帝制，对西方文明的效仿此时已从器物层面上升至制度层面。几乎在同一历史时期，维新派思想家梁启超在思想上也一改之前的"保种保国"观点，提出了从根本上改造国民素质的"新民"理论，他在《新民说》等文章中为现代化国家中的国民设计了一整套全新的"德行"，如"自由、自治、进步、自尊、合群、尚武、进取冒险、权利思想、国家思想、义务思想"等（梁启超，1902：211-213），梁启超的观点与1985年美国社会学者英格尔斯在中国出版的《人的现代化》（"走向未来丛书"之一，四川人民出版社）一书中的观点有很多相似之处，梁启超的观点也成为20世纪80年代主张"人的现代化"的人道主义思潮的重要思维起点之一。辛亥革命之后，"中体西用"的影响力日渐衰微，但是主张"中西调和"的观点仍然占据上风，直到新文化运动时期，陈独秀、胡适等人才旗帜鲜明地主张彻底否定中国传统文化，以接受近代西洋文明的方式、以决不妥协的态度向封建旧文化发起挑战。后来胡适在《我们对西洋近代文明的态度》一文中提出"东方落后民族应当以西化方式实现追赶"这一现代化观点，这篇文章也被认为是西化论者在五四运动前后中西论战中的代表作。由此，对西方文明的评估已从辛亥时期的制度层面再次上升到了精神层面（罗荣渠，2008：7）。五四运动前后有关中西文化问题的论战持续了十余年之久，值得注意的是，在这场论战的后期，受到第一次世界大战以及俄国十月革命的影响，西方资本主义文明的问题大量暴露，这导致了人们对西方文化的态度有了很大转变。曾经坚持西方民主自由的陈独秀，此时从关注欧洲文明转向了关注俄国社会主义新文明，西化派随之一分为二，形成"西化"与"俄化"两大派别。一战后，以巴黎和会观察员身份赴欧游历的梁启超，更因对西欧文明幻想的破灭而发生了思想大转向，他在《欧游心影录》一书中，号召"拿西洋的文明来扩充我的文明，又拿我的文明去补助西洋的文明，叫他化合起来成一种新文明"（梁启超，1920/1989：4）。梁启超《欧游心影录》的出版，标志着20世纪中国文化保守主义的崛起。（许纪霖、陈达凯，2006：316）1921年，梁漱溟出版了《东西文化及其哲学》一书，该书肯定了梁启超文化保守主义的观点，并提出一个新的命题，即东方化还是西方化，也就是孔化还是欧化的问题，认为应"把中国人和西洋人都引导到至善至美的孔子路上来"（梁漱溟，1921/1987：3-4）。梁漱溟的《东西文化及其哲学》一书被认为是阐述儒学现代化的第一部著作，传统儒学学派中也因此分化出了现代化新儒学一派，这一派的学说也正是20世纪80年代文化保守主义者的思想源流之一。

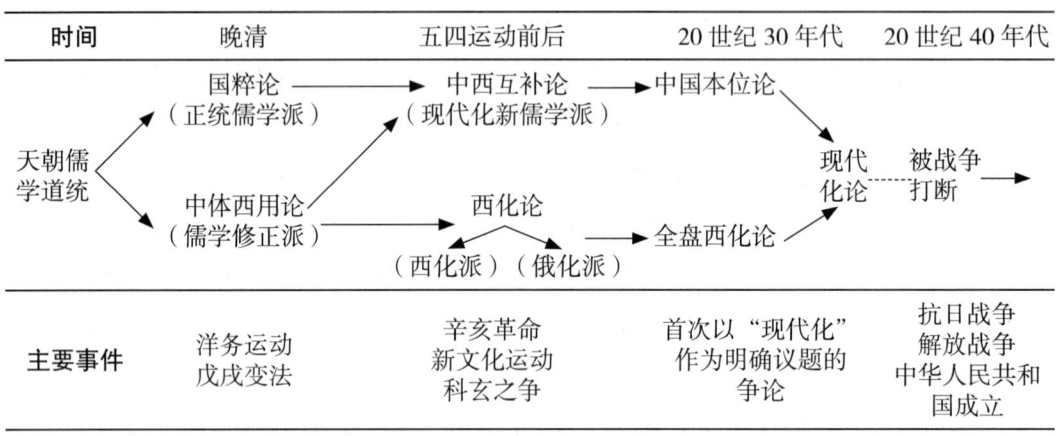

图 2-2　中国近代以来"现代化"思想的演进示意图①

1933年7月，上海的《申报月刊》杂志创刊一周年，为此，其特别发行"中国现代化问题"特大号专辑，专门讨论中国现代化的问题，其中的议题包括什么是现代化、实现现代化的外部动力、实现现代化的道路和方式等。这次讨论是中国历史上首次明确以现代化问题为核心展开的讨论，此次讨论所涉及的中国现代化问题，无论广度还是深度都是前所未有的，可称得上是中国人对现代化认识的一个转折点。1935年1月，王新命、何炳松、陶希圣、武堉干、章益、孙寒冰、萨孟武、黄文山、陈高佣、樊仲云十位教授联名在《文化建设》月刊上发表了《中国本位的文化建设宣言》一文，此文旗帜鲜明地反对全盘西化的主张，号召用三民主义文化统一中国，该文的发表使得关于中国文化问题的讨论再次成为全社会的焦点。在这场中西文化讨论中，由"中西调和""中西互补"论引申出"中国本位论"；由"西化"发展出"全盘西化论"。但是在20世纪30年代的这场讨论中，中国本位论与全盘西化论两极对立的情况有所改变，西化派放弃了"全盘"的提法，而本位派也不断充实着对"本位"的诠释，提出建立"中国本位意识"的观点，由此逐渐形成了"现代化"的概念和"中国化"的共识。而后关于现代化路径的讨论虽被战争打断，但是一种朦胧的中国式现代化意识已形成。

---

①　此图受罗荣渠先生《中国现代化思想演变过程图》的启发绘制而成，原图可参看《现代化新论》（北京大学出版社，1993年版）一书第372页。

事实上，在一些学者看来，有关"中国向何处去和中国如何走向现代化"的问题，可以归结为引发20世纪中国社会思潮的"元问题"，对这一元问题的回应几乎贯穿了整个20世纪，并且迄今为止仍在继续。从这一角度来看，在20世纪各个历史阶段出现的"古今中西"之争，实则是不同人群出于对国家和民族前途命运的共同关切，所提出的关于文化变迁的不同规划或方案之争。（高瑞泉，2019：4）从晚清的社会达尔文主义的进化论，到现代的马克思历史唯物主义发展观，以及从五四运动到20世纪80年代的启蒙主义，人们不断探索如何从传统到现代，这些努力实则均应视为对中国现代化的诉求的具体回应。（许纪霖，2007：22）

因而，当中华人民共和国成立，新民主主义革命任务随之完成，国民经济得到恢复发展之后，有关中国"究竟选择什么样的道路走向现代化"的讨论便自然而然地被再次提上日程。1954年9月23日，第一届全国人民代表大会第一次会议召开，毛泽东向全国人民宣告："准备在几个五年计划之内，将我们现在这样一个经济上文化上落后的国家，建设成为一个工业化的具有高度现代文化程度的伟大的国家。"（毛泽东选集·第五卷，1977：133）周恩来在政府工作报告中明确提出要把我国建设成为"强大的社会主义现代化工业国家"，提出了建设"强大的现代化的工业、现代化的农业、现代化的交通运输业和现代化的国防"的任务。（周恩来选集·下，1984：132）1956年9月，中国共产党第八次全国代表大会上建设现代化工业、现代化农业、现代化交通运输业和现代化国防的任务被写入了《中国共产党章程》。1959年年末，毛泽东在《读苏联＜政治经济学教科书＞的谈话》中对现代化目标做了进一步完善，他说："建设社会主义，原来要求是工业现代化，农业现代化，科学文化现代化，现在要加上国防现代化。"（毛泽东文集·第八卷，1999：116）这是"四个现代化"目标第一次被完整表述出来。1963年1月29日，周恩来在上海市科学技术工作会议上作了内容为"建成社会主义强国，关键在于实现科学技术现代化"的讲话，在这次讲话中，他首次明确了中国现代化应该包括的四个方面内容："我们要实现农业现代化、工业现代化、国防现代化和科学技术现代化，把我们祖国建设成为一个社会主义强国。"（周恩来选集·下，1984：412）1964年12月21日，周恩来在第三届全国人民代表大会第一次会议上所作的政府工作报告中，第一次代表中共中央正式宣布了实现四个现代化的目标："要在不太长的历史时期内，把我国建设成为一个具有现代农业、现代工业、现代国防和现代科学技术的社会主义强国。"（周恩来选集·下，1984：439）20世纪50年代至60年代，由"社会主义现代化工业国家"到"四个现代化"的目标的转变，展现了中国共产党人对中国现代化道路的不断探索与一贯追求，但是"文革"使中国的现代化进程再次中断，直至20世纪70年代中后期，以实现社会主义现代化为中心内容的现代化发展轨迹才得以接续。1975年1月13日，周恩来在第四届全国人民代表大会第一次会议上所作的政府工作报告中重申了"四个现代化"的目标:"在本世纪内,全面实现农业、工业、国防和科学技术的现代化,使我国国民经济走在世界的前列。"(周恩来选集·下,1984:479)1978年3月18日,邓小平在全国科学大会开幕式上的讲话进一步明确了"四化"的概念:"在二十世纪内,全面实现农业、工业、国防和科学技术的现代化,把我们的国家建设成为社会主义的现代化强国,是我国人民肩负的伟大的历史使命。"(邓小平文选·第二卷,1994:85-86)自此,"现代化"的观念很快在20世纪70年代末至80年代初的思想解放运动中被人们所普遍熟知并广泛认同。随着曾经被拒之门外的西方现代化理论不断地被引入,随着20世纪80年代中期文化热的兴起,思想文化界人士开始尝试为新时期的现代化书写新的注脚,各种代表性社会思潮随即出现。

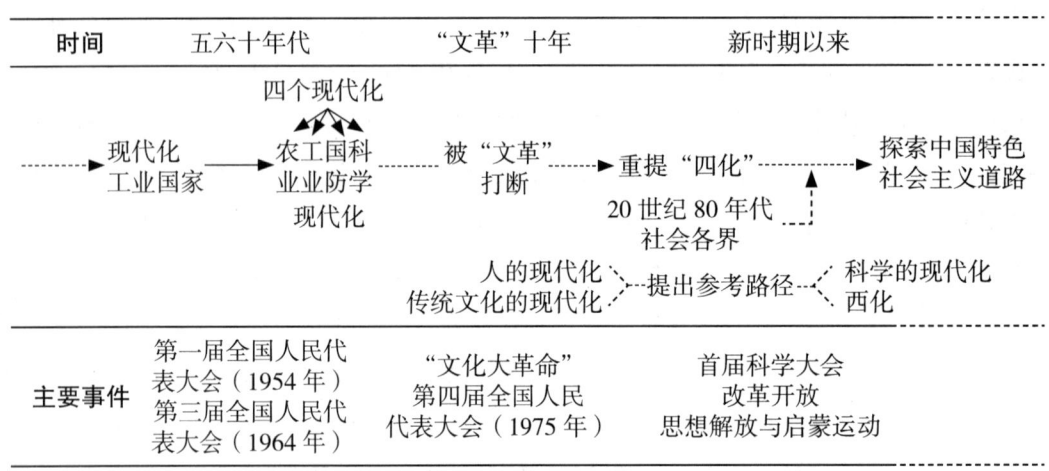

图2-3 中国近代以来"现代化"思想的演进示意图(续)

但不论是"人的现代化"还是"全盘西化",抑或"传统文化的现代化转化",从历史的角度来看都不能算是新鲜之物,本书在绪论部分的一开头援引了李泽厚在1986年发表的《救亡与启蒙的双重变奏》一文当中的一段话。

> 今天流行的"人道主义""思想解放"和启蒙运动是历史的再一次重复吗?使人惊异的是,陈独秀70年前在《新青年》中的那些主张,如倡导人的自主、勇敢进取,反对锁国,主张功利主义,要真正民主,不要为民作主的清官,等等,却可以在今天好些政治、学术论著和好些青年的思想、主张中看到。(李泽厚,1986)

同样的观点还可在查建英与甘阳的对谈中找到,查建英说:"20年代那场'科玄之争',当时的那些学者也是各自从西方思想家那里征引了很多资源,最后大家发现这背后就是一个古老中国如何进入现代的问题:科学成了现代西方的象征,玄学成了传统中国的象征。"甘阳随即对查建英的观点表示赞同并复议:"80年代文化讨论很重要的一点,实际上就是把晚清以来中西文化论争的问题,全部都重述了一遍。"(查建英,2006:212)

总体来看,对中国近代以来现代化思想起源与演进的总结和梳理,能够使我们更加清晰地定位"反思'文革'并寻找新时期中国现代化道路"这一20世纪80年代时代主题在历史当中的坐标,能够更加准确地把握20世纪80年代的各种社会思潮形成的大致原因,能够更加快速地厘清各种社会思潮之间的关联,为我们寻找到对中国现代化路径作出有效回应的20世纪80年代代表性社会思潮做好准备。

二、文化热与三个民间文化团体

(一)文化热的兴起及其研究范式

在尝试寻找20世纪80年代对中国现代化道路进行有效回应的社会思潮之前,我们还需重新回到20世纪80年代的思想现场,对彼时在场的重要人物、团体、事件进行一番研究和考察。伴随着现代化变革的深入和问题复杂性的呈现,20世纪80年代的思想文化界也在不断分化和重新整合。20世纪80年代中后期,新启蒙运动在文化态度上的同一性与思想内涵上的异质性,构成了混沌表象下更为复杂的内在分歧,文化热现象就是在这样的历史背景下产生的。据那场轰轰烈烈的文化热或称文化人讨论的亲历者回忆,在当时的华夏大地,从著名学者到中学学生,从政府官员到工人士兵,大家无不争先恐后地参与讨论,发表意见。在北京、上海等大城市,研讨会、学习小组、研究组织、阅读团体如雨后春笋般涌现,人们如饥似渴地争相阅读着种类越来越丰富、涉及领域越来越广泛的出版物。对于影响如此深远的文化热,思想文化界普遍认同其起点为20世纪80年代中期,但是更加具体地讲,对确定文化热起源时间的节点性事件是否有一个更加令人信服的考据呢?

吴修艺(1988:21)在一本写就于20世纪80年代且以"中国文化热"命名的著作中说:"文化讨论在我国真正'热'起来,是从1984年开始的。"文化学者王学典认为,从1984年开始,人们不约而同地开始转换角度,开始讨论传统与传统文化的问题,在当时的语境中,"反传统"就成了"反封建"的代名词。在当时已经势不可挡的以反思"文革"为主题的思想解放大潮当中,你不准他谈封建,他就谈传统;你不准他谈政治,他就谈文化——于是文化热就在时代大潮中孕育而生了。（王学典，2009）但是20世纪80年代文化热中的另一位主角甘阳（2006：29）在他的专著中写道："文化热始于1985年。"他认为，全民族对于文化问题产生狂热需要经历几个过程：首先是国家实行对外开放，引进发达国家的先进技术；随后是国家加强民主和法治建设并进行经济体制改革；之后，文化问题才会被提到整个社会面前（甘阳，1989：2）。在甘阳看来，到1985年，文化背后的政治、经济基础有了一定的发展，这才产生了文化讨论热。纽约大学教授张旭东也将1985年作为文化热的起点，认为"从1985年年初到1989年春夏之交，中国出现了一股异乎寻常的文化讨论热潮"。但是他同时指出，在文化热正式开始之前，还应该重视这场文化讨论热潮的序曲，文化热的序曲并未集中在文化问题以及对于意义、价值的关注上，相反，它发端于科学知识和方法这些显然是"价值无涉"的领域。文化讨论和20世纪80年代意识形态的转变是在人们讨论科学和未来学的状态下开始的，而这要归功于当时出版行业的主动参与和引领，正是因为艾尔文·托夫勒的《第三次浪潮》和奈斯比特的《大趋势——改变我们生活的十个新方向》分别于1983年和1984年在中国被翻译出版，并成为超级畅销书，才引发了人们对于科学和未来学的关注和热情，形成了一个可称为"亲科学形态"（pro-science type）或"未来学学派"的引人注目的文化和社会现象。（张旭东，2014：41）与此同时，1982年成立而后被普遍认为是科学派的以金观涛为代表的"走向未来丛书"编委会在1983年出版了《看不见的手：微观经济学》《现代物理学与东方神秘主义》等第一批"走向未来丛书"，金观涛本人也于1984年4月出版了《兴盛与危机——论中国封建社会的超稳定结构》一书，并开创性地提出被称为"新三论"的信息论、控制论、系统论等自然科学研究方法。由此，人们对于科学和未来学的热情迅速与关于研究方法的热烈讨论耦合并流，直接引发了文化热中的第一个高潮——有关"方法论"的热议，1985年至1986年也因此被称为"方法年"，在此期间召开的厦门会议、扬州会议和广州会议，都是以研究和批评方法为主要议题的，这些研讨

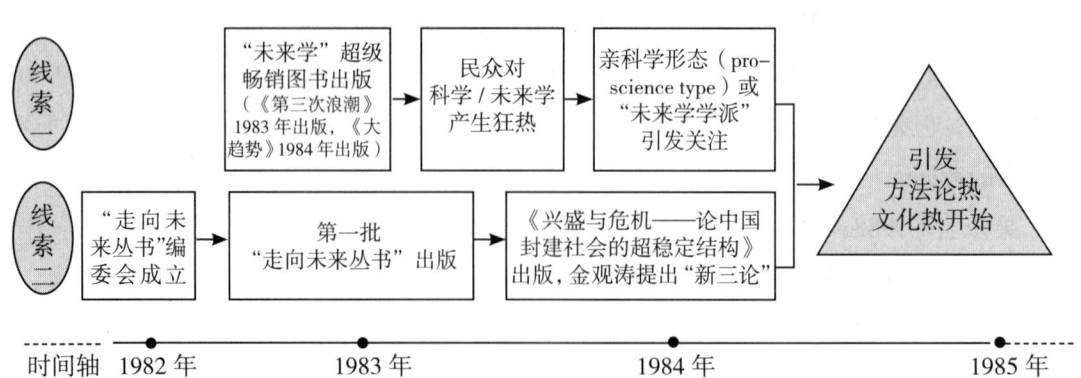

图2-4 张旭东叙述中的文化热：从序曲到发生的逻辑动线示意图

会的召开是文化热中"方法论热"的重要标志性事件,文化热也从方法论的讨论正式开始并逐步扩散到对传统文化的反思、对现代性的积极回应等诸多方面。金观涛和他的"走向未来丛书"编委会也因此当仁不让地成为 20 世纪 80 年代文化大讨论中的主要旗手之一。

在以上的叙述中,"走向未来丛书"编委会的成立及其出版传播活动被认为是文化热发生发展的重要推力,而实际上,在 20 世纪 80 年代中期,至少有三大民间文化团体相继成立,它们的成立直接将这场有关文化和思想的大讨论推向高潮。《经济观察报》记者马国川(2011:59)曾经在一次与李泽厚的对谈中说道:"80 年代中期产生了三个大的民间文化机构:以金观涛为主编的'走向未来丛书'编委会;以甘阳为主编的'文化:中国与世界'丛书的编委会;以汤一介、乐黛云、庞朴以及您(指李泽厚)为主力的'中国文化书院'编委会,这三大文化机构的成立,可以说是'文化热'的标志。"中国文化书院的筹办人之一乐黛云(2004:156)也有过类似的表述:"所谓'文化热'的出现绝非偶然,正是'走向未来丛书'、中国文化书院比较文化班和以'文化:中国与世界'为核心的青年学术群体……合力掀起了横向开拓、以跨文化传输与研究为主体的中国的'文化热'。"事实上,以上述三个民间文化团体为文化热研究的切入点,认为它们在相当程度上构成了 20 世纪 80 年代文化热的大致图景的观点是 20 世纪 80 年代思想文化研究者的主流观点。以"走向未来丛书"编委会、中国文化书院、"文化:中国与世界"编委会在 20 世纪 80 年代中后期的主要社会实践及思想文化观念上的论争为文化热的研究指涉,在某种程度上已经成为 20 世纪 80 年代文化热研究的基本范式。张旭东在其著作《改革时代的中国现代主义:作为精神史的 80 年代》一书中,不仅指出以上三个派别代表了 20 世纪 80 年代文化运动带有进化秩序意义的三个重要阶段,而且认为它们组成了产生文化热的象征空间的三个基本维度,分别是科学和技术的话语维度、传统文化话语维度和西方理论话语维度。在此理论框架下,张旭东分别以"走向未来派""'中国文化派'和李泽厚"和"'文化:中国与世界'编委会"为主要标题对文化热进行了梳理和分析,认为走向未来派催生的科学主义是文化热的开端,中国文化派的"文化现代化"等理论奠定了整个文化大讨论的基础,而更年轻的"文化:中国与世界"的编委们则引发了文化大讨论的第三次高潮。(张旭东,2014:37-72)许纪霖在论说 20 世纪 80 年代时也采取了类似的方法,他首先总结说,"那是一个真诚的、激情的年代,也是一个开放的、混沌的年代",之后同样以三个文化团体展开,表述那个激情且混沌的时代,他认为"走向未来丛书"编委会在当时被人们认为是科学派,"科学精神"和"科学方法"始终是"走向未来丛书"编委会高高举起的精神旗帜;"文化:中国与世界"编委会高举的则是人文主义、自由主义的大旗;而中国文化书院所传递的温和保守主义姿态和主张,则在历史的淬炼中沉淀下来,成为 20 世纪 90 年代之后学术史研究和"国学热"的原初生长点。（许纪霖，2007：9-11）贺桂梅在《"新启蒙"知识档案：80年代中国文化研究》当中首先谨慎地论证了三个民间文化团体是整个文化热历史图景中的重要部分，之后以这三个民间文化团体的三个典型文本和"故事"（"封建社会的超稳定结构"论、"传统与现代冲突"论和"救亡压倒启蒙"论）追溯了文化热的话语机制，认为20世纪80年代的知识分子正是借助文化热中这种代表性叙事方式塑造着中国当代的现代化意识。（贺桂梅，2010：222-241）

  当然，也有一些学者从各自立场及从文化和历史的不同视角出发，认为20世纪80年代文化热中在场的民间文化团体并不应只有三个，①在已经发表的各种研究成果与文献中经常被提及的20世纪80年代文化团体还包括：一是以周谷城为主编、庞朴和朱维铮等为常务联系人的"中国文化史丛书"编委会，②中国文化史丛书由上海人民出版社自1985年12月开始分批出版，这套丛书为新时期的读者展示了我国不同历史时期丰富多彩的传统文化风貌，中国文化史丛书可谓是由文化热催生出来的，进而又推动了文化热的发展；二是以邓朴方为主编、李盛平等为常务编委的"二十世纪文库"编委会，这一社外编委会在20世纪80年代开展了"二十世纪文库"（华夏出版社出版）、"现代文化丛书"（光明日报出版社出版）、"现代社会与文化丛书"（中国国际广播出版社出版）等西方学术译著丛书的出版工作；三是以王元化为主编的"新启蒙论丛"编委会，以及围绕《新启蒙》杂志的一批思想家，《新启蒙》杂志的编辑工作在上海进行，而出版工作则在长沙由湖南教育出版社完成，这批思想家在20世纪80年代始终致力于如实解读和诠释马克思主义当中关于"人"的学说，积极倡导人性和人道主义思想。但是，就20世纪80年代文化团体对文化热的综合影响与思想贡献而言，以及从本书最为关注的、为中国现代化提供参考性路径的角度而言，无论是"中国文化史丛书"编委会、"二十世纪文库"编委会还是"新启蒙论丛"编委会都显得略逊一筹。

---

  ① 仲维光在《北京文化丛书派的工作及思想——80年代大陆知识分子研究之一》（载于台北《当代》杂志1992年5月第7期）一文中认为，80年代中期共有六个知识分子群体，分别是"青年体改派""中国文化书院派""北京社会科学经济所派""华夏丛书派""文化丛书派"和"启蒙派"，其中的"青年体改派""中国文化书院派"和"文化丛书派"就指代本书中提到的三个民间文化团体。此外，徐友渔在《中国三十年各派社会思潮——2009年2月28日在三味书屋的演讲》中提出，文化热中出现了五个派别，分别是"中国文化书院""《新启蒙》杂志派""'走向未来丛书'编委会""'文化：中国与世界'编委会"和"'二十世纪文库'派"；随后陈子明又针对徐友渔的演讲发表了自己的看法，他在《关于八十年代：文化思想派别等的通信——陈子明致徐友渔》中认为，五大派分别应该是"中国文化书院""'文化：中国与世界'编委会""理论务虚会派""青年精英派""民间体改派"。但无论是仲维光、徐友渔还是陈子明都未否认本书所涉三个民间文化团体的独立性与重要影响。

  ② 对上海人民出版社的"中国文化史丛书"的研究和论述，本书还将在第五章继续展开。

因而，总结起来，20世纪80年代中期开始的影响深远的文化热，是以1983年至1984年，未来学超级畅销书（《第三次浪潮》《大趋势——改变我们生活的十个新方向》等）的陆续出版为序曲，以方法论热为正式开端，以"走向未来丛书"编委会、中国文化书院和"文化：中国与世界"编委会三大民间文化团体的先后成立并入场为催化剂的一场文化大讨论活动，文化热实质是新启蒙知识分子继续对"文革"进行反思，继续对传统文化进行批判或创造性转化，继续探索新时期中国现代化的方向和路径的表现。文化热中所涌现的思潮虽然错综复杂，但历史地看，就其基本立场和历史意义而言，它们是在以其各自不同的方式为整个国家现代化的未来出路和改革开放实践提供着某些具有参考价值的思想基础。

（二）三大民间文化团体的构成、社会实践（活动）及主要思想

20世纪80年代文化热中涌现的三大民间文化团体分别持有其自身鲜明的文化态度和主张，这些不同态度和主张的碰撞交汇，使不同的社会思潮形成并影响日甚。作为引领中国人文科学各种风潮的主要"思想库"，三大民间文化团体各自都由哪些成员构成？他们是如何向社会和公众传递自己的思想的？他们的主要思想和主张又有哪些？接下来，笔者就以编年的顺序逐一讨论文化热中的三大民间文化团体，揭开这些问题的答案。

1. 秉持科学精神的"走向未来丛书"编委会

1983年，"走向未来丛书"编委会正式成立，在组织从属关系方面率先采用了挂靠的形式，挂靠在当时的中国社会科学院青少年研究所，丛书编委会成员多以中国社会科学院、中国科学院的中青年理论工作者为主。选用中青年作为编委会成员是"走向未来丛书"编委会成立时的一个原则，当时作为编委会主编的包遵信年龄为四十五岁，于是编委会就以他的年龄作为准入上限。

从丛书出版情况来看，自1983年4月丛书编委会开始组稿筹划，到1988年最后一批图书出版，在五年左右的时间内，"走向未来丛书"编委会出版发行图书五批共74种。其中，第一批图书于1983年11月至1984年6月相继出版，《人的发现：马丁路德与宗教改革》（李平晔著）作为首批图书同时也是整个系列丛书中出版发行的第一本，在上市后在社会上引发了热烈反响。首批丛书于1984年6月再次印刷，总印量多达160多万册，仍供不应求。（杨忠学，2006：113）第二批图书于1985年4月至8月出版发行，本批图书共计14种，其中《没有极限的增长》尤为引人关注。随后，第三批图书共14种于1986年4月至9月出版。第四批图书于1987年3月至8月出版，共计20种。第五批也是最后一批图书于1988年3月至6月出版，包括《波兰危机》《四朝政治风云》《卖桔者言》等共计14种。金观涛曾在一次采访中表示，"走向未来丛书"编委会受到

法国启蒙运动时的百科全书出版的启发，本来计划出版 100 种。丛书的追求是跨越学科限制，跨越古今中外，为实现思想启蒙，走向全方位的现代化的目标而努力。（马国川，2011：171）有关百科全书对"走向未来丛书"的影响，学者谢泳回忆说："回过头看，我不能不惊叹编委会的气魄。当今中年以上有所建树的知识分子，或多或少都读过其中的几种。"（谢泳、丁东，2008：139）在 20 世纪末，《新周刊》杂志曾举办过一次名为"20 年来最有影响的 20 本书"的图书评选活动，在书评环节有评论人提道："1984 年，人们对书籍的选择还不算太丰富，四川人民出版社推出的'走向未来丛书'，旨在推广新知识、推动科学研究的深入发展，这套丛书引发了新时期以来第一个大规模的读书热潮。"（新周刊，1998）能够代表走向未来派思想观念的，当属金观涛、刘青峰提出的"超稳定结构论"或"超稳定系统说"，据金观涛本人回忆，超稳定结构论的构想最早形成于 1974 年，1979 年论文被印成油印本，并在精英知识分子圈中传阅。之后，系统解释并论证"中国封建社会超稳定系统假说"的长文于 1980 年在《贵州师范学院学报》被分两篇正式发表。论文发表后，超稳定结构论的影响持续发酵，1984 年 4 月，金观涛与刘青峰将这一假说扩充写成学术专著《兴盛与危机——论中国封建社会的超稳定结构》，由湖南人民出版社出版；而在 1983 年 11 月，该著作的简写本《在历史的表象背后——对中国封建社会超稳定结构的探索》已作为首批出版的"走向未来丛书"当中的一册由四川人民出版社出版。正如前文提到的，超稳定结构论相关著作的出版，是"三论热"或称"方法论热"的重要催化剂，金观涛、刘青峰这对伉俪是最早将系统论、控制论、信息论的研究方法引入历史和社会研究领域的学者。在《中国历史上封建社会的结构：一个超稳定系统（续）》一文的最后，作者写道："它应该是一种开始，是用现代科学方法探索我们伟大的民族走过的漫长道路的开始。"（金观涛、刘青峰，1980）

按照中国封建社会超稳定结构假说的解释，中国之所以长期"停滞"在封建社会，是因为"它的结构有着巨大的稳定性"。在超稳定结构的一体两面，分别是封建专制的顽固性和封建王朝的周期迭代性，这两种现象之前常常被历史学家们分别对待，而金观涛则认为它们是相互关联的。封建专制的顽固性表现为封建王朝通过政治和意识形态对社会进行控制，不允许制度创新和新的社会组织结构产生并成长；而另一方面，腐败又是不可避免的，其结果就是导致社会的大动乱，王朝因此而瓦解，周期的迭代再次出现，正是超稳定结构两端"一治一乱"的张力场使中国传统社会被束缚在这种周期性崩溃和自我修复的循环当中，即使其内部出现过较为发达的商品经济，发达程度甚至超过了西方，但是第一个现代社会也并未从古老的东方大地上诞生。有关中国封建社会长期存续的原因之所以在 20 世纪 80 年代再次成为讨论的焦点，根源仍在于人们在新时期对"文革"进行了深刻反思，当时人们对"文革"最惊心动魄的发现就是"封建专制借革命之名还魂",古老的封建思想在"文革"期间似乎卷土重来。因而,超稳定结构包含着在身处当时历史环境中的人们看来是不言自明的历史隐喻,即"文革"与"封建复辟"之间的对应关系(贺桂梅,2010:228)。

但与其论点相比,超稳定结构论在当时最突出的贡献之一是它所应用的研究方法,它第一次将现代自然科学的研究方法引介到历史及人文研究领域,它第一次使用量化分析的方法对人文科学进行考察,这为当时略显沉闷的学术空间吹入了一股清新的空气。据受新三论影响并倡导文学批评方法变革的刘再复回忆:"系统论让我们明白,万物万有并不那么单一,那么本质化,它总是具有不同层次,不同的子系统,我想借用'赛先生'来帮我们打破机械论与独断论,这是在僵化的语境中逼出来的。"(马国川,2011:127)金观涛等人把20世纪中叶以来在西方发展起来的三论方法(即系统论、控制论及信息论)大胆地应用于中国史学研究领域,把中国历史当作自然科学处理的超稳定系统,以研究其长期稳定的结构及机制,这对传统的中国史学理论和教条化的马克思主义史学研究方法造成冲击,为史学研究乃至整个人文社会科学学科的研究提出了一个全新思路,开辟了如何转化自然科学方法为社会科学方法的新路径。(陈来,1988:566)

总体来看,金观涛、刘青峰等人以当代科学技术与先进文化改造传统中国文化的尝试,与甘阳等后来者试图以人文文化彻底否定传统文化的行为,都体现出他们以西学推进中国现代化的努力,在20世纪80年代,热衷于中西文化比较、反思传统文化价值的文化大讨论,实则是整个民族对现代化的自觉意识在文化上的反映。

2. 作为传统文化弘扬者的中国文化书院

中国文化书院由时任北京大学哲学系助教的年轻学者鲁军、李中华、魏海常、王守常等人于1984年暑期动议,在冯友兰、张岱年、朱伯、汤一介等教授的支持下,于同年12月(亦有说法为10月)在北京成立。中国文化书院人员庞杂,包括了北京大学、清华大学、中国人民大学、北京师范大学、中国社会科学院等数十位著名教授和学者。中国文化书院首任院长由汤一介担任,首任名誉院长由冯友兰担任,首任学术委员会主席由梁漱溟担任,1988年梁漱溟去世后季羡林继任。在受聘导师方面,中国文化书院既聘任了冯友兰、邓广铭、张岱年、侯仁之、何兹全、启功、任继愈、季羡林、周一良、金克木、吴晓铃、牙含章等经历过五四运动的老一辈学者,又聘任了如汤一介、包遵信、庞朴、李泽厚、乐黛云、梁从诫等有一定学术积累的中年学者,还聘任了林毓生、杜维明、陈鼓应、韦政通、刘述先、魏斐德、傅伟勋、成中英等海外文化学者。(陈子明、徐友渔,2009)

中国文化书院被称为民间的学术研究和教学团体,因为其主要活动方式是举办短期讲习班、进修班、函授班,以办班的形式研讨、传授学问。比如1985年至1986年举办了一连四期的中国文化讲习班,面向驻京外国友人开办了中国文化系列讲座,以及1987年开办了为期两年的中外文化比较研究班等。除此之外,中国文化书院还举办了多次高水平的学术研讨会,如1987年10月举办了梁漱溟思想国际学术讨论会,1988年10月举办了中日近代化比较研讨会,1989年4月底至5月初举办了"'五四'与中国知识分子"国际学术研讨会,1989年5月举办了"中国宗教的过去与现在"国际研讨会等。(陈越光,2018:1-2)

在出版物方面,《中国文化书院院务工作报告(1986年—1987年)》曾经刊登了一份宏大的图书出版计划,在这份出版计划中,中国文化书院预计出版一套包含"论著类""讲演类""资料类""译文类""古籍类""教材类"6个子系列的"中国文化书院文库",预计出版图书100种。但在随后的几年时间里,在6个类目中正式出版的只有论著类和讲演类,其中论著类计划出版20册,但实际仅出版6册,分别是汤一介的《魏晋南北朝时期的道教》(1988年4月,陕西师范大学出版社)、许抗生等合著的《魏晋玄学史》(1989年7月,陕西师范大学出版社)、汤一介的《中国传统文化中的儒道释》(1988年10月,中国和平出版社)、庞朴的《文化的民族性与时代性》(1988年8月,中国和平出版社)、杜维明的《人性与自我修养》(1988年8月,中国和平出版社)、成中英的《中国文化的现代化与世界化》(1988年10月,中国和平出版社)。"讲演类"也仅出版了原计划5部当中的两部,分别是《论中国传统文化》(1988年1月,生活·读书·新知三联书店)、《中外文化比较研究》(1988年12月,生活·读书·新知三联书店)。除了以上两个类目,原计划中的译文类图书,则由生活·读书·新知三联书店出版,其中包括封祖盛的《当代新儒家》(1989年4月)、郁龙余的《中西文化异同论》(1989年4月)、刘小枫的《中国文化的特质》(1990年2月)等。值得注意的是,虽然教材类图书并未按计划交辽宁人民出版社正式出版,但是一套以"中外比较文化教学丛书"命名的讲习班函授教材在20年代80年代被很多人熟知。这套丛书包含《比较文学》《比较教育学》《比较哲学》《比较史学》《比较法学》《比较美学》《比较宗教学》《比较伦理学》《比较方法论》《马克思主义文化学》《中国文化概论》《西方文化概论》《日本文化概论》《印度文化概论》共14册,无论内容排版还是装帧设计,这套丛书都达到了正式出版的高水平,加之讲习班招生人数众多,据《中国文化书院简报》统计,仅1987年5月至1989年5月为期两年的中外文化比较研究班一个班次,全国报名并实际注册的学员就有12,754人(陈越光,2018:109),因此,这套图书在发行量和社会影响方面取得的成绩不容小觑。研究者陈越光认为,虽然20世纪80年代的很多未取得书号、刊号的自印本不被视为正式出版物,但是如果将诸如"中外比较文化教学丛书"这类发行量大、影响力强的自印本排除在20世纪80年代文化和出版史研究的视野之外,那么恐怕便不能对那个时代有一个充分和完整的了解。

中国文化书院除了集中在20世纪80年代出版中国文化书院文库等各类图书,在20世纪90年代也继续着图书出版活动。《梁漱溟全集》(精装本)于1989年5月至1993年6月分8卷由山东人民出版社先后出版,包括《中印文化交流史》(季羡林)、《伏尔泰与孔子》(孟华)、《中国文化在朝鲜半岛》(魏常海)等在内的跨文化研究著作集"神州文化集成丛书"也于1991年至1993年被新华出版社出版,此丛书计划推出100种,实际出版的种类接近50种。

图 2-5　部分中国文化书院内部出版的讲习教材"中外比较文化教学丛书"

中国文化书院的图书出版活动与其"弘扬优秀传统文化"的办院宗旨是分不开的,在一次文化访谈中,当记者提出"你们中国文化书院就是坚持传统文化的"这一说法时,书院创办者也是第一任会长汤一介立即纠正说:"这个说法不准确,我们的宗旨是弘扬中国传统文化,介绍海外文化,促进中国文化的现代化。"(马国川,2008a)由此可清晰得见中国文化书院派在传统文化方面的态度。但是,与"走向未来丛书"编委会以及"文化:中国与世界"编委会不同,在拥有明确清晰的创办宗旨的另一面,中国文化书院又很难找出某个人作为其统一且公认的文化观念或理论的代表,即使是对于传统文化的继承和弘扬,其内部成员之间的观点也并不完全相同,比如梁漱溟主张坚持儒家之道,而包遵信则旗帜鲜明地反对新儒学;在"体与用"的问题上,庞朴等人较为倾向于"中体西用",而李泽厚则继承了黎澍提出的"西体中用"观点。因而,想要较为全面地瞥见作为一个文化学术群体的中国文化书院的文化理念与主张,恐怕需要从其代表人物汤一介、庞朴、李泽厚等资深文化学者入手。

中国文化书院首任院长汤一介提出了古典哲学的范畴体系研究观点,即从"真善美"统一的哲学角度,以宇宙论的"天人合一"、知识论的"知行合一"以及美学意义上的"情景合一"探讨中国哲学的优良传统,认为中国传统哲学问题都可以从这三个基本命题阐发而来。（陈来，1988：569）此外，于1985年在深圳召开的文化协调会议上，汤一介等人还提出了影响颇深的文化现代化问题，认为文化的现代化，甚至政治的现代化是科技现代化、国防现代化、工业现代化和农业现代化必不可少的补充，认为现代化不能被框定在科学技术的层面，还应该包括思维方式的现代化、价值观念的现代化以及对我国传统文化的历史反思等。（中国文化书院讲演录编委会，1988：1）

图2-6 "神州文化集成丛书"

中国文化书院中的另一位重要学者庞朴发现并诠释了传统文化的"民族性"与"空间性"问题，他认为继人们发现并强调文化的"时代性"以来，人们开始进入以"西方文化是先进的、现代的，中国文化是落后的、中世纪的"为主要症候的"西方—中国／现代—落后"的二元对立话语场，这一认识也被看作20世纪80年代"全盘西化"论者的思想武器。而汤一介则主张文化不仅应该有时代属性，更应该有民族属性，每一种文化都首先是某一地域的文化，每一种文化模式都有其自身独特的价值。有论者认为，新文化运动时期人们发现了文化的"时间"，从而将"东西之别"判定为"古今之异"，而庞朴对文化的"空间"（"民族"）属性的诠释，则将"古今之异"还原为"东西之别"。（王学典，2014）

李泽厚作为20世纪80年代中国思想界的重要学者之一，他以历史的角度对中国传统进行考察。在文化热的讨论中，李泽厚先后于1985年和1987年出版了他著名的"三论"中的后两部《中国古代思想史论》（人民出版社）和《中国现代思想史论》（人民出版社）。1985年，《中国古代思想史论》一书在"寻根热"的背景下，着眼于中国古代历史上出现的各种思想、学派的起源与影响，试图从时下中国的现实角度反思民族的历史与文化。但是也正由于此书的出版，一些激进的青年人开始认为李泽厚接受了"新儒学"的影响，甚至背叛了他自己，认为他"崇尚总体、贬低个体"，是固守传统的表现，他的思想已由"进步"转向了"保守"；与此同时，正统的保守主义者却又批判李泽厚"崇尚个性、贬低总体"，是存在主义的表现，有"全盘西化"的倾向。面对两面作战的紧张局面，李泽厚重申了最早由黎澍提出的"西体中用"说，认为"西体中用"与"中体西用"的主要分别在于前者要求政治改革而后者反对；"西体中用"与"全盘西化"的不同在于前者主张慢慢来而后者反对。所以，李泽厚借"西体中用"说诠释了自己当时的主张，即不是认为不需要改革，而是主张创新形式，逐步进行改革。1987年《中国现代思想史论》出版，书中引起最大反响的论断当属"启蒙与救亡的双重变奏"，有论者将其称为20世纪80年代人文知识界的"元叙事"（李杨，2002）。救亡压倒启蒙论将五四运动作为言说对象的起点，但实际指向了"中国应向何处去"的时代命题，认为启蒙与救亡是现代中国和现代中国思想史的主题，两者开始时相辅相成，但后来救亡压倒了启蒙，中国现代"反封建"的文化启蒙任务被民族救亡主题所"打断"，认为"文革"发生的根源是中国现代史上"反封建"的不彻底。另外，在《启蒙与救亡的双重变奏：五四回想之一》一文的第三部分，李泽厚（1986/2003：36）还提出："中国新时期的文化启蒙不能再去复刻新文化运动时期的'全盘西化论'和'激烈的批判'。"这与中国文化书院对待传统文化的态度与价值取向基本保持了一致。

除此之外，海外文化学者群也是中国文化书院中不可忽视的存在，书院对于海外新儒学传入中国起到了一个中介作用，杜维明的"儒学的第三期发展"论和林毓生的"传统的创造性转化"论，都因引发范围广泛的讨论而一度被认为是中国文化书院的"招牌主张"（苏炜，1992）。

在文化大讨论当中，虽然中国文化书院在"中国传统文化"的大旗下聚集了多种多样的观点和理念，但是必须要强调的是，这些观点和理念的共同之处在于一致认同"传统"是社会文化重构至关重要的基础，全面否定传统文化并走向"全盘西化"是中国现代化道路上需要加以关注并予以警惕的一种认识。

3. 被贴上"全盘西化"标签的"文化：中国与世界"编委会

"文化：中国与世界"编委会于1985年年末在北京成立，以甘阳为首的编委会成员绝大多数来自著名的高等学院和科研机构，如北京大学外国哲学研究所、北京大学哲学系和中国社会科学院哲学研究所，他们中绝大部分是在"文革"后进入大学学习，并在20世纪80年代中期完成硕士研究生阶段学习的，因为他们接受过系统的西学训练，自然而然地就被贴上了"西化派"甚至"全盘西化派"的标签。甘阳在2005年记述了当年编委会的成员，他们分别是于晓、王庆节、王炜、王焱、方鸣、甘阳、纪宏、刘小枫、刘东、孙依依、杜小真、苏国勋、李银河、何光沪、余量、陈平原、陈来、陈维刚、陈嘉映、林岗、周国平、赵一凡、赵越胜、胡平、徐友渔、钱理群、黄子平、郭宏安、曹天宇、阎步克、梁治平。甘阳在《八十年代文化意识》一书的再版序言中将"文化：中国与世界"编委会的性质定为"北京民间学术团体",据其中多位成员回忆,从1985年开始的三四年时间里,编委会出版的丛书共有四个系列,分别是两套翻译丛书,包含一个大开本的"现代西方学术文库"(生活·读书·新知三联书店)、一个小开本的"新知文库"(生活·读书·新知三联书店);一套以编委会成员的学术研究成果为主要内容的"人文研究丛书"(上海人民出版社);一种文化批评类的、以书代刊的《文化:中国与世界》研究集刊(生活·读书·新知三联书店)。

"文化:中国与世界"编委会曾于1986年12月10日相当高调地在《光明日报》以整版广告的形式刊登第一批计划译介书目,其中包含了从尼采、胡塞尔、舍斯托夫到福柯、德里达、汉普尔等西方重要思想家和哲学家的109部作品。从这份宣传中的计划翻译书目来看,如此系统和大规模地引介20世纪西方人文学术作品,在我国历史上是前所未有的,同样可以说是五四运动以来前所未见的。就其正式出版后的影响力而言,与其他丛书以及与该编委会自身出版的其他出版物相比,以现代经典西方学术译著为主的"现代西方学术文库"才是奠定甘阳一派学术及社会基础的丛书。首批出版的海德格尔的《存在与时间》(陈嘉映等译,1987年出版)、萨特的《存在与虚无》(陈宣良等译,1987年出版)、韦伯的《新教伦理与资本主义精神》(于晓、陈维刚等译,1987年出版)等译作都大大超过了一本学术著作本身能够取得的社会影响力,"现代西方学术文库"也成为20世纪80年代的文化标志物之一。学者程光炜(2015)曾经回忆说:"几十年来,一套套新的丛书被摆上书架,另一些被认为知识陈旧、观点老套的书籍则被陆续撤换下来,而'现代西方学术文库'却始终屹立在最显要的位置上,齐刷刷地在那里站立了数十年,也伴随我默默走过了这三十年。"可以说,甘阳和这套丛书所取得的社会影响力远远超过了前两个文化派别及其出版的作品,影响力已经突破了知识精英小圈子的范围,已经渗透到大学生、研究生甚至普通大众中。究其原因,其一,"文化:中国与世界"编委会主动寻找学术机制之外的大众的支持;其二,这也是文化热的思想讨论范畴延伸到公共空间的直接反映。

在文化价值取向方面,以甘阳为代表的"文化:中国与世界"编委会成员们自认为是"走向未来派"和"中国文化派"的继承者,但同时他们也以前两者的激烈批判者自居,他们坚持以绝对的西学为主,带有明显的反传统色彩。他们在对传统文化表示"全盘否定"的同时,还宣称要超越走向未来派早些时候形成的技术术语"方法论"。(张旭东,2014:56)甘阳在1986年2月的《读书》杂志上发表了《传统、时间性与未来》一文,在该文中他旗帜鲜明地指出:"'继承发扬'传统绝不仅仅是复制'过去已经存在的东西',而恰恰是要发前人所未发,想前人所未想,创造出'过去从未存在过的东西',创造出过去的中国人不曾有过的新的现代的'民族文化心理结构';而所谓'批判的继承',

也就并不只是在'过去已经存在'的东西中挑挑拣拣,而是要对它们的整体进行根本的改造,彻底的重建。"这篇文章的发表曾在当时的中国文化界引起一阵不小的轰动,而后,该篇文章作为《文化:中国与世界》研究集刊创刊号的发刊词(《八十年代文化讨论的几个问题》)中的重要内容,于1987年6月再次被发表,其中对传统"根本改造""彻底重建"等字眼,成为代表"文化:中国与世界"编委会基本价值取向的核心语汇,也成为其被贴上"全盘西化"标签的重要依据。在查建英与甘阳的访谈实录中,甘阳承认编委会及其出版的丛书,在当时确实是以"全盘西化"的姿态出现在公众面前的,而甘阳往往被认为是"全盘西化"派的代言人之一。(查建英,2006:211)作为编委会的一员,陈来(1988:567)谈到甘阳在20世纪80年代对一些西方学术观点的解读时曾表示:解释学到了甘阳手里,他把伽达默尔本来强调的传统的连续性意义尽量压缩和稀释,而强调对外来文化的吸收和对传统文化的批判性在发展传统上的意义,并由此提出"继承传统的最好办法就是反传统"。另外,甘阳把传统的批判意识作为解释哈贝马斯批判性解释理论的基本预设,并得出"批判传统文化也是发展传统文化"的结论。可以说,对传统文化彻底否定与批判是甘阳与"文化:中国与世界"编委会其他成员在20世纪80年代中后期所秉持的基本观点。

最后需要说明的是,虽然三大民间文化团体的主要活动大多集中在北京,但是北京作为中国文化资源最为丰富,知识群体最为庞大、层次最高,图书供给最为充足,出版条件最为成熟,文化空间最为广阔、最为多元的地方,是各种观点汇聚、冲突、共存的文化中心,因而可以认为,从对文化热中三个京城派别的考察,可以透视整个20世纪80年代思想文化的走向与变迁。纵观20世纪80年代文化热中的三个文化团体或称知识群体,他们以频繁的私人交往和确定共同的思想价值观念作为联结方式,通过"组成编委会、编译丛书、组织讲习班"等方式发表、传播他们的文化主张。虽然三个团体常常将自身定义为"学术机构",但是团体成员的活动实则已经超越了知识分子"文化活动"的范畴,应该被更确切地描述成传播和扩散其文化观念而进行的"社会实践活动"。而正因"走向未来丛书"编委会、"文化:中国与世界"编委会、中国文化书院通过其广泛的实践活动与社会大众进行频繁且有效的互动,所以20世纪80年代中后期的文化热不应被简单看作三个文化团体在文化理念上争论的结果,这些思想上的争锋为新的思想的提倡乃至社会思潮的形成提供了必要性和可能性。"走向未来丛书"编委会对科学主义的提倡,中国文化书院对传统文化的弘扬,"文化:中国与世界"编委会对人文自由的主张,在一定程度上已经超越了文化讨论的基本范畴,成为20世纪80年代中国主流社会思潮的起点和代表。

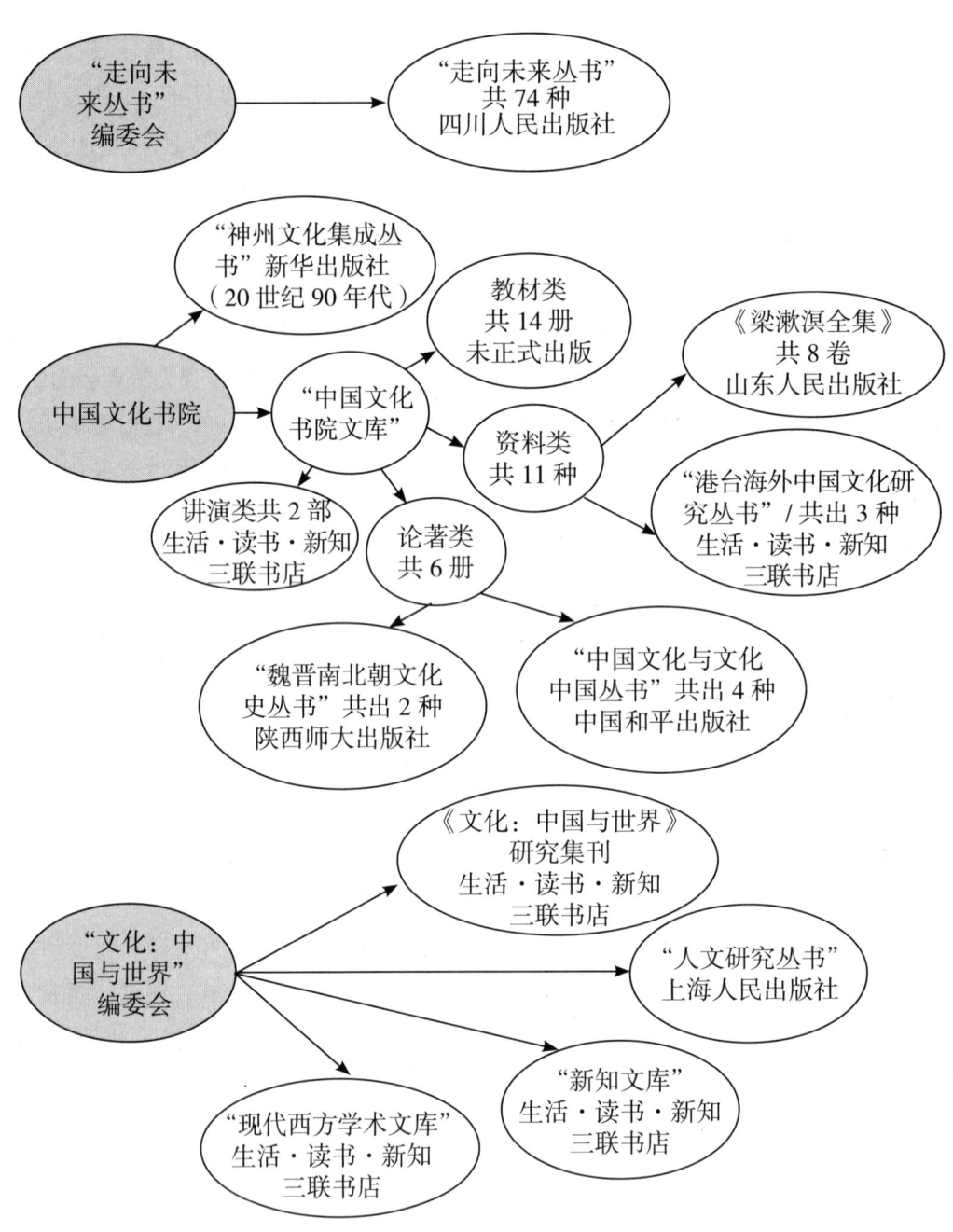

图 2-7 三大民间文化团体的主要出版物

三、贯穿 20 世纪 80 年代的四种社会思潮及其对中国现代化道路的回应

（一）四种社会思潮的选定

正如前文所述，20 世纪 80 年代政治思想解放话语与文化启蒙话语之间的双重变奏，

加之不同文化团体之间对于现代化主张频繁且激烈的碰撞,必然导致社会变革转型期各种思潮的错综复杂。贺桂梅(2010:11)认为:"恐怕在20世纪的中国,没有哪个时段比80年代更具有'后浪推前浪''各领风骚三五年'这样的思潮推进特点了。"关于这一时期潮起潮落、竞相激荡的社会思潮,李泽厚(1987:309)在《中国现代思想史论》一书中曾说:"在'四人帮'垮台后,在理论、学术、文化领域掀起了两次思想浪潮,一次是关于人道、人性的呐喊和争论,另一次是最近两年关于中西比较的所谓'文化热'的讨论。"另一位20世纪80年代的亲历者金观涛则回忆了文化热中的思想动向,他说:"1985年前后的'文化热'中产生了三个大的民间文化机构,这三大文化'圈子'在80年代实际上成了引领人文科学思想风潮的主要'思想库'。"(马国川,2008b)而实际上,文化热中三大民间机构本身,就凭借发行公开出版物、举办讲习班等思想传播手段,广泛引发社会关注、输出价值导向,从而分别成为20世纪80年代极具代表性的社会文化思潮的策源地。甘阳在其编著的《八十年代文化意识》一书的重要位置收录了陈来的《思想出路的三动向》一文,在本文中,陈来(1988:565-569)评估了"近几年来中国方兴未艾的'文化热'及其未来走向",他将"走向未来丛书"编委会提倡的源自西方分析和实证逻辑的"科学精神"、"文化:中国与世界"编委会较偏于西方并带有某种反传统色彩的文化取向、中国文化书院弘扬固有优秀传统文化的主张总结为"思想出路的三动向",他认为以上三个动向"在一定程度上代表了近年来文化讨论的几个侧面"。

综合以上学者的观点,加之前文对20世纪80年代思想现场较为细致的回顾,笔者欲选取人道主义思潮、科学主义思潮、文化保守主义思潮、文化自由主义思潮四种社会思潮作为20世纪80年代的代表性思潮,并以它们为主要研究对象加以观照。选定以上四种社会思潮的关键性决定因素,是笔者再三强调的社会思潮的形成和发展必定是对某种社会变革的回应,而对于某一历史时期中的"时代主题"急迫而积极的回应,理所当然地便是该时代最值得关注和研究、影响力最大的代表性社会思潮。通过前文的叙述,一个确定且明晰的事实呈现出来,20世纪80年代作为重归历史正轨并开启现代化的新阶段,这一时期的时代主题即是探索中国如何更好地实现现代化、如何更好地融入世界发展的潮流。而笔者所选定的四种社会思潮,从根本上讲,它们的核心观点、代表人物、文化团体都在积极努力地为新时期中国的现代化指出可行性的路径,提供自认为的最优方案。实际上,也曾有学者以"对问题的回应"为依据尝试对20世纪80年代社会思潮进行思考和总结,邹诗鹏(2012:2)在《三十年社会与文化思潮》一书中将20世纪80年代人们需要直接面对和思考的问题总结为以下四类:一是对"文革"的反思,二是对社会发展的要求,三是转型过程中的新困惑,四是对民族文化的深层挖掘。针对这些问题,邹诗鹏将20世纪80年代的社会思潮划分为人道主义、自由民主派、科学主义、西学热、寻根文化热等几种类别。由于笔者对于20世纪80年代"问题"的概括不尽相同，因而笔者最终所定位的社会思潮自然也与邹诗鹏的略有差异。

（二）四种社会思潮对中国现代化道路的回应

就人道主义思潮、科学主义思潮、文化保守主义思潮、文化自由主义思潮四种社会思潮在20世纪80年代的形成、发展及其对现代化道路的回应而言，若以时间为线索，"文革"后最早出现的社会思潮当属人道主义思潮。"人道主义"一词由拉丁文"humanistas"（人道精神）引申而来，其含义包括人的存在、人的自由、人的尊严等，弗洛姆（1999：55-60）曾在《人的呼唤》一书中解释说："人道主义是强调人的尊严的，是强调人发展自身和完善自身的能力的，是强调理性与客观性的。"人道主义思潮在20世纪70年代末至80年代初最先出现。从1980年开始，关于人性、人道主义问题的讨论文章便开始大量出现，到1982年、1983年便形成了一股热潮（王学典，2015：110）。李泽厚（1986）曾说："20世纪50年代中后期到'文化大革命'，封建主义越来越凶猛地假借社会主义之名高扬虚伪的道德旗帜，大讲牺牲精神，宣称'个人主义乃万恶之源'，要求人人'斗私批修'作尧舜，以致'四人帮'倒台之后，'人的发现''人的觉醒''人的哲学'的呐喊又声震一时。"因而，人的价值、人的尊严、人性复归等观念成为人道主义思潮的内核，在新时期的一开始便成为时代最强音。20世纪80年代的人道主义思潮在官方理论界、哲学界、文学界等不同领域均有其各自具体的表现形式，但是从根本上讲，人道主义思潮的核心要义即是希望通过"人的现代化"进而实现国家和民族的现代化。

随着1983年至1984年"未来学""科学学"兴起，以及1985年至1986年由"新三论""老三论"引发方法论讨论热潮，科学主义思潮在文化热早期即已形成并且影响日甚，渐成主流。正如张旭东（2014：43）所言："'文化热'的前两年重点并不集中在'文化'与'反思文化'本身，而是集中在广泛的、包罗万象的中西方比较上，人们对于'方法论'的热情占据了主导地位。因人们对于'科学主义'及其'方法论'的狂热，全国上下似乎成了一个充斥着'理论''思想''某某主义'以及西方学术或文学译介的巨大消费市场。"20世纪80年代科学主义思潮中最主要的代表人物莫过于"走向未来丛书"编委会的主编金观涛，谈到20世纪80年代由方法论热引发的"科学主义热"，金观涛本人曾经回忆说："当时的'三论'风靡一时，影响力非常之大，连文学研究者也试图引入'三论'。今天有人将其归为'科学主义'，这不无道理。"（马国川，2008b）金观涛还进一步比较了20世纪80年代的"科学主义"与新文化运动时期"赛先生"的不同，认为20世纪80年代的方法论热的意义，远远超过了历史上为建构新的意识形态而发起的"德先生""赛先生"的讨论，它倡导包括对科学技术本身进行反思的深刻反思意识，在这一点上，20 世纪 80 年代的新启蒙运动的意义显得比以往更为深刻。值得注意的是，一些学者将 20 世纪 80 年代的科学主义分为"唯物论的科学主义"和"经验论的科学主义"两种形态，认为唯物论科学主义和经验论科学主义最主要的区别在于对科学推崇的侧重点不同，前者主要把科学理解为科学知识，而后者则相对来说更强调方法（刘青峰，1991）。许纪霖（2007：4/10）进一步解释了这一论断，他说："20 世纪 70 年代末到 80 年代初的科学主义热，带有明显的唯物论科学主义性质；而在 80 年代中后期的'文化热'中，'走向未来派'所倡导的科学主义，则是科学主义的另一种形态——'经验论科学主义'。"根据许纪霖、刘青峰等学者的观点，20 世纪 70 年代末至 80 年代初因"首届全国科学大会"的召开而引发的"科学热"同样是 20 世纪 80 年代科学主义思潮的重要组成部分。但无论是唯物论的科学主义还是经验论的科学主义，它们都为新时期的中国选择了"科学技术的现代化"。

在金观涛等人使用科学主义反思"文革"的同时，以中国文化书院为代表的传统文化弘扬派也正试图从传统文化中找寻新时期中国现代化的路径，他们认为应该坚持和继承中国的传统文化，秉承刚健清新的中国文化精神，面对风云变幻的"后冷战"国际舞台，调动知识和心性来扩充智慧与精神，用普遍的文化知识和理性的方法，来表达现代人的胸襟和价值观，以弘扬中国文化所蕴含的内在智慧和超越精神（庞朴，1996：4），最终通过传统文化的现代化转换完成中国现代化的历史任务。在"文革"刚刚结束时，传统文化弘扬派力图使用正统主流的传统文化来反思"文革"中的"异端边缘传统文化"，而后他们通过举办学习班、发行出版物等方式广泛传播文化保守主义思想，文化保守主义思潮也因而在 20 世纪 80 年代中后期渐成气候。值得注意的是，20 世纪 80 年代文化热当中持文化保守主义立场的一些学者认为，中国新时期现实的困境实则并不是以学习西方为症候的启蒙运动的中断，而恰恰是五四运动以来反传统的做法使得中国古老的文化传统被打断了，传统文化的离场使中国的现代化运动缺少了传统资源的凭借。（高瑞泉，2005：3）党的十八大以来，党中央发表了一系列关于中国传统文化的重要讲话，以儒学为代表的传统文化的大讨论与大繁荣也相继到来，在这样的背景下，从某种意义上讲，文化保守主义思潮在 20 世纪 80 年代的传播，一方面成为 20 世纪 90 年代国学热的起点；另一方面，文化保守主义者在 20 世纪 80 年代所倡导的通过"传统文化的现代化转化"以实现现代化的方案，也成为当下传统文化复兴甚至民族复兴的一个重要的思想和理论来源。

20 世纪 80 年代文化热当中涌现的另外一个不容忽视的社会思潮便是文化自由主义思潮，其最核心的观点是希望通过"西化"实现现代化。主张文化自由主义的代表人物的一个共同立场，即在历史和时代的变革当中更倾向于向西方"窃火"，因而他们不约而同地将关注点放在了西方经典理论的译介与传播上,其中最激进、最核心的内容是希望凭借"全盘西化"或"援西入中",从西方直接"拿来"新的"西学"理论,从而开辟一个全新的言语空间,建立一套全新的知识体系。在三个民间文化团体当中,"文化:中国与世界"编委会常常被看作全盘西化派的代表,甘阳曾在1989年的《读书》杂志第五期和第六期上连续发表两篇有关"自由"的文章——《自由的敌人:真善美统一说》《自由的理念:五四传统之阙失面》,他也因此自诩为"在公开杂志上使用'自由主义'这一概念的第一人"(查建英,2006:227)。

总结起来,如图2-8所示,以人的现代化、科学技术的现代化、传统文化的现代化转化、西化实现国家和民族的现代化,即是人道主义思潮、科学主义思潮、文化保守主义思潮、文化自由主义思潮在20世纪80年代对新时期中国现代化路径选择的具体回应。

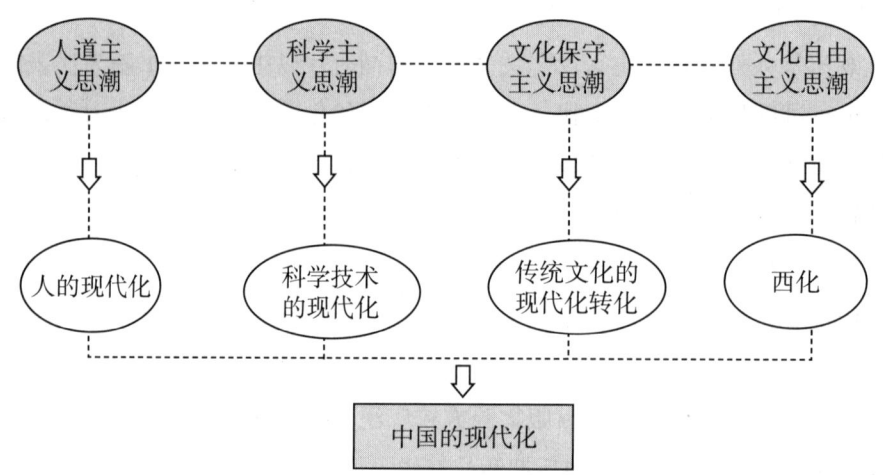

图2-8 四种社会思潮的现代化路径

(三)20世纪80年代思想现场的认识模型

通过对20世纪80年代思想现场的回顾,笔者尝试提出一种关于20世纪80年代思想文化史的认识模型,如图2-9所示,思想文化史层面的20世纪80年代是由"一个时代主题""两场运动""三个文化团体"和"四种社会思潮"构成的类金字塔结构。在类金字塔结构的最底层是人道主义思潮、科学主义思潮、文化保守主义思潮、文化自由主义思潮四种代表性社会思潮,它们构成了20世纪80年代知识分子甚至普通大众的精神文化生活;位于第二层的是"走向未来丛书"编委会、中国文化书院、"文化:中国与世界"编委会三个最有影响力的民间文化团体,它们向下输出着思想与观念,引领着社会思潮的生成和转向,向上则对时代主题进行着有效且积极的回应;再上一层是贯穿整个20世纪80年代的思想解放运动和新启蒙运动两场主要运动;而位于类金字塔最顶层的是 20 世纪 80 年代的一个时代主题，即对"文革"的反思以及对新时期中国现代化道路的探索，作为 20 世纪 80 年代全社会共同关切的时代主题，它决定着理论家、思想家、文化学者以及所有在场者的思维动向。

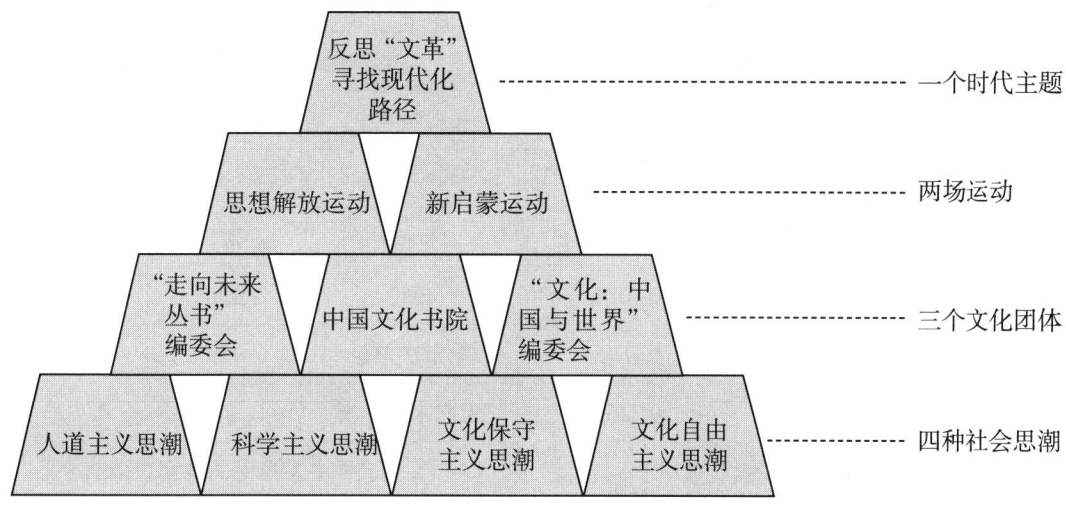

图 2-9　20 世纪 80 年代思想现场的认识模型

四、四种社会思潮的表征之一：对中国知网相关讨论文章的统计

（一）对四种社会思潮关键词的抓取

如果说单纯以思辨的方式对 20 世纪 80 年代社会思潮的演进进行叙述略显信度不足，那么对中国知网当中不同思潮相关讨论文章数量的统计，则可为社会思潮的起落冷热提供一种更为理性的判断。本研究的思路大致为：首先，抓取与四种社会思潮最为相关的关键词，其次，再利用这些关键词在中国知网以恰当的方式进行跨数据库文章检索，最后，得出四种社会思潮在 20 世纪 80 年代的发展趋向与热度表征。

众所周知，目前各大互联网搜索引擎都对检索结果的返回数量进行相应限制，在谷歌搜索关键词，返回 100 页共 1000 条结果，而在百度搜索关键词，返回 76 页共 760 条结果。平台只返回有限的检索结果一方面是出于技术和成本的考虑，返回结果越多进行相关性计算和排序所消耗的资源也就越多；另一方面也是出于对用户行为的考量，一般用户只会浏览位于前几页的检索结果，返回结果排序越靠后说明与关键词的相关度就越低。根据这一规则，笔者分别以"80 年代/人道主义""80 年代/科学主义""80 年代/文化保守主义""80 年代/文化自由主义"作为关键词，对百度搜索结果进行爬取，之后对每种思潮所获的760条文本信息进行词频分析，删去没有实质性意义或专指度较低的关键词，得到每种思潮的关键词TOP5，并对其词频和权重进行汇总统计，结果见表2-1，词云图如图2-10所示。

表2-1　四种社会思潮关键词TOP5词频统计

人道主义思潮关键词TOP5			科学主义思潮关键词TOP5		
关键词	词频（次）	权重	关键词	词频（次）	权重
人道主义	998	1	科学主义	637	0.9977
伤痕文学	257	0.8322	未来学	222	0.8248
马克思主义异化	177	0.8014	三论	198	0.8167
美学热	112	0.7636	第三次浪潮	149	0.81
文学主体性	71	0.7262	走向未来丛书	94	0.7727
文化保守主义思潮关键词TOP5			文化自由主义思潮关键词TOP5		
关键词	词频（次）	权重	关键词	词频（次）	权重
文化保守主义	692	0.9089	自由主义	1141	1
中国文化书院	439	0.871	全盘西化	817	0.8811
传统文化	201	0.8063	现代派文学	113	0.8064
寻根文学	190	0.8016	甘阳	159	0.7781
儒学	65	0.7513	朦胧诗	146	0.7711

人道主义思潮关键词词云

科学主义思潮关键词词云

文化保守主义思潮关键词词云　　　　　　文化自由主义思潮关键词词云

图 2-10　四种社会思潮关键词词云图

（二）四种社会思潮相关讨论文章的发展情况统计

有学者认为 20 世纪 80 年代中国的知识圈基本形成了三个不同的文化权力场域，分别是以重塑国家意识形态为中心任务的理论界；以现代学院体制知识分工为基础的专业学术界和以民间的、跨学科的公共领域为活动空间的公共思想界（许纪霖，2007：1）。那么，若以此"三界说"对中国知网数据库进行研究，不难发现，中国知网既收录了《人民日报》、《光明日报》、《红旗》（《求是》的前身）等报刊资料，也收录了《读书》等刊物，当然，《文艺研究》《文艺争鸣》《历史研究》《文史哲》以及各大科研院所、高校的学报等学术期刊更是在其收录范围之内。更为重要的是，从可检索的时间范围来看，中国知网完整数据库提供的最早检索时间为 1979 年 1 月 1 日，在此时间节点之后，期刊、硕博论文、会议论文、报纸、工具书、年鉴、海外文献均可被完整检索，这使本研究的数据检索具备了十分重要的客观可行性。

具体的操作办法是，首先在中国知网高级搜索中规定"检索条件"，将"关键词 TOP5"分别输入至检索条件中的"关键词"一栏，词与词之间的附加条件选择"或者"而非"并且"；之后在"检索控制条件"中对"发表时间"进行限定，选取"1979 年 1 月 1 日至 1989 年 12 月 31 日"这一时间段，以此步骤分别对四种社会思潮进行检索。以年份作为维度，在 1979 年至 1989 年的 11 年时间内，有关四种社会思潮的文章发表情况见表 2-2。

表 2-2　1979—1989 年有关四种社会思潮的文章发表情况统计

类别\年份	总数（篇）	1979	1980	1981	1982	1983	1984	1985	1986	1987	1988	1989
人道主义	856	23	34	57	62	114	129	55	85	78	97	122
科学主义	349	5	13	22	27	18	59	42	54	34	43	32
文化保守	401	7	1	9	7	14	11	11	42	80	89	130
文化自由	513	3	12	38	31	38	46	26	57	97	84	81

根据相关文章的发表数量，可绘制出四种社会思潮在 20 世纪 80 年代的基本发展趋势图，如图 2-11 所示。

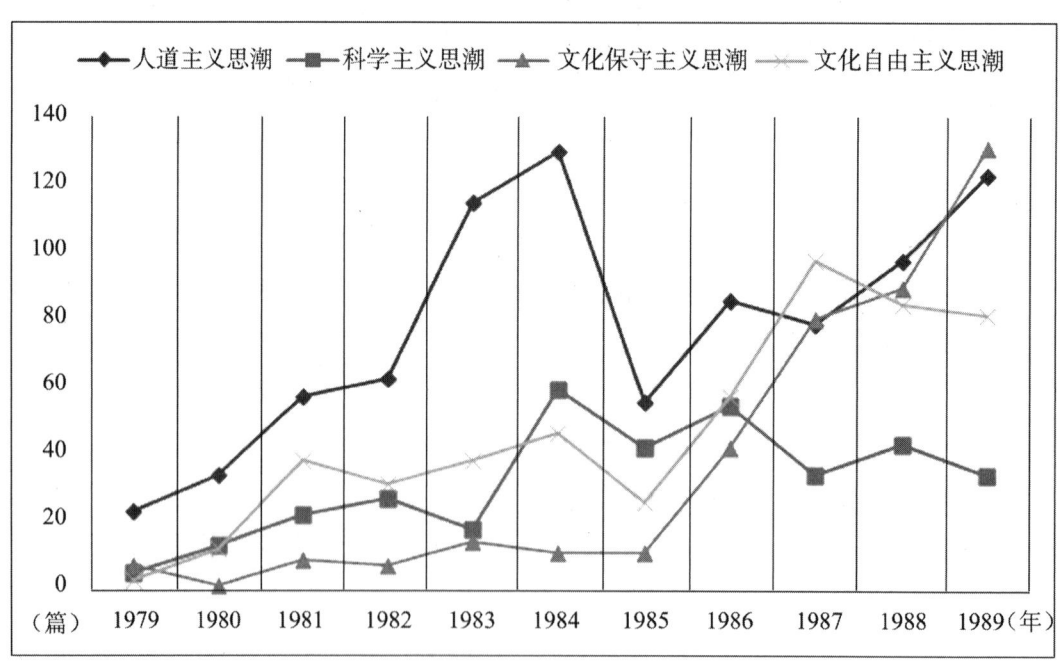

图 2-11　1979—1989 年四种社会思潮的发展趋势示意图

根据 20 世纪 80 年代社会思潮发展趋势图，可以得出三个结论：（1）整体来看，有关人道主义思潮的讨论在 20 世纪 80 年代热力居前，究其原因，在历史上不同时期不同空间展开的多次思想启蒙运动中，人们总是尝试使用"人性、本体、自我"等理论揭示

"人是什么"的斯芬克斯之谜，被誉为启蒙精神核心价值的"人道主义"也因此成为各国现代化进程中最主要的哲学基础和精神支撑之一。在20世纪80年代的文化启蒙运动中，"走向未来派""中国文化书院派"和"文化：中国与世界"编委会也都曾有过通过"人与人性"的相关阐释论证自身观点的例证，如"走向未来丛书"中的《人的发现》（李平晔著，四川人民出版社，1984年6月）、中国文化书院主编的《人性与自我修养》（杜维明著，中国和平出版社，1988年8月）以及甘阳作为译者的卡西尔的《人论》（上海译文出版社，1985年12月）等著作的出版。（2）自1984年之后，人道主义思潮独领风骚的情况发生了根本改变，20世纪80年代中后期出现了四种社会思潮纵横交叉、高点迭替的情况，这显然是与20世纪80年代中后期兴起的文化热有直接关系。（3）科学主义思潮、文化保守主义思潮、文化自由主义思潮在20世纪80年代的热度高点，均与三大民间文化团体的主要图书集中出版的时间相关联：1983年11月至1984年6月，"走向未来丛书"第一批图书出版，1987年奠定甘阳一派学术及社会影响力的"现代西方学术文库"系列丛书首批出版，1988年至1989年，"中国文化书院文库"中最重要的讲演类和论著类图书相继出版；相应的，科学主义思潮、文化保守主义思潮、文化自由主义思潮在20世纪80年代的热度高点分别在1984年、1987年和1989年。就社会思潮与图书出版更为具体且准确的关系，还有待笔者在后文中进一步分析。

第三章 20世纪80年代图书出版的发展概况与阶段性特点

1979年4月，《读书》杂志的创刊号刊登了李洪林的一篇名为《读书无禁区》的文章，自此，"无禁区"地出版、"无禁区"地阅读，似乎也成了独属于那个时代的标志性口号。20世纪80年代的图书出版业在改革中快速发展，呈现出由复苏到繁荣的景象，图书的种类、数量、内容、形式都得到了极大的丰富，图书质量也得到了不断提高，精品图书不断涌现（肖东发、杨虎，2017：503）。

20世纪80年代的图书出版可以以1985年作为分界线，分为特点各异的两个阶段。"文革"结束至1985年的第一个阶段，可用"恢复"和"补偿"进行概括。在改革开放初期，图书出版业得到调整与恢复，图书种类由少到多，初步解决了"书荒"问题，满足了人们对于图书的需求。亲历20世纪80年代的人多半拥有这样的共同记忆：人们在新华书店门口排起长队，一开门便如饥似渴地冲进书店，知青们争抢着阅读那些在"文革"中读过却从未读完的经典读物（"文革"中的很多图书都以手抄本的形式在知青间传阅，而手抄本往往都是缺篇少页的）。学者徐友渔曾经这样回忆书荒时的情景："一本书在很多人中间传阅，很快就变得破旧不堪。"王安忆也回忆了当时人们争相阅读的场景，她说："那时候的人们好似个个都是文学青年，虽然物质上并不富有，但是精神上却不贫乏。巴尔扎克、普希金、托尔斯泰……很多人都把文学名家的作品读了个遍，对图书和阅读表现出了空前的热情。"（张文红，2011：87）

自20世纪80年代中期开始，图书出版业进入了稳定发展的第二个阶段，图书出版规模进一步扩大，图书内容和形式进一步丰富，表现出了多样性和层次性，进一步满足了人们的精神生活需求。繁荣的图书出版业是20世纪80年代中后期文化热的重要推手，长期专事20世纪80年代文学史问题研究的程光炜教授（2015）曾经回忆说："1985年全国上下兴起的'文化热'恐怕是我们这代学人的共同回忆。在'反思中国传统文化'的口号下，一批有影响力的丛书陆续出版，如三联书店出版的'现代西方学术文库'、上海译文出版社出版的'当代学术思潮译丛'和'现代外国文艺理论译丛'等。此外，以

'走向未来''走向世界'为名的丛书也犹如海啸袭来,打碎了我们的'阶级论'历史观,重构了我们这代学人的知识结构和知识谱系。这种知识结构和知识谱系,从 1985 年到今天延续了整整三十年,教育了几代人,形成了一道延绵不息的历史长河。"

当然,20 世纪 80 年代出现全民阅读热与丛书出版热的一个不容忽视的特殊原因是信息和知识获取方式的相对单一。在整个 20 世纪 80 年代,电视还远没有实现全民普及,纸质图书是绝对强势的媒介形态之一。从这个角度来说,图书作为 20 世纪 80 年代占有统治地位的大众传播媒介,对当时社会文化思潮的影响应远比今日更甚,同时由于出版业的日臻发达,覆盖读者人群较以往任何时候都更多,由此,图书出版对社会思潮的影响在 20 世纪 80 年代相应地达到了新中国历史的高点。在本章,笔者将从图书出版环境、图书出版能力和规模、图书市场性质、图书出版编辑模式四个方面梳理和总结 20 世纪 80 年代图书出版的概况与阶段性特点,并以此为基础,研究图书出版在 20 世纪 80 年代为何能够对社会思潮产生影响,为论证两者之间的相关性做好准备。

一、从严控到宽松:图书出版环境逐步改善

(一)破除"两个估计"的精神枷锁

1971 年,全国出版工作座谈会召开,该会议报告后经中央签批形成中央第 43 号文件,该文件的主要内容被总结为"两个估计",成为长期束缚广大出版工作者的"紧箍咒"。在"文革"刚刚结束的"两个凡是"徘徊期,邓小平十分及时地在 1977 年 8 月 8 日的科学教育工作座谈会上以及 1977 年 9 月 19 日教育部主要负责同志的交谈中明确指出:"建国以后全国教育战线十七年的工作主导方面是红线,'两个估计'是不符合实际的。"(邓小平文选·第二卷,1994:48)这对出版界冲破"两个估计"枷锁提供了强大的支持。

1977 年 12 月 3 日至 17 日,国家出版局在经过充分准备之后,在北京召开了全国出版工作座谈会,这是粉碎"四人帮"之后第一次召开的全国性出版会议。会上着重批判了"四人帮"炮制的"黑线专政论"。1978 年 7 月 18 日,国务院以第 141 号文件批准并转发了国家出版局的这次报告,这表明对"两个估计"的批判得到了国务院的确认和肯定,"反革命黑线"的错误判定被彻底推翻。"文革"甫一结束,以彻底粉碎"两个估计"精神枷锁为代表的出版领域的拨乱反正,对快速恢复出版事业,改变严峻书荒局面具有非常重大的基础性意义。

（二）明确"双百"方针、"二为"方向的任务

1966年至1970年的五年间，出版图书种数只有2729种，其中文化教育类图书只有5种（宋木文，1999）。党的十一届三中全会以后，为了完成在出版方针和任务问题上的拨乱反正，时任国家出版局代局长陈翰伯于1979年3月至5月连续召开会议。1979年5月9日，陈翰伯在直属单位领导干部会议当中强调，出版要坚持百花齐放、百家争鸣的方针，要为提高整个中华民族的科学文化水平服务、为社会主义现代化建设服务。1980年4月，中宣部转发了国家出版局在"文革"后形成的《出版社工作暂行条例》，对"双百"方针、"二为"方向表示初步认可。1983年6月，中共中央、国务院发布《关于加强出版工作的决定》（以下简称《决定》），明确指出："出版工作必须坚持为人民服务、为社会主义服务的根本方针，宣传马克思列宁主义、毛泽东思想，传播一切有益于经济和社会发展的科学技术和文化知识，丰富人民的精神文化生活。"1983年《决定》的发布，正确而又及时地解决了20世纪80年代初期出版工作的主要矛盾，它成为指导20世纪80—90年代出版工作并对以后出版事业的发展产生重要影响的纲领性文献（宋木文，2008）。"双百"方针、"二为"方向的任务的及时调整和明确，使出版业极大地拓展了图书出版的范围，大众读者与知识文化之间终于可以通过图书这一桥梁顺畅地实现连接和沟通，这为社会文化思潮的形成创造了必要条件。另外，广大出版工作者也有了更多施展才能的空间，新时期的出版工作由此逐渐由复苏走向繁荣。

（三）摆脱"三化"方针的地方束缚

中华人民共和国成立以后，在计划经济体制的影响下，地方性出版社一直奉行"地方化、通俗化、群众化"的出版方针，地方出版社的数量远低于中央出版单位，且大多数省份只有一家规模不大的出版社。地方性出版社只能出版一些"字大、图多、本薄、廉价"的通俗小册子，并且只能向本地作者约稿，不能任意向外地作者约稿（方厚枢，1999）。1979年12月，国家出版局在湖南长沙召开全国出版工作座谈会（以下简称"长沙会议"），本次会议的中心议题原本是提高图书质量，但与会代表针对地方出版社"三化"方针展开了热烈讨论，这也从一个侧面反映出"三化"方针对彼时出版工作的严重束缚。湖南省与会代表针对"通俗化"提出建议："由于新时期人民文化水平的提高，是时候出版更高层次、更具水准、丰富多彩的全新读物，来取代不能满足读者需求的那些通俗读物了。"四川省与会代表对"地方化"的看法是，"四川这么大，一亿人口，全国哪个出版社都包不了"。吉林出版社与会代表直接指出了改革的方向应为"立足本地、兼顾全国"（许力以，1999：26-27）。此次会议讨论热烈，发言踊跃，经出版局党组研

究之后，陈翰伯提出："地方出版社要立足本地、面向全国或兼顾全国，可以试行，地方出版社出书不再受'三化'限制。"

"长沙会议"上，陈翰伯有关调整地方出版社出版方针的讲话虽然并未形成正式文件，但以此为起点，地方出版社逐步摆脱了"三化"方针的束缚，"立足本地、面向全国"开始成为全国地方出版社普遍执行的全新方针。经过几年的试行，地方出版社过去不能出书、不敢出书的局面得到了根本改善，所出图书受到了读者的广泛欢迎。随后，1983年出台的《关于加强出版工作的决定》终于将"立足本地、面向全国"这一方针明确下来。1984年6月，于哈尔滨召开的全国地方出版工作会议总结了"立足本地、面向全国"方针的成功经验，对1979年方针试行以来所取得的成绩进行了热情赞扬。20世纪80年代中期以后，地方出版事业蓬勃发展，地方出版指标开始领先于中央各出版单位，全国出版格局发生了重大变化。从1979年到1988年，地方出版社数量逐年增加，地方出版社出版图书种数和印数也保持了上升态势。到1988年，地方出版社共有305家，占全国出版社总数502家的60.76%；地方出版社图书出版种数43,457种，占全国图书出版品种总数65,962种的65.88%；地方出版社总印数55.48亿册（张），占全国总印数62.55亿册（张）的88.69%。[①] 当时有人将地方出版社迅猛的发展势头形象地称为"农村包围城市"（王建辉，1998）。可以说，"立足本地、面向全国"出版方针的确立，进一步促进了全国出版事业的大发展，也为20世纪80年代中后期的文化大讨论创造了条件。

（四）从"一主三多一少"到"三放一联"的发行改革

中华人民共和国成立以后，出版事业中的出版与发行长期实行专业分工，出版社只负责编辑出版工作，而发行任务一般由各地的新华书店完成。历史地看，这种出版体制虽然有一定的必要性，但是确实也造成了购销形式单一、流通渠道较少等显著问题（宋木文，2009）。1980年8月，为解决"文革"后"书荒"中的供需脱节问题，国家出版局颁布了《关于出版社和新华书店业务关系的若干规定》，明确提出："允许出版社自办发行。"同年12月，国家出版局第822号文件又进一步提出，允许集体和个体经营者开办书店、书亭和书摊（出版工作文件选编，1981）。但是20世纪80年代真正有影响力和实施效果的图书发行体制改革，当属1982年提出的"一主三多一少"和1988年实行的"三放一联"。

[①] 该数据来源于《中国出版年鉴》中的"新闻出版资料统计"部分，图书种数及印数数据来自《中国出版年鉴1990—1991》中的："1949—1988年全国图书出版统计"部分（第688页），出版社数量数据来自《中国出版年鉴1988》中的"全国出版社名录"部分（第651页）。

新时期以来，随着要求改变单一经济成分、单一流通渠道、单一购销形式的呼声越来越高，1982年2月，国家出版局发布了《关于图书发行体制改革问题的报告》，其中提出要建立以国营新华书店为主，多种经济成分、多条流通渠道、多种购销形式，少流转环节的发行网，即"一主三多一少"改革方案。该方案实施之后，实际效果并不理想，图书多渠道批发的局面并未形成，购销形式仍然以征订包销为主。另外，随着1978年至1984年图书市场恢复期与补偿发展期的结束，人们的阅读欲望已不再如"书荒"时期那般强烈，各地书店图书订数在1985年前后出现了大幅萎缩。为应对20世纪80年代中后期图书市场的新变化，中宣部与新闻出版署在1988年5月联合颁发了《关于当前图书发行体制改革的若干意见》，进一步提出"三放一联"的改革措施，即"放权承包，搞活国营书店；放开批发渠道，搞活图书市场；放开购销形式和发行折扣，搞活购销机制；推行横向经济联合，发展各种出版发行企业群体和企业集团"。从改革力度上讲，"三放一联"是"一主三多一少"政策的继承和补充，目的是继续解决发行管理中"放得不够"的问题，与"一主三多一少"相比，"三放一联"又将发行体制改革向前推进了一大步。总体来看，虽然20世纪80年代发行体制改革存在一些问题，进一步改革的任务仍十分艰巨，但是"一主三多一少"和"三放一联"等政策的推行，还是从最大限度上满足了读者阅读的需求，使更多的知识与思想能够通过图书这一桥梁得到有效而广泛的传播。

（五）由"生产导向型"向"市场导向型"转变的出版社改革

如前文所述，中华人民共和国成立之后，由于出版、发行以及印刷分属不同部门，就形成了出版社出书、新华书店包销、印刷厂印刷的割裂局面。出版社被称为"生产型"部门，就是因为在专业分工中，其只需负责编辑出版而无须考虑经营销售。直至20世纪80年代，在改革开放的新形势下，人们才逐渐意识到，出版社需要由单纯的生产型转变为生产经营型，需要由"生产导向型"部门向"市场导向型"部门转化。

出版社性质与功能的这一战略性转变，首先是与国家改革开放、经济体制改革的大趋势保持同步的。党的十一届三中全会带来的新变化，给文化工作带来了新的生机，出版事业得以迅速恢复和发展。1984年召开的党的十二届三中全会提出全面推行社会主义有计划的商品经济，贯彻对外开放、对内搞活和经济体制改革的方针。在这样的大环境下，出版事业不进行改革就不能发展，于是，出版社由生产型向生产经营型的转变，出版经营由产品经济向商品经济的转变，是势在必行的（赵晓恩，1994：202）。1984年6月，文化部新闻出版事业管理局在哈尔滨召开出版社工作会议，会上提出要适当扩大出版社的自主权，要用经济杠杆增强出版社自我发展的活力和能力，提出"要使出版社由单纯的生产型逐步转变为生产经营型"。哈尔滨出版工作会议的召开，使出版社迈出了由"生产导向型"向"市场导向型"转变的步伐。

从另一个角度讲，出版社性质与功能的进一步转变，适应了图书市场新形势的需要。1985年前后，随着图书销售与征订危机的出现，20世纪70年代末到80年代初图书业的超常规高速增长期宣告终结，图书市场进入"买方市场"时代，在这样的背景下，出版社的市场化转型就又多了一层现实意义。1985年4月，全国出版局（社）长会议召开，会上提出："出版社要由单纯生产型向生产经营型转变，有条件的出版社逐步实行企业化管理，这个方向是正确的。"1988年5月，中宣部、国家新闻出版署在《关于当前出版社改革的若干意见》中进一步明确提出："在发展社会主义有计划的商品经济的条件下，出版社必须由生产型向生产经营型转变，出版社既是图书的出版者，又是图书的经营者。"可以说，出版社向生产经营型转变，不但使出版机构成为准市场主体，而且奠定了中国图书市场的基础。图书的经济效益得以凸显，利润开始成为出版社追求的重要目标之一，这对于提高图书出版的种数与规模、提高出版人对读者需求的响应程度、提高出版机构的市场灵敏度，均具有十分显著的意义。20世纪80年代中期以后，图书阅读的总需求虽然出现了明显下降，但是由于出版社的市场化转变，出版社的积极性被有效调动起来，20世纪80年代中后期的图书供给虽然在平均印数方面有所下降，但是种数和总印数均保持了增长态势。

总体来说，从破除"两个估计"到"双百"方针、"二为"方向的确立，从摆脱"三化"束缚到"立足本地、面向全国"方针的实施，加之发行体制改革和出版社经营性质转变，20世纪80年代一系列改革措施的发布与落实，使图书出版环境不断改善，这一方面使一个开放、有序、全国统一、充分竞争的图书市场得以初步建立，另一方面也使一个顺畅、自由、观点交锋、潮起浪涌的文化传播环境得以形成。

二、从"书荒"到"书潮"①：图书出版能力与规模持续走高

（一）出版发行能力不断增强

改革开放初期，全国出版业编辑力量尚未得到恢复，其他社会思想文化资源也显得极其匮乏，因此，社会上不可避免地出现了普遍且较为严重的"书荒"现象。1978年2

---

① "书潮"这一提法主要是受到《从"书荒"到"书海"的跨越》（张贺，人民日报，2018-11-15）以及《从"书荒"到"书海"，出版大国在当下》（华南等，中华儿女，2019第八期）等文章的启发，用以形容图书种数和规模的繁盛，但是考虑到20世纪80年代末，图书市场的规模与以上两位作者提出的"书海"仍有差距，因而选择使用比"海"程度略低的"潮"进行表达；另外"书潮"这一说法亦出自廖辉军的文章《改革·印记——看中国发展：从"书荒"到"书潮"的时代变迁》。

月23日，北京市新华书店开始在全市范围内发行人民文学出版社出版的《家》《一千零一夜》《希腊神话和传说》《哈姆雷特》四种图书。新华书店王府井门市在早上9点开门时，排队购书的人已达千余，不到一个小时1,400册《一千零一夜》就已售罄。有北京市民回忆那段经历时说："为购买《一千零一夜》，我足足排了一天零一夜。"足见当时老百姓对于读书的渴望。国家出版局对此情况十分重视，很快决定集中力量赶印一批中外文学作品，计划于当年五一国际劳动节前后投放市场。这批重印的文学作品包括郭沫若、茅盾、巴金、曹禺等作家创作的作品以及《新儿女英雄传》《红旗谱》《铁道游击队》《苦菜花》等10种作品，《唐诗选》《宋词选》《古文观止》《东周列国传》《儒林外传》《官场现形记》等中国古典文学作品9种，还包括《悲惨世界》《高老头》《欧也妮·葛朗台》《安娜·卡列尼娜》《牛虻》《一千零一夜》《鲁滨孙漂流记》及契诃夫、莫泊桑、莎士比亚、易卜生的作品选集等外国古典文学作品16种，中外经典文学作品总计35种。这些作品计划每种印制40万至50万册，由13个省市分工赶印。到1978年5月1日这批图书发售时，在北京前门、西单、王府井等地的新华书店门市前排队的读者都超过了千人，北京市1978年5月1日至3日零售近30个品种共30多万册图书，在如此短的时间内发行图书种数和册数如此之多，在我国图书发行史上是前所未有的（方厚枢，1999）。为进一步有计划地应对"书荒"，国家出版局在1978年召开的直属出版社规划动员会议上明确提出了制订一年、三年和八年出书规划的要求，提出了"三年实现初步繁荣、八年达到全面繁荣"的目标。进入20世纪80年代，随着图书"为人民服务、为社会主义服务"、地方出版社"立足本地、面向全国"等方针的确立，随着图书发行制度改革以及出版社向生产经营型转变等一系列改革的深入，出版业逐渐复苏并走向繁荣。在这一过程中，全国图书出版发行能力不断增强，出版社数量、书刊印刷厂数量、图书发行机构数量、国有书店售书点数量等指标稳步提升。

表3-1 1978—1989年图书出版、印刷、发行机构数量[①]

年份	出版社数量(个)(不含副牌)	书刊印刷厂数量(个)	图书发行机构数量(个)	国有书店售书点数量(个)
1978	105	N/A	86,109	4,887
1979	129	N/A	71,135	5,129
1980	169	N/A	64,266	5,321
1981	191	175	65,290	5,790
1982	214	176	73,335	6,137

① 表中各项数据引自1980—1991年历年《中国出版年鉴》；"N/A"表示数据暂缺。

（续表）

年份	出版社数量(个)（不含副牌）	书刊印刷厂数量(个)	图书发行机构数量(个)	国有书店售书点数量(个)
1983	260	177	75,983	6,435
1984	295	174	116,396	7,386
1985	371	180	113,006	8,373
1986	395	180	112,000	8,866
1987	415	181	109,611	9,194
1988	448	180	110,184	9,499
1989	462	176	76,149	9,608

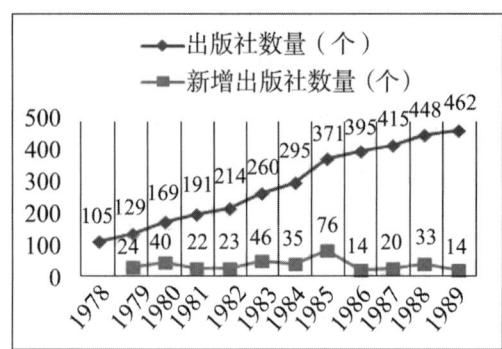
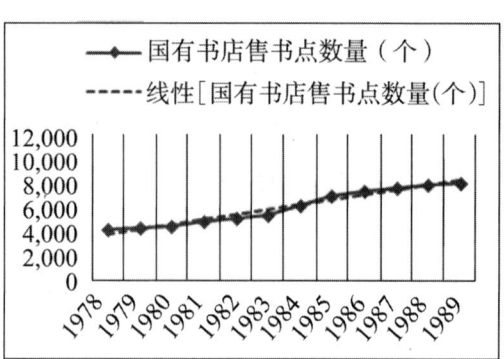
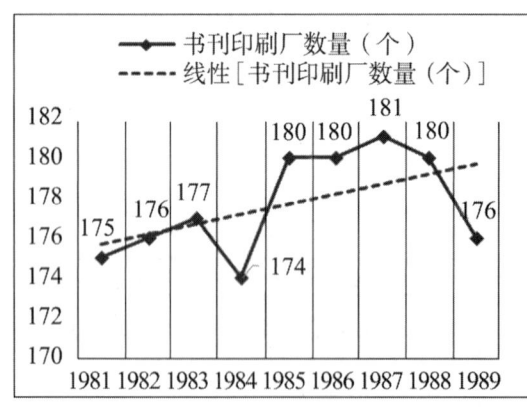
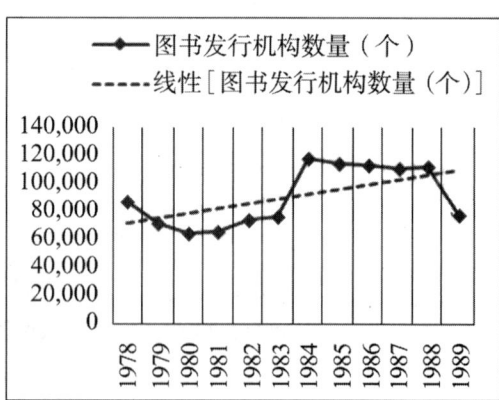

图 3-1　1978—1989 年出版社数量和增量、国有售书点数量、书刊印刷厂数量、图书发行机构数量统计及线性趋势图[①]

从以上图表我们可以清晰地观察到，作为衡量我国书刊出版发行能力的主要指标，出版社数量、国有书店售书点数量、书刊印刷厂数量、图书发行机构数量在1978年至

---

① 根据表 3-1 中数据绘制。

1989年的十二年间，呈现明显且较为持续的上升态势，其中出版社数量（不含副牌）在1989年增长至462家，是1978年的4.4倍；图书发行机构数量虽然在1989年有所回落，但若以1988年的数据作为参考，其数量是改革开放初期的127%；国有书店售书点数量增长同样显著，由4,887个增加至9,608个，增长近一倍。其中，尤其值得关注的是，由于新时期出版方针政策的出台，出版改革的不断深化，在20世纪80年代中期的1985年，我国出版发行能力的各项指标都有不同程度的提高：中央一级出版社与地方出版社数量总和在1985年增长了76家，这一增加值是当年出版社总数的20.49%；图书发行机构数量在1984年增加了40,413个，增加量是1983年图书发行机构数量的53.19%；国有书店售书点数量在1985年增加近千家，书刊印刷厂数量也在1985年出现了十二年间的最大增幅。这都说明随着政策的不断倾斜、投入的不断增大、经验的不断积累，我国书刊出版发行能力在20世纪80年代中期实现了飞跃式提升，"书荒"时期力量薄弱的问题已经得到根本扭转。

除此之外，出版社数量的变化，特别是地方出版社数量后来居上的现象也需要在研究中重点考察。如图3-2及表3-2所示，由于摆脱了"地方化、通俗化、群众化"的束缚，加之出版社"市场化导向"的确立，地方出版社在20世纪80年代如雨后春笋般相继建立，大大改变了计划经济体制下大多数省份只有一家出版社的情况。在20世纪80年代初期，地方出版社数量少于中央一级出版社，但是到了1989年，地方出版社数量已经是中央一

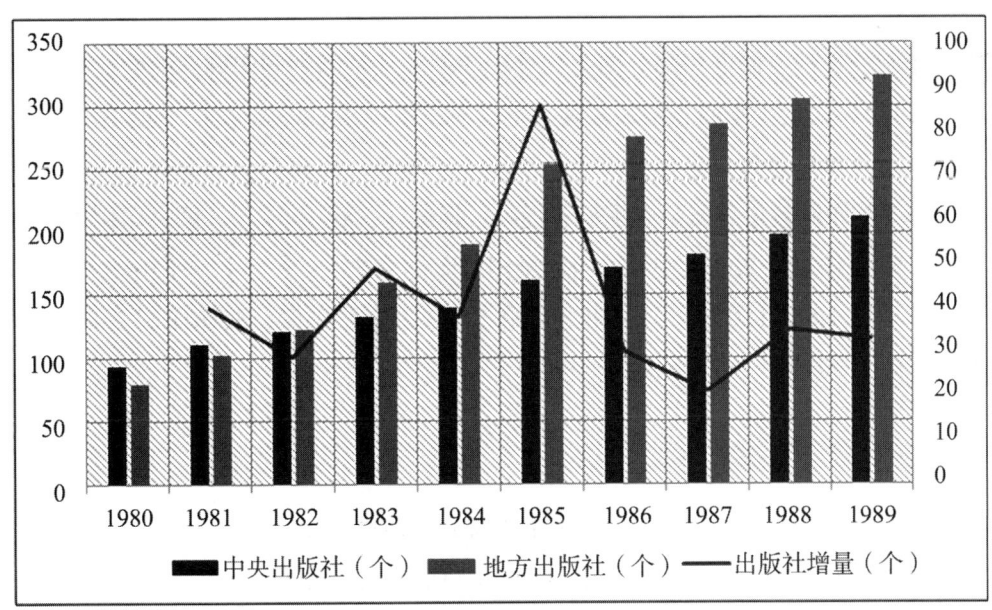

图3-2　1980—1989年中央一级出版社与地方出版社数量（含副牌）及其增加值对照图[①]

---

①　本图根据表3-2中数据绘制。

级出版社数量的1.5倍。1985年，全国出版社（含副牌）增加86家，其中地方出版社增加了65家。可以说，地方出版社的异军突起，是催生20世纪80年代中后期"文化大讨论"的重要因素之一，"走向未来丛书"（四川人民出版社）、"人文研究丛书"（上海人民出版社）、"传统与变革丛书"（贵州人民出版社）等图书就是由地方出版社出版并向全国发行的。

表3-2　1980—1989年中央一级出版社与地方出版社数量统计（含副牌）[①]　单位：个

年份 类别	1980	1981	1982	1983	1984	1985	1986	1987	1988	1989
中央出版社	94	111	121	132	140	161	171	182	197	211
地方出版社	80	103	122	160	190	255	275	285	305	324

与出版社数量的高速增长相比，全国书刊印刷工业在新时期虽然也保持着稳步前进的态势，但是其增长速度在20世纪80年代初期有些不能适应出版事业迅猛发展的需要，印刷周期相对较长。相关研究报告显示，1982年，全国图书平均印刷周期高达252天左右（陈昕等，1990：74），特别是在思想文化最为活跃的北京地区，由于出版社的数量远远多于国内其他城市，北京地区印刷公司印刷能力的增长远远不能满足当地出版社的需求。尤其是在20世纪70年代末到80年代初图书规模补偿性高速增长的几年时间里，每年中国印刷公司都要调度一部分图书到外地印刷。从全国书刊印刷厂的数量来看，在1981年至1989年的近十年间，增长幅度并不明显，保持在180家左右。但是由于各地印刷厂均在改革开放后通过引进先进设备、扩建生产车间、加强企业管理等方式努力增强产能，全国书刊印刷数量和质量有了显著提高。据统计，到1987年，图书印刷周期已由1982年的252天缩短至200天左右，当年全国铅印排字731,926万字，照相排字102,668万字，铅印印刷1,621.1万令，胶印书刊印刷510.3万全张千印，胶印印刷2,045.8万色令，书刊装订1,756.6万令（庞多益，1989）。

（二）出版发行规模扩大

随着出版发行能力不断增强，全国图书出版发行规模也在20世纪70年代末至80年代呈现出扩大的态势。从出版种数来看，1989年图书出版种数为74,973种，是1978年的

[①] 表中各项数据引自《中国当代出版史料》（第八卷）中"新中国成立以来我国出版社发展概况"部分（316页）。

五倍多。其中，新出图书种数也由 1978 年的 11,888 种增长到 1989 年的 55,475 种，增长 466.65%，但同时新出图书种数占图书总种数的比重有所下降。另外，由于我国的图书出版统计体系将"图书"细分为"书籍""课本"和"图片"三大类，而本书研究中的"图书"一词实际上对应的是出版统计体系中的"书籍"一类，因而需针对此类数据展开进一步的分析，如图 3-3 所示，书籍种数的增长曲线与图书总种数的增长上扬曲线基本保持一致，1978 年至 1989 年书籍出版种数持续增长且势头最为猛烈，从 8,941 种增长至 57,476 种，增长 642.84%。由于图书种数的大幅增长，我国的图书出版业早已从新时期初期的"书荒"中走出，20 世纪 80 年代中后期书刊的繁茂程度，足以用"书潮"来形容。读者们再也不需要在新华书店门前彻夜排队等待新书的发售，反而出现了图书琳琅满目而不知从哪一册读起的新烦恼。

表 3-3　1978—1989 年全国图书种数、新出图书种数、书籍种数统计[①]

年份	图书种数（种）	新出图书种数（种）	书籍种数（种）
1978	14,987	11,888	8,941
1979	17,212	14,007	11,136
1980	21,621	17,660	15,669
1981	25,601	19,854	18,776
1982	31,784	23,445	23,957
1983	35,700	25,826	26,573
1984	40,072	28,794	29,346
1985	45,603	33,743	34,106
1986	51,789	39,426	39,152
1987	60,193	42,854	45,164
1988	65,692	46,774	49,449
1989	74,973	55,475	57,476

① 表中各项数据引自 1980—1991 年历年《中国出版年鉴》。

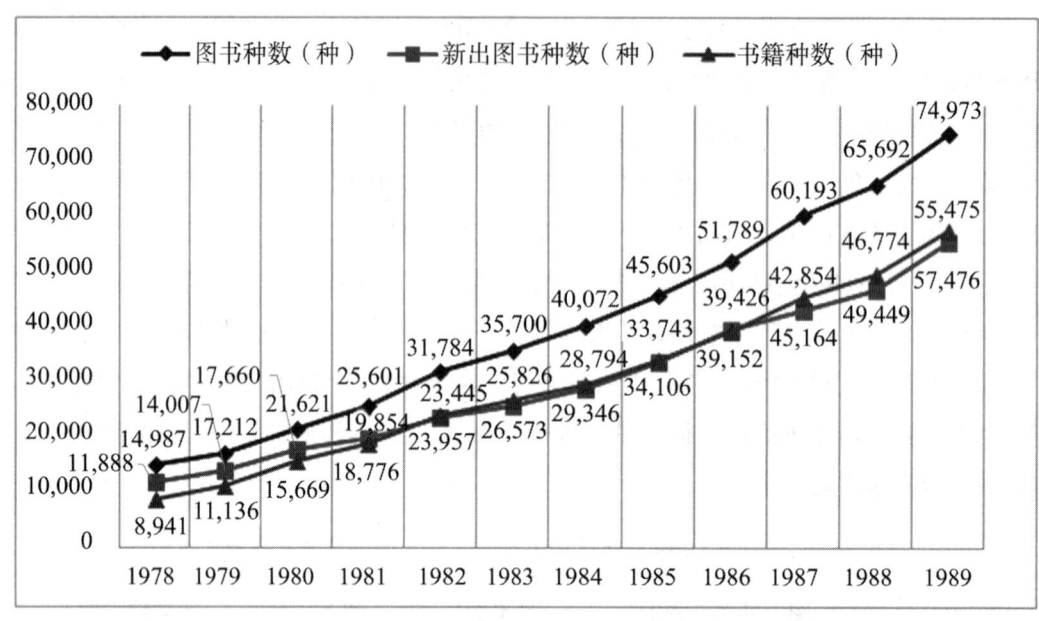

图 3-3 1978—1989 年全国图书种数、新出图书种数、书籍种数统计走势图[①]

与图书种数相同的是，图书出版的总印数和总印张数在 1978 年至 1989 年总体上也呈现出增加的基本态势。但是与图书种数不同的是，以 1985 年作为分水岭，图书总印数和总印张数在 20 世纪 80 年代的前后两个半段展现出了截然不同的姿态（如图 3-4 所示）。以"书籍"出版为例，从 1978 年至 1985 年，总印数由 11.57 亿册增加至 34.77 亿册，总印张数由 56.68 亿印张增加至 175.32 亿印张，两项数据连年保持着稳步增长态势。到 1985 年，中国书籍出版总印数和总印张数均创下了历史最高纪录，同时中国图书出版总印数和总印张数也达到了历史峰值，分别为 66.73 亿册和 282.75 亿印张，位列世界第六。但是，1985 年之后，这种高增长的势头戛然而止。1986 年，书籍出版总印数和总印张数同时猛跌，分别仅为 1985 年的 59.79% 和 66.23%；1986 年以后虽然有所回升，但是在整个 20 世纪 80 年代再也没有回到 1985 年的水平。另外，更为引人注目的是，每种书籍的平均印数和平均印张数似乎在 1985 年以后一直保持向下的态势，即使将参考年份从 1985 年改换为 1978 年，1989 年每种书籍的平均印数与平均印张数也仅为 1978 年的 38.33% 和 36.27%。

---

① 本图根据表 3-3 中数据绘制。

表 3-4　1978—1989 年全国书籍出版情况统计[1]

年份	书籍种数（种）	书籍总印数（亿册）	书籍总印张数（亿张）	每种书籍平均印数（万册）	每种书籍平均印张（万张）
1978	8,941	11.57	56.68	12.94	63.39
1979	11,136	12.91	71.74	11.59	64.42
1980	15,669	19.10	104.86	12.19	66.92
1981	18,776	28.31	128.14	15.08	68.25
1982	23,957	29.88	128.50	12.47	53.64
1983	26,573	26.88	132.52	10.12	49.87
1984	29,346	30.86	158.73	10.52	54.09
1985	34,106	34.77	175.32	10.19	51.40
1986	39,152	20.79	116.12	5.31	29.66
1987	45,164	29.16	151.50	6.46	33.54
1988	49,449	30.78	155.12	6.22	31.39
1989	57,476	28.48	132.16	4.96	22.99

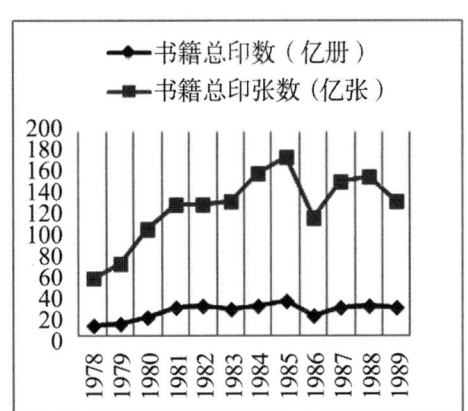 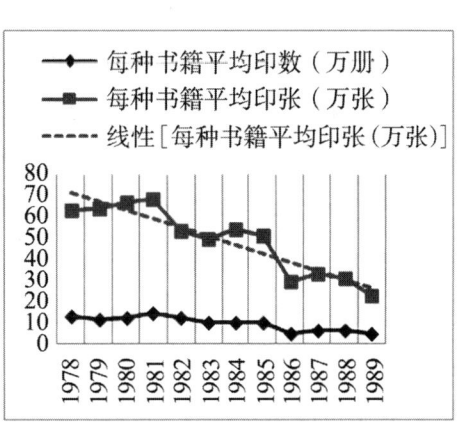

图 3-4　1978—1989 年书籍总印数、总印张数，每种书籍平均印数、平均印张数走势图[2]

---

[1] 表中各项数据引自 1980—1991 年历年《中国出版年鉴》。
[2] 本图根据表 3-4 中数据绘制。

那么为何在图书种数不断攀高的同时出现了印数和平均印数的剧烈下行呢？从图书市场的供给一侧来看，如前文所揭示的，图书出版发行能力不仅未在1985年前后下降，反而有明显的提升。另根据相关研究报告，此间图书出版最基本的投入要素——纸张也并没有出现普遍的短缺。因而可以说，20世纪80年代中期，妨碍中国图书出版业增长的原因不在供给一侧，而需要从需求一侧寻找答案。

三、从"卖方"到"买方"：图书市场性质发生根本转变

为考察我国普通民众对于图书的购买意愿和阅读热情是否在1985年前后有明显的下降，一个具有操作性的方法是，对20世纪80年代人均图书消费占人均国内生产总值的比重进行测量，假设人均国内生产总值呈整体上升态势，而人均图书消费占人均国内生产总值的比重却不升反降，那么便可以说，人们对于图书的消费意愿由某些因素驱使而在数据拐点处开始表现为消极的态度。

为根据以上方法对1985年前后普通民众的图书消费意愿及阅读需求进行考察，笔者分别查阅了《中国统计年鉴》和《中国出版年鉴》，先后得到1978—1989年的"人均国内生产总值（元）""图书销售额（亿元）"等数据（其中某些年份的数据暂缺）；之后笔者根据相关年份的全国人口数量计算得出"人均购买图书金额（元）"；最后将"人均购买图书金额（元）"与先前得到的"人均国内生产总值（元）"进行比对，最终得到"人均图书消费占人均国内生产总值的比重(%)"。如表3-5所示，从1978年至1989年，我国人均国内生产总值(元)呈现明显上升态势，由1978年的379元增长至1989年的1,512元；而人均图书消费占人均国内生产总值的比重并未呈现持续走高的趋势，其中最值得关注的是1985年至1987年的数据下跌，从0.37%跌至0.36%，并且该数据在1988年并未反弹，依然保持在0.36%的低位。通过对数据的分析可以得出结论：1985年前后，在国民经济持续发展，图书出版发行能力不断增强，全国图书市场供给规模不断扩大的前提下，普通民众的购书意愿和阅读需求却并未随之增长，反而呈现下降的趋势。这一趋势预示着自20世纪80年代中期开始，我国图书市场的供需关系开始发生转变，改革开放初期到20世纪80年代中期那种需求大于供给的情况将不复存在，取而代之的是供给大于需求的局面。可以说，历史地看，1985年成为中国图书业重要的发展拐点，它标志着我国图书业超常规高速增长阶段的结束。同时，由于"供需关系"是区别买方和卖方市场最为基本的判断标准，中国图书市场的性质也在1985年前后开始发生根本性的、不可逆的重要变化，即由出版业占主导的"卖方市场"开始向图书消费者拥有话语权的"买方市场"转变。

表 3–5　1978—1989 年经济发展水平与图书消费情况统计①

年份	人均国内生产总值（元）	图书销售额（亿元）	人均购买图书金额（元）	人均图书消费占人均国内生产总值的比重（%）
1978	379	9.3	0.97	0.25
1980	460	15.5	1.57	0.34
1985	853	33.4	3.15	0.37
1987	1,104	43.2	3.95	0.36
1988	1,355	54.1	4.87	0.36
1989	1,512	68.7	6.10	0.40

图书市场由卖方市场向买方市场转变的判断，同样解释了为何在图书种数不断攀升的同时，20 世纪 80 年代中后期却出现了图书印数和平均印数剧烈下行的问题。从 1978 年到 1989 年的十二年间，出版社数量增长了 440%，增长了几倍，但是其增长最快的几年，恰好是图书市场已经逐渐由卖方市场向买方市场过渡或已成为买方市场的几年。在买方市场条件下，图书需求不断减少，单种图书的总印数随之减少，出版社为了谋求自身的生存，最简单的方法就是在图书内容方面下功夫，通过出版种数更多的书，来弥补印数减少而带来的损失，维持一定的利润总额。在 20 世纪 80 年代中后期，每年图书种数增加值都在 5,000 种左右，但是在图书总需求和总印数保持不变甚至下降的前提下，图书种数的增加又导致了新一轮的平均印数的减少，这样就形成了恶性的剪刀差。剪刀差的一侧是图书品种的不断上升，而另一侧则是平均印数的直线下降。1989 年书籍的种数是 1978 年的 642.84%，而 1989 年的平均印数则只有 1978 年的 36.27%。

但是每种图书平均印数和印量的减少实际上并不仅仅具有负面的影响，有学者认为，小印数图书市场的发展，是出版业走向成熟的标志之一（巢峰，1986）。更有学者将小印数化与大印数化进行了比较，并阐明了小印数化对社会文化起到的积极作用，他们认为大印数化表明图书或作者对公众整体的影响力越来越大，从而公众阅读选择的空间越来越小，最终形成思想和文化的集中化；相反，小印数化则表明图书或作者对公众整体的影响力越来越小，而公众的阅读选择空间则越来越大，这对于文化和思想的多样化具有积极意义（康晓光，1998）。从这个角度来说，20 世纪 80 年代中后期全国图书规模的不断扩大、图书种数的不断增加、图书平均印数的逐渐减少，无疑就是促使文化大

---

①　表中各项数据来源于 1980—1991 年历年《中国出版年鉴》及 1990 年《中国统计年鉴》，一些年份数据缺失，导致表格数据并未以连续的自然年形式呈现。

讨论以及各种文化思潮得以形成的重要因素。

回顾20世纪80年代出版政策的调整以及图书市场供需两端的发展概况，不难看出，积极出版政策的不断颁布和实施，促使中国出版事业从复苏逐渐走向繁荣，从而使先进文化的传播、传统文化的传承、科学知识的普及、中西思想的交流成为可能，20世纪80年代的中国由此逐渐形成了一个相对独立的思想孕育与传播的空间。纵观20世纪80年代的图书市场，在供给一侧，出版业逐渐走向成熟，这使持续、稳定、足额的思想养料供给成为可能，图书市场因此由"书荒"走向"书潮"的状态；在需求一侧，虽然人们的阅读热情在1985年之后有所下降，读书需求的下降也直接导致了图书市场由"卖方市场"向"买方市场"的转变，但在"读书无禁区"的鼓噪下，在读书的选择由"盲目"逐渐走向"自主"的情况下，一波又一波的"阅读热潮""文化热潮""思想热潮"已经成为那个年代人们最为熟悉的宏观节奏。在20世纪80年代，出版业的不断成熟、读者的不断成长、社会文化思潮的潮起潮落正逐渐呈现"一体三面"状，它们密切相连，协同发展。

四、从"系列丛书"到"编委会制"：出版编辑模式灵活多样

（一）20世纪80年代的"丛书热"

1985年之后，随着图书市场性质的转变，加之诸多出版社内部各种形式的承包责任制的逐步推行，全国范围内出版社之间的竞争日趋激烈，在这样的背景下，很多出版社将相当一部分精力转移到更容易形成阵容、造成声势，创收面也更大的各类系列丛书的出版上。很多出版社与出版家认为，与其一味继续增加单本图书的种数，不如出版一套具有全国影响力的丛书。一些读者的反馈也在某种程度上印证了这一逻辑的合理性，很多人对某家出版社的熟知往往是因为其出版过令人印象深刻的"叫好又叫座"的丛书。比如人们一提起四川人民出版社，首先想到的便是在这里出版的"走向未来丛书"；再比如凡是谈及三联书店，人们总是能想到那套在20世纪80年代影响力超群的"现代西方学术文库"。可以说，丛书不仅仅是积累思想文化的一种很好的形式，同时确实也使出版社快速创品牌、赢声誉，更进一步讲，丛书往往也能为出版社带来更好的经济效益。

方鸣、滕明道（1988：267-279）曾经在1988年前后对我国20世纪80年代的丛书出版情况进行过较为详细的综述，据他们的统计："1984年至1987年，全国出版的各类丛书达到了1,500多种。"就"丛书热"现象形成的原因，方鸣、滕明道（1988：267）继续说道："'丛书热'是近年来出版工作中出现的一种值得注意的文化现象，是我国出

版事业发展繁荣的一种表现。"除了出版业自身的发展以外，思想文化领域的空前活跃也是产生丛书热的重要推手之一，新时期不断深入的改革和更大程度的开放使西方新思想被源源不断地引介至中国，这些客观条件对丛书热起到了强大的催生作用。丛书热是文化积累达到一定程度后出现的文化现象，文化热以及与之相联系的丛书热在相当程度上反映了我国 20 世纪 80 年代思想文化领域蓬勃且热闹的景象。

回顾 20 世纪 80 年代产生过较大影响力的丛书，在文学领域，有人民文学出版社和上海译文出版社联合出版的"外国文学名著丛书"、外国文学出版社和上海译文出版社联合出版的"二十世纪外国文学丛书"、湖南人民出版社出版的"诗苑译林"、四川文艺出版社出版的"天涯诗丛"和"浣花诗丛"、上海文艺出版社出版的"新诗丛"、漓江出版社出版的"获诺贝尔文学奖作家丛书"以及上海外语教育出版社出版的"外国文学史论译丛"等。在文艺创作理论方面，有上海译文出版社出版的"外国文艺丛书"、生活·读书·新知三联书店出版的"现代外国文艺理论译丛"以及上海文艺出版社出版的"文艺探索书系"，学者刘再复所著的《性格组合论》即是"文艺探索书系"当中的一册。在美学研究方面，最有影响力的一套丛书当数由李泽厚担任主编，中国社会科学出版社、光明日报出版社、辽宁人民出版社以及中国文联出版公司联合出版的"美学译文丛书"，除此之外，辽宁出版社出版的"当代中国美学思想研究丛书"也受到了当时美学研究者的欢迎。在传统文化方面，较有影响力的丛书包括上海人民出版社出版的"中国文化史丛书"、山东教育出版社出版的"中国文化史知识丛书"以及河北人民出版社出版的"中外比较文化丛书"。但是在 20 世纪 80 年代出版的所有种类的丛书当中，最具影响力的一类莫过于西方思想文化译介类丛书，据统计，截至 1988 年 8 月，专门收集国外思想文化的译著丛书有 53 种，包含国外社科译著丛书有 69 种，共计 122 种（宋镇玲等，1988）。其中，包括四川人民出版社出版的"走向未来丛书"、湖南人民出版社出版的"走向世界丛书"、生活·读书·新知三联书店出版的"现代西方学术文库""新知文库""文化生活译丛"、上海译文出版社出版的"二十世纪西方哲学译丛"、辽宁人民出版社出版的"面向世界丛书"、华夏出版社出版的"二十世纪文库"、浙江人民出版社出版的"比较文化丛书"、商务印书馆出版的"汉译世界学术名著丛书"等。在这些西方译介当中，不乏一些 20 世纪 80 年代的超级畅销书，如上海译文出版社出版的"二十世纪西方哲学译丛"中的《人论》、生活·读书·新知三联书店出版的"文化生活译丛"中的《情爱论》等。

在以上论及的丛书当中，四川人民出版社出版的"走向未来丛书"又因其对丛书热所产生的影响而显得最为突出。该丛书的研究者陈丽芳（2013：34-35）认为："四川人民出版社出版的'走向未来丛书'是推出最早、品种最多、社会影响力最大的一套丛书，它开创了大型丛书的风气之先。"而事实上，无论是在封面的设计、开本尺寸的规定、篇幅的长度，还是在内容的选择、社外编委会制度的创新等方面，"走向未来丛书"确实都对以后的丛书出版产生了很大影响。1983 年至 1984 年，"走向未来丛书"第一批图书出版以后，确实激发了出版界的丛书出版热潮，各地出版社出现了争先恐后出版各类丛书的现象，中国出版史和世界出版史上一个罕见的突发性文化现象——丛书热由此产生。（方鸣等，1988：270）

但是，仿效"走向未来丛书"，选择出版一套规模宏大、冲击力强的综合性丛书的做法并不一定能够为出版社带来预想的成功。1985 年以后，图书市场早已由"书荒"状态转为"饱和"状态，读者购书的选择范围随之扩大，盲目冲动性消费锐减，大型综合性丛书反而会使读者在购买行为上表现为一种保守甚至消极的态度。在这样的背景下，丛书热逐渐呈现出一种由大型丛书转向中小型丛书、由综合性丛书转向专题性丛书的趋势。

（二）"外脑制"编委会

从 1983 年的《第三次浪潮》开始，人们对西方译介图书表现出了越来越浓厚的兴趣，对其内容与质量的要求也逐渐提高。但是与民众陡增的对译著强烈的购买欲望相比，一些出版社，特别是出版政策开放后刚刚涉足外国学术译著的地方出版社，在西学译介出版能力方面却表现出了明显的不足，很多出版社没有能力独立策划完成一套译丛。1983 年以后，面对西学译介类图书持续畅销而自身实力又显著不足的状况，很多出版社都在积极通过各种渠道寻找已经具备一定知名度的文化名人、学术机构抑或民间文化团体，希望出版合作。另外，一些民间学术组织也希望借助出版社的正规途径出版自身的研究或翻译成果，据钱理群（2012：214）介绍："1981 年，官方曾宣布民间刊物和民间组织为非法。"1981 年 2 月 20 日，中共中央、国务院作出《关于处理非法刊物非法组织和有关问题的指示》，1981 年 5 月 11 日，国家出版局转发了中央宣传部《关于认真检查和整顿刊物的通知》（出版工作文件选编，1981—1983），民间学术组织的生存空间曾经在 20 世纪 80 年代初期一度收窄，自印图书或刊物的行为也相应地遭到禁止。在这样的背景下，由一些民间学术组织组成的社外编委会或称"外脑制"编委会成为很多出版社社内编辑部的重要补充，"社内社外相结合"的丛书出版模式也成为 20 世纪 80 年代图书出版行业中一种普遍且很有特色的存在。

20 世纪 80 年代较为成功的出版社与社外编委会合作的案例有以下几个：四川人民出版社与"走向未来丛书"编委会的合作，生活·读书·新知三联书店与"文化：中国与世界"编委会的合作，华夏出版社与"二十世纪文库"编委会的合作；此外，山东文艺出版社在"文化哲学丛书"的编辑出版过程中，邀请了包遵信、乐黛云等文化学者加入社内编辑部，这种模式可称为"部分外脑"编委会模式，这种模式在20世纪80年代也较为常见；再有，中国社会科学出版社、光明日报出版社、辽宁人民出版社和中国文联出版公司在联合出版"美学译文丛书"的过程当中，仅邀请了李泽厚一人担任该丛书的主编，李泽厚需要凭借其自身强大的号召力和影响力，主导一套丛书的出版工作，出版社只在出版工作中担任印刷出版的附属角色，这种类似今日"主编个人责任制"的编辑出版模式，可称为"单人外脑编委会制"，同样被认为是20世纪80年代"外脑编委会制"的组成部分。

在这些成功的合作案例中，四川人民出版社与"走向未来丛书"编委会的合作具有很强的先行示范作用，学者陈丽芳（2013：17）认为："社内社外相结合的策划体制是'走向未来丛书'的首创。"而实际上，以金观涛等人为成员的这个编委会最初想要合作的单位并非四川人民出版社，在双方正式合作之前，曾有一段颇为复杂的前情往事。1980年12月，在时任中国社会科学院副院长于光远的支持下，李银河、林春等人创办了《青年文稿》杂志并出版第一期《青年文稿：历史的沉思》，这本薄薄的小册子包含了李湘鲁的《论文理两科方法论的共同基础》、金观涛的《历史的沉思：中国封建社会结构及其长期延续原因的探讨》、李银河的《婚姻问题初探》等十篇文章，但是由于该刊当中的一些提法在当时看来过于激进，《青年文稿》首期印刷5000册之后，便被认定为非法刊物，不得再次出版印刷（Chen Fong-ching and Jin Guantao,1997：105）。虽然《青年文稿：历史的沉思》停刊，金观涛等人的学术活动却并未结束，他们成立了编委会准备再次出版启蒙性刊物或丛书。1981年，湖南人民出版社出版了一套"走向世界丛书"，其内容是反映19世纪中国知识分子如何"睁眼看世界"。在这之后，据金观涛本人回忆，湖南人民出版社的编辑约见了他，并希望与编委会合作在该社继续策划出版一套针对年轻人的具知识性和修养性的丛书（马国川，2011：169），但是金观涛希望丛书应以"启蒙性"和"思想性"作为特征，并且不应该只以年轻人为主。虽然编委会和湖南人民出版社在丛书的定位上产生了分歧，但是"走向世界"这个名字却给了金观涛以灵感，随即编委会决定将丛书命名为"走向未来丛书"。在与湖南人民出版社"分道扬镳"后不久，金观涛在合肥的一次学术会议上结识了唐若昕，唐若昕建议他将编委会挂靠在中国社会科学院青少年研究所（以下简称社科院青少所），使编委会"合法化"，以社科院青少所的名义出版知识性丛书。唐若昕随即将社科院青少所的时任所长张黎群介绍给金观涛，张黎群支持了金观涛的想法，1982年5月19日，"走向未来丛书"编委会成立，其成为社科院青少所的一部分，丛书出版的合法性自此得到了保障（Chen Fong-ching and Jin Guantao,1997：109-110）。之后，张黎群来到成都讲学，其间他将丛书出版的设想与四川人民出版社分享，这一设想很快得到了四川人民出版社的支持，时任四川人民出版社社长的李致最早坚决支持"走向未来丛书"的出版，副总编辑杨忠学、老编辑傅世悌等人积极与社科院青少所取得联系，经过多次协商决定，同时设立社外编委会（北京）和社内编辑室（成都），双方最终就"走向未来丛书"的出版达成一致（陈丽芳，2013：16-17）。在"走向未来丛书"编委会与四川人民出版社合作的过程中，唐若昕、张黎群、李致、杨忠学、傅世悌以及金观涛的努力都是十分必要且可贵的，"走向未来丛书"编委会、社科院青少所、四川人民出版社三家单位的配合，最终促成了20世纪80年代现象级超级畅销书的诞生。在20世纪80年代思想潮流中，该丛书所蕴含的时代意义是不言而喻的。

与"走向未来丛书"编委会和四川人民出版社复杂的合作过程相类似，"文化：中国与世界"编委会与生活·读书·新知三联书店能够最终"走到一起"也同样波折重重。1982年，上海译文出版社为其"二十世纪西方哲学译丛"组稿，他们向北京大学哲学系外国哲学史研究所所长洪谦约稿，洪谦向出版社同时推荐了甘阳翻译的《人论》，陈嘉映、王庆节翻译的《存在与时间》，杜小真、陈宣良翻译的《存在与虚无》等几部作品。1985年，由甘阳翻译的卡西尔的《人论》因书名与当时社会彰显人性、主张个人解放的主题相吻合而得以顺利出版，并马上成为超级畅销书；但是《存在与时间》《存在与虚无》等作品却并未同期出版，于是，这些北京大学外国哲学研究所和中国社会科学院现代外国哲学研究所的青年学者决定成立编委会，自办丛书将各自翻译的著作出版。编委会以甘阳计划出版的杂志"中国与世界"命名，后在李泽厚的建议下，编委会最终定名"文化：中国与世界"编委会，该编委会与工人出版社有过一段短暂的合作，曾在工人出版社出版了孙依依翻译的佛洛姆的《爱的艺术》，但是最终由于"性质不对路""背景不是很人文"（查建英，2006：209）等原因，工人出版社与编委会中止了合作。而此时，刚刚恢复编辑部并决定以文化翻译作为自身出版风格的生活·读书·新知三联书店[①]找上门来，希望出版"文化：中国与世界"编委会的学术成果，于是，甘阳等人成立的编委会成为生活·读书·新知三联书店的"外脑"，"现代西方学术文库"和"新知文库"先后在生

[①] 彼时的国内出版机构与出版体制仍旧学习的是苏联模式，每个专业大类大致只允许一家出版社独享，每家出版社因而大都拥有各自鲜明的出版特色（郝振省，2009：213），比如文学类的图书集中交给人民文学出版社出版，美术类图书集中交由美术出版社出版，商务印书馆以出版西方古典学术著作为主，中国古籍则由中华书局负责出版。至于生活·读书·新知三联书店编辑部的恢复一说，1951年生活·读书·新知三联书店与人民出版社合并，长期以来生活·读书·新知三联书店其实只相当于人民出版社的"副牌"，出版一些人民出版社不方便出版的图书；直到1982年年底，人民出版社才决定恢复生活·读书·新知三联书店编辑部。

活·读书·新知三联书店出版,这些系列丛书也都先后成为当时的超级畅销书并且影响了整个20世纪80年代。

通过对以上两个案例的梳理,我们不难发现,"走向未来丛书"编委会、"文化:中国与世界"编委会最终能与四川人民出版社、生活·读书·新知三联书店两家出版社达成合作,有一定的历史偶然性,但从丛书出版模式和制度的角度说,合作的最终达成都与两家出版社让渡一部分出版权利有很大关系。社外编委会制这一编辑出版模式与惯常的社内出版模式存在很大差异,其中最大的不同就在于出版社在出版过程中的角色被大大弱化了,从选题的确定,到作者或译者的物色与联系,再到组稿、审稿,最后到编辑加工的出版全过程,社外编委会越是著名,出版社的出版主导权越会受到压缩,掌握图书内容的社外编委会往往会主导丛书的出版。并且由于丛书大多是按照批次有计划出版的,随着前几个批次丛书在图书市场上的声誉和威望不断提高,编委会的主导权有可能获得进一步巩固甚至加强。在"走向未来丛书"编委会与四川人民出版社的合作当中,编委会要求有组稿权和终审权,出版社方面满足了对方的要求(蔡菁,2013:38),据"走向未来丛书"的编辑邓星盈回忆:"丛书选题当时主要是编委会那班精英最先提出,出版社参与。"(陈丽芳,2013:95)而在"文化:中国与世界"编委会与生活·读书·新知三联书店的合作当中,1986年夏天,最初送到出版社的译稿由于错误过多而总是通不过编辑的审查,如果这样下去将会大大影响丛书的预出版时间,进而影响出版社的经济效益。针对这一点,甘阳又代表编委会与出版社协商,提出为不影响出版进度,定稿权转由编委会全权负责的要求,出版社原则上同意了甘阳的要求(仲维光,1992)。随着丛书影响力越来越大,生活·读书·新知三联书店最终在"现代西方学术文库"的出版中只保留了对图书进行"技术性检查"的权利,稿件只要编委会通过,便可以直接送印刷厂排印了。

20世纪80年代丛书出版中出现使用的"外脑制"编委会,可用经济学家道格拉斯·诺斯的制度变迁理论加以分析和评定。在诺斯看来,社会制度可分为正式制度与非正式制度,其中,正式制度只是一小部分,非正式制度才更具有普遍性,而非正式制度在制度的演进方式的变化上往往起着十分重要的作用。进一步讲,如果非正式制度是在多方让渡自身权利的前提下达成的,用诺斯的话说即"他们必须保留一些使交换可行的特征,以此来减低衡量和实施的成本",那么此种制度虽然是非正式的,但往往是更为有效的(诺斯,1994:49-61)。20世纪80年代"外脑制"编委会的出现,便是通过"交换"建立的非正式制度,这种编辑出版模式更为有效地补足和解决了出版社和民间文化团体自身的短板和焦虑,高水平的西方译介丛书引发的讨论由此成为20世纪80年代一股不容忽视的强劲风潮。

总体来说，系列丛书出版、社外编委会制度等编辑出版模式在 20 世纪 80 年代的发生和发展，体现了当时出版形式的多样性与灵活性，客观上促进和推动了出版业的发展以及出版观念的更新，各式各样门类齐全的丛书、著名学术群体翻译的图书更是为 20 世纪 80 年代的思想界、学术界提供了源源不断且十分必要的精神养料和文化补给，引领了社会思潮的发展。

第四章 20世纪80年代图书出版与人道主义思潮

一、哲学与美学领域的人道主义思潮

（一）马克思主义与人道主义的争论

"文革"结束后，中国摆脱了极"左"思想的束缚，此时国家的首要任务便是使"文革"理论与马克思主义"脱钩"，在这样的历史背景下，一批原本处于权力边缘的马克思主义者再次提及并强调长期以来被正统意识形态所忽略的、被西方马克思主义视为经典的、重视异化和充满人道主义精神的马克思主义。（许纪霖，2007：5）这种马克思主义被王学典称为"原教旨马克思主义"（王学典，2014），王学典所指涉的原教旨马克思主义，其含义是他反思"文革"的依据，是马克思、恩格斯的经典著作中的原意，他们宣称要通过回到并遵从经典著作中的原意从而达到使"文革"理论与马克思主义"脱钩"的目的。在当时的语境下，这种宣称和主张更被人熟悉的说法是"拨乱反正""正本清源""解放思想"。由此，马克思早期思想当中重视异化和倡扬人道主义精神的主张开始越来越广泛地被提及。

1979年6月，人民出版社再次出版马克思早期经典著作《1844年经济学哲学手稿》，在这部著作中，马克思详尽地阐述了他的人道主义思想和有关劳动异化的思想。我国《1844年经济学哲学手稿》的第一部中译本于1956年出版，但当时该著作未引发太多的关注，报刊、杂志上也仅是出现了零星的相关文章和讨论。而这部马克思主义早期经典理论著作在"文革"甫一结束就由人民出版社再次出版，显然具有特殊的现实意义。该书的出版为突破马克思主义人道主义禁区做好了充足的理论和思想准备，学术界和理论界迅速掀起了一波"手稿"讨论热潮，理论家和学者们纷纷在自己的文章中引用"手稿"中的经典理论进行阐释，比如《关于马克思主义的几个理论问题的探讨》（周扬）、《人是马克思主义的出发点》（王若水）、《人道主义就是修正主义吗？——对人道主义的再认识》（汝信）、《为人道主义辩护》（王若水）等几篇在20世纪80年代产生重要影响的关于人道主义的文章，都直接提到了"手稿"（贺桂梅，2010：67）。此外，"'手稿'热"也直接催生了20世纪80年代初影响巨大的"美学热"。

1981年1月，人民出版社在"手稿"之后继续推出重量级的关于马克思主义理论的著作《人是马克思主义的出发点：人性、人道主义问题论集》，该书首版印量2万册，一经发行便引起了理论界和学术界的广泛关注，产生了突破性的影响，使人性、人情等问题得以在思想文化领域被充分讨论。在一些学者看来，该书的出版是20世纪80年代破解人道主义理论禁区的标志性事件（李鹏，2015）。该书收录了王若水、李鹏程、薛德震、高尔泰、王润生、胡皓、刘刃克、王义堂、曾钊新、王守昌、周国平、贾泽林等12位作者的十篇文章，文章的题目分别是《人是马克思主义的出发点》《四个现代化与人》《马克思主义的人性论初探》《异化现象近观》《人性与道德》《试论人道主义》《人性谈论》《异化及其历史考察》《萨特的存在主义人道主义探讨》《苏联哲学中的人和人道主义问题》，仅从文章题目中所涉词语的词频便可得知，理论家们在他们的文章中以《1844年经济学哲学手稿》为理论资源，围绕"人""人性""异化""人道主义"等关键概念和议题，对人道主义与马克思主义之间的逻辑联系进行了讨论，阐述了鲜明的理论倾向。

王若水的文章《人是马克思主义的出发点》作为该论集的首篇文章出现，并且该论集正是以此文标题作为主书名的，足见此文的重要性。论集首先便阐释了理论界为何要重新评价人道主义，认为经过十年浩劫，应该"开始重新重视起人的问题（包括人道主义、人性、异化等）"。之后，王若水提出为了扭转人道主义的马克思主义没有多少地位的问题，理论界应该更加重视《1844年经济学哲学手稿》的历史地位，因为"手稿"给了人们一个重要的提示，即人的问题应该在马克思主义哲学体系中占有一个非常重要的位置。王若水等人的观点在某种程度上代表了当时官方理论界的态度，即认为马克思主义理论的核心是建立在实现人的全面发展这一命题之上的，马克思主义是一种现实的人道主义。在《人是马克思主义的出发点：人性、人道主义问题论集》一书的开头，有一段简短的"编者的话"。

> 人类从古至今广泛注意并加以深刻研究的一个重大理论问题便是人性与人道主义问题，因而它也理所应当地是马克思主义必须研究的一个重要问题。但是二十多年来，在我国这个问题是一个重门深锁的禁区，本论集中的十篇文章有助于开展这个问题的讨论和研究。

正如人民出版社编辑部的编者所言，有关"人性"与"人道主义"的讨论自此逐渐成为一种思潮，成为反思"文革"的重要思想抓手。

1983年恰逢马克思逝世一百周年，随着各省市、机关单位有组织地对马克思主义理论进行再学习并出版多种研究集刊，关于人道主义与马克思主义的讨论持续保持着热度。1983年3月，中共中央党校出版社出版了《时代精神的精华：纪念马克思逝世一百周年》一书，其中包含了赵文朝的《马克思主义和人的解放》，马句、连俊沛的《马克思论消除人的异化》等文章。1983年4月，人民教育出版社出版了《学习马克思的教育思想：纪念马克思逝世一百周年文集》，其中同样包含马克思主义有关"人"与"人道主义"的思考内容，如陈育辛的《人的全面发展是人类解放的最高理想》、黄济的《关于人的全面发展的理论和实际》、郭文安的《马克思关于人的发展学说》等文。当然，人道主义的马克思主义这一重大理论议题，在得到支持的同时，必然也会迎来激烈的反对之声，必然会引发持两种观点者的交锋与论战。同样在1983年3月，南京大学出版社的《纪念马克思逝世一百周年专辑》作为南京大学学报的特别增刊出版，其中就包括邱飒爽、严强对于王若水的回应，题为《评"人是马克思主义的出发点"》，文中明确指出不应将马克思主义与人道主义混为一谈，认为"对人、对社会的研究只有沿着马克思、恩格斯开辟的辩证唯物主义道路向前进发，而决不能倒退到'人'这个似乎能为各个阶级的思想家所普遍接受的理论立场上去"（邱飒爽、严强，1983：60）。

有关马克思主义与人道主义之间联系的争论的最高潮，同样出现在1983年至1984年之间。1983年3月7日，中国社会科学院和中央党校等单位联合举办了一场纪念马克思逝世一百周年的学术讨论大会，时任中国文联主席和中共中央宣传部顾问的周扬在大会上作了《关于马克思主义的几个理论问题的探讨》的报告。这篇报告明确肯定了马克思主义人道主义，认为"虽然不能把马克思主义全部归结为人道主义，但是马克思主义是包含着人道主义的"（周扬，1983），同时，该报告也对马克思经典著作中关于"异化"的问题做了较为充分的阐述，该报告的起草者之一王元化甚至直接认为，"社会主义之所以出现'文革'，很大程度上就是因为忽略了人道主义，忽略了即使在社会主义社会也会发生异化"（马国川，2011：14）。之后的1983年3月16日，周扬的报告在《人民日报》上被全文发表，篇幅几乎填满了第四版和第五版的两个整版，周扬报告的发表，引起了相关同志的关注，当时主管宣传工作的中央政治局委员胡乔木表示："周扬的稿子问题不少，不是删几句就可以的，不宜在《人民日报》发表。"

图 4-1　《人民日报》刊出的《关于马克思主义的几个理论问题的探讨》一文

但是实际上，胡乔木、邓力群对《关于马克思主义的几个理论问题的探讨》一文的批评主要集中在"异化"问题方面，胡乔木本人其实并不否认"人道主义"。其中的证据之一是胡乔木曾对1980年8月15日发表于《人民日报》的《人道主义就是修正主义吗？》一文给予了明确表扬，同时肯定了"马克思主义人道主义"的概念（丁晓平：2011：482）。胡乔木对《关于马克思主义的几个理论问题的探讨》一文的批评，主要集中在文中的观点有混淆学术问题和政治问题的错误倾向。

为了对周扬报告中的一些观点进行澄清，1984年1月3日，胡乔木在中央党校发表了题为"关于人道主义和异化问题"的讲话，随后经过补充和润色，最终的三万字讲稿经邓小平审阅并批示，在1984年1月27日的《人民日报》和1984年的第二期《红旗》杂志上被分别发表。同样在1984年1月，人民出版社出版了《关于人道主义和异化问题》的单行本，首印10万册，由各省市人民出版社陆续通过各地新华书店向全国发行，该书最终发行量巨大，在全社会引发了普遍关注。同年3月和4月，红旗出版社和中国人民大学出版社又分别出版了该书的学习辅导材料《<关于人道主义和异化问题>一文的注释》和《<关于人道主义和异化问题>学习辅导》，分别首印27.3万册和47万册。

在此之后，中国理论界有关马克思主义和人道主义关系问题的讨论逐步向"主体性""人学理论的体系""社会主义市场经济与人"等领域扩展和延伸（徐敬龙，2016：17）。1985年，北京大学哲学系成立人学研究中心，专门深入探讨"人道主义""异化"等相关问题。同年6月，北京大学出版社出版了该中心的理论研究成果《人道主义和异化问题研究》一书。此外，20世纪80年代初，高清海奉教育部之命编写一套不同于苏联教科书的关于马克思主义哲学原理的教材，1985年至1987年，《马克思主义哲学基础》由人民出版社分上下两册出版，该著作立足于马克思新唯物主义，以现代哲学的认识论转向为核心，系统阐述了马克思主义哲学的基础结构及范畴体系（邹诗鹏，2012：5）。无论如何，在告别与反思"文革"的背景下提出人的价值和社会主义人道主义的问题，具有特别的现实意义，是与改革开放步伐同频共振的。

可以说，经过20世纪70年代末至80年代初有关马克思主义"人性""异化""人道主义"的争论，"人道主义不是资产阶级的专利品，也不是马克思主义论题中的应有之物"这一概念逐渐得到了理论界和学术界的认同，人们普遍认为，马克思的早期著作中实际上已经完成了对费尔巴哈的"清算"，已经完成了从"抽象的人"到"现实的人"的过渡，其中存在着值得深入挖掘的人性的根源。从历史意义来看，批判"阶级论"对"人性论"的遮蔽，在理论上重启人道主义的马克思主义论题，这为人们在社会主义框架下反思"文革"提供了一种可能性，这对改革开放新时期的思想解放是至关重要的。人道主义在此时也早已成为一种社会思潮，持续引发全社会的讨论与共鸣。

（二）《批判哲学的批判》与主体性实践哲学

20世纪70年代末至80年代初被广泛讨论的马克思主义人道主义化议题的背后，实际上隐含着一组"个人"与"社会"的二元对立关系，人们所言说的"人性""异化""人道主义"等讨论话题，实际上是与"社会""大我""集体"等概念相对照的。但是，以马克思主义为资源的人道主义表述，并没有对个体的合法性提供充分的理论阐述；相反，因为沿用经典马克思主义理论，有关"人道主义"的主张恰恰被卡在"大我"和"小我"这一既有价值序列当中（贺桂梅，2010：91）。1983年至1984年，胡乔木在《关于人道主义和异化问题》中对周扬、王若水等人的批判，实际上正是指向了《人是马克思主义的出发点》当中所主张的"从个人需求角度"提出"人的价值""人的目的"的说法，胡乔木（1984：30-33）认为，"离开人民的、社会的需求去宣传'人的目的'，去追求什么'自我设计''自我表现''自我满足'等，势必导致同社会主义格格不入的极端个人主义"；同时他再次强调了"大我"与"小我"、"个人"与"社会"之间的关系。因此可以说，在1983年到1984年之间，人道主义的主张在20世纪80年代遭遇了最严重的一次危机，能否突破马克思主义理论资源的限制，冲破"个人"与"社会"的二元对立话语框架，成为人道主义思潮是否得以延续的重要难题，这一难题正迫切地等待着理论界和学术界的知识分子们破题。

此时，李泽厚携其著作《批判哲学的批判——康德述评》再次登场，[①]1984年6月，

[①] 《批判哲学的批判——康德述评》一书的第一版已于1979年3月出版，由于人道主义言说环境的改变、社会需求的转向，人民出版社于1984年再版了该书，因而此处使用了"再次登场"的说法。

《批判哲学的批判——康德述评》（修订本）由人民出版社出版，该书的出版对于当时的中国文化思想界来说，无疑是一个重要的哲学事件、理论事件或思想事件（李鹏，2015：73）。李泽厚在该书中借由对德国古典哲学家康德的再诠释，创造性地提出了"主体性实践哲学"或"人类学本体论"（李泽厚称"二者异名而同实"）。李泽厚（1985：150）首先肯定了康德哲学的重要价值，认为康德超越了历史上一切唯物论者和唯心论者，"第一次全面地提出了主体性问题"，而这个"主体性"就是李泽厚所理解的"人性"。其次，李泽厚使用了马克思经典理论中的实践观，解释了康德哲学所没有解释的"先验主体"的来源问题，从而将马克思主义与康德哲学结合在了一起。因此，李泽厚通过回到康德所提出的"主体性"哲学论断，一方面批判了20世纪50年代至70年代人们对集体、国家意识的空前强调；另一方面，使"主体"不再是与"社会"对立的"个体"，而成为人类整体的"缩影"，"主体"先验地具有人类整体实践沉淀下来的"认识形式"。（贺桂梅，2010：93）《批判哲学的批判——康德述评》一书对"主体性哲学"的相关阐释，使人们开始从此前"个人"与"社会"的二元对立话语困局中摆脱出来，而事实上，李泽厚的观点也成为"人道主义"的全新表述形式，使得20世纪80年代的人道主义思潮得以顺利延续。

此外，除了《批判哲学的批判——康德述评》一书所涉内容观点对人道主义思潮产生了积极影响之外，从图书出版的角度，该书在20世纪80年代经历再版并多次印刷的现象同样值得关注。特别是对再版时间选择方面的考察，对于理解图书出版与社会思潮之间的关系，理解图书出版子场域与社会思潮上级场域之间的互动关系具有特别的启发意义。

1979年3月，《批判哲学的批判——康德述评》首版由人民出版社出版。正如前文所述，"文革"刚刚结束时，活跃在思想界的是以周扬、王若水、汝信等为代表的党内理论家，讨论的核心议题仍是人道主义的马克思主义，言说空间仍然限于"个人与社会""小我与大我"的二元框架之内，如图4-2所示，根据布尔迪厄的场域理论，此时的"社会思潮场域"处于较为稳定或静止的状态，其对于"图书出版场域"具有一定的压制作用。《批判哲学的批判——康德述评》一书的出版作为图书出版场域当中的一个"行动者"，此时的表现相对保守，虽然李泽厚的哲学思想当时在学术界颇具影响，并在客观上具备对社会思潮产生影响的能力，但是此时其对本场域及上级场域所施加的影响仍然较小。

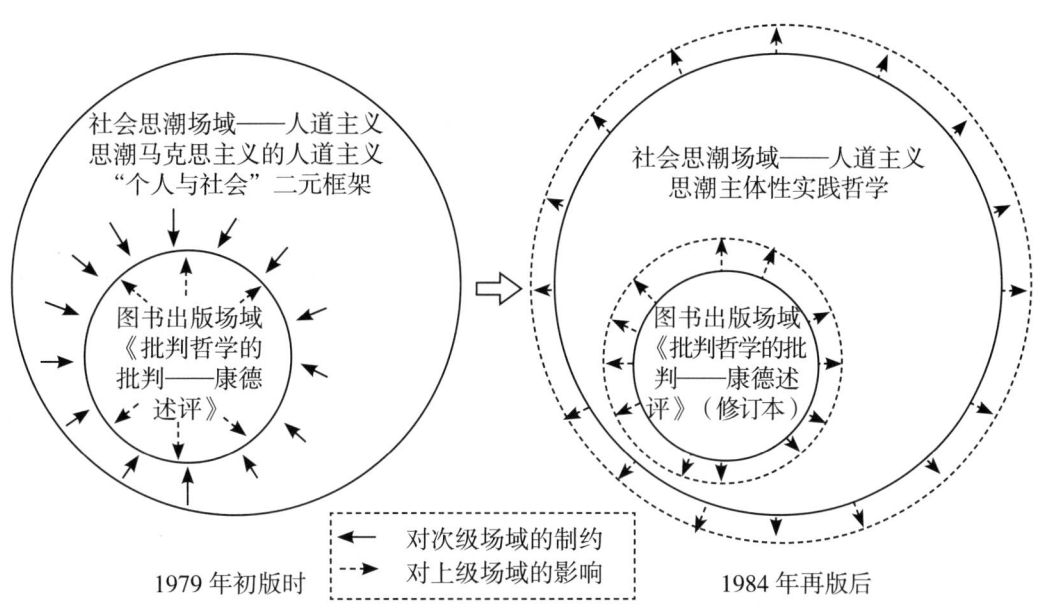

图 4-2　20 世纪 80 年代《批判哲学的批判——康德述评》一书的出版及其对场域的影响

1983 年至 1984 年间，马克思主义的人道主义因被困于"个人"与"社会"的二元叙事框架中而遭到批判，"社会思潮场域"开始由稳定状态向动荡状态过渡；此时，原本处于保守状态的次级场域"图书出版场域"迎来了"变革"的机会，其中的行动者便可以采取更为积极的姿态、更富挑战性的策略以达到影响元场域的目的。而正如我们在现实当中所看到的，人民出版社在 1984 年 6 月适时地、切中要害地将李泽厚的《批判哲学的批判——康德述评》一书再版，1984 年 6 月的《批判哲学的批判——康德述评》（修订本）与 1979 年 3 月的初版相比，字数由 336,000 字增加至 344,000 字，印张数由 14 个印张增长至 14.5 个印张。在该书《再版后记》中，李泽厚写道："这本书初版印三万册，当时我想，完了，大概至少十年不能修订再版了。但是，居然很快卖光，今天还要重印。"李泽厚显然对自己的著作保持了一种审慎的态度，但是实际情况可能比他预想的要乐观：在整个 20 世纪 80 年代，《批判哲学的批判——康德述评》一书的 1984 年修订版至少经历了 1984 年 6 月、1985 年 12 月、1986 年 6 月和 1987 年 4 月的四次印刷，总印量高达 32,050 册，不断重新印刷并投向市场反映了民众对于该书普遍而持续的需求。正是因为《批判哲学的批判——康德述评》（修订本）的出版与发行，彼时的"图书出版场域"对于"社会思潮场域"才产生积极的影响。李泽厚曾在一次访谈中说："我曾再三强调马克思主义应从批判的、革命的哲学转化为创造性的、建设的哲学。当然，我没有得到任何来自官方的授意，完全是个人研究得出的学术结论，而这个结论恰恰和解放思想的时代主题相吻合。"（马国川，2011：52）李泽厚也许正是在一种无意识当中，完成了对人道主义思潮的核心要义的重写，扩充了人道主义的影响半径，引领了大众的价值观念。

（三）20世纪80年代美学著作的出版以及人道主义美学观的形成

1979年，朱光潜发表了《关于人性、人道主义、人情味和共同美问题》一文，从文艺创作和美学的角度讨论了人性和人情等问题。同年，中国社会科学院哲学研究所美学研究室的丛刊《美学》创刊，这是中国当代第一本美学专业刊物。该刊于1979年11月、1980年7月、1981年6月、1982年10月先后刊发四期，由上海文艺出版社以"以书代刊"的形式出版发行——20世纪70年代末至80年代初问世的《美学》丛刊，理所当然地成为20世纪80年代美学热中重要的观点阐扬与学术争鸣之阵地。1980年，《美学》杂志第二期刊登了朱光潜从美学角度选译的《1844年经济学哲学手稿》中的内容，主要包括第一手稿中"异化的劳动"和第二手稿中"私有制与共产主义"等几个重点章节中的关键性段落，其中包括：

> "共产主义就是作为人的自我异化的私有制的彻底废除，因而就是通过人而且为着人，来真正占有人的本质；所以共产主义就是人在前此发展出来的全部财富的范围之内，全面地自觉地回到他自己，即回到一种社会性的（即人性的）人的地位。这种共产主义，作为完善化的（完全发展的）自然主义，就等于人道主义……这整个运动的一般性质就是社会性：正如社会生产出作为人性的人，社会也是由人生产出来的……社会就是人和自然的完善化的本质的统一体——自然的真正复活——人的彻底的自然主义和自然的彻底的人道主义。"（朱光潜，1980：7-8）

图4-3 朱光潜在《美学》第二期对《1844年经济学哲学手稿》的节译

实际上，朱光潜在二十世纪五六十年代的第一次美学热中便开始了对马克思的《1844年经济学哲学手稿》的研究和概述，1980年7月刊发在《美学》丛刊上的节译内容，实则是对他几十年深入思考的总结性呈现。朱光潜认为人性是人类的自然本性，人性与阶级性并不矛盾，文艺和美学要反映人性，要提倡人道主义，因为共产主义就是人道主义与自然主义的统一。朱光潜一再强调马克思的《1844年经济学哲学手稿》论述的出发点即"人性论"，目的在于反驳"文革"中"人性＝社会性＝阶级性"的错误论断，试图以此摆脱极"左"路线的干扰，打破长期以来重门深锁的"人性""人道主义"禁区。朱光潜在1980年对《1844年经济学哲学手稿》进行节译之后，节译内容常常被其他研究者摘引，由此直接引发了美学界持续多年的"'手稿'热"，也随即催生了20世纪80年代初的美学热。但是更为重要的是，朱光潜在20世纪80年代初对"美是什么"的重新定义，即"美是印证或隐喻自由人性的感性符号"（夏中义，2011），实则是从马克思主义的经典原著中剥离出了一个有助于"实践主体性美学"原理构建的文化人类学框架，其"美是人的本质力量的对象化"或"美是人的本质力量的感性显现"的观点也基本得到了20世纪80年代整个中国美学界的认同，这对于助推20世纪80年代人道主义思潮形成、驱动思想解放运动展开有着非凡的意义。

在朱光潜的《1844年经济学哲学手稿》的节译内容发表之后，美学热渐入高潮，一批关于美学研究和讨论的学术著作在20世纪80年代初相继出版，其中包括施昌东的《"美"的探索》（上海文艺出版社，1980年1月）、蒋孔阳的《德国古典美学》（商务印书馆，1980年6月）、李泽厚的《美学论集》（上海文艺出版社，1980年7月）、朱光潜的《谈美书简》（上海文艺出版社，1980年8月）、李泽厚的《美的历程》（文物出版社，1981年3月）、宗白华的《美学散步》（上海人民出版社，1981年5月）、王朝闻的《美学概论》（人民出版社，1981年6月）、刘再复的《鲁迅美学思想论稿》（中国社会科学院出版社，1981年6月）、洪毅然的《大众美学》（陕西人民出版社，1981年7月）、高尔泰的《论美》（甘肃人民出版社，1982年12月）等。这些美学著作的出版为美学热提供了源源不断的理论养料和广阔的讨论空间，一时间，这场美学热的影响几乎遍及了社会的各个角落。

在20世纪80年代美学大讨论当中，李泽厚与高尔泰两位学者的著作和观点尤为值得关注和研究。作为人道主义美学观的代表人物，他们均从马克思的"美是人的本质的对象化"这一论断出发，却在20世纪80年代分别形成了"实践派"的人道主义美学观以及"主观派"的人道主义美学观。

如前文所述，李泽厚在其1979年出版的《批判哲学的批判——康德述评》一书中提出了"主体性实践哲学"和"人类学本体论"，在李泽厚看来，首先，美的核心是人，相较于静止或被动地去欣赏美，人更会积极地改造和创作美，这就是人的"主体性"问题；其次，美的现实与历史根源是人类漫长的实践活动，这就是美的"实践性"问题；最后，美的哲学基础是"自然的人化"，即在人与自然的辩证关系中产生的人性，这就是"人性论"问题。（郭笑天，2012）以上三个方面相互支撑形成了李泽厚颇具人道主义色彩的"主体性实践论"美学观。1981年3月，文物出版社出版了李泽厚的美学著作《美的历程》，该版本在首版之后的十年内又经历了多次再版和印刷，总发行量巨大；除了文物出版社的版本外，仅在20世纪80年代还有中国社会科学出版社1984年7月和1989年11月的两个版本在读者中流传。《美的历程》一书的出版也因该书有广泛及深远的影响力被认为是20世纪80年代美学热中的标志事件之一。而《美的历程》中所传递出的美学观正是沿袭了《批判哲学的批判——康德述评》中的观点，是"主体性实践哲学"在"美学"领域的一次完整预演。在《美的历程》中，李泽厚多次重申了不论是艺术、文学还是美学，都离不开人性与人的命运的观点。可以说，随着《美的历程》的出版，新时期李泽厚的美学体系与美学观更加明晰。

在中国当代各派美学思想和美学体系的研究中，决不能忽视的便是对以高尔泰为代表的"主观派"人道主义美学观的研究。在20世纪的中国美学界，高尔泰常常被视为一个"另类"，他更倾向于将"美"的问题同"人"的问题联系在一起思考。在高尔泰看来，"人和人的解放问题，是马克思主义的中心问题，也是现代美学的中心问题"（高尔泰，1986：1）。"文革"结束后，李泽厚率先在新时期的思想解放运动中提出了"主体性"的问题，"主体性美学"也很快在美学大讨论中得到认可，而高尔泰的"主观性美学"本就强调以审美主体为中心，强调"主体地位的确立是人的自由的前提，也是审美活动得以形成的前提"（高尔泰，1986：125）。在这样的背景下，高尔泰相继出版了两部非常重要的美学著作，分别是1982年12月由甘肃人民出版社出版的《论美》以及1986年12月由人民文学出版社出版的《美是自由的象征》。

与在第一次美学讨论中充分强调"主观性"不同，20世纪80年代的高尔泰更加注重美学的"主体性"，他认为美学的出发点是人，研究的中心是美感。在高尔泰20世纪80年代的美学著作中，他的美学观有着一条更为清晰的逻辑链条，在他看来，"研究美就是研究美感，研究美感也就是研究人，所以美学就是人学，美的哲学也就是人的哲学"（丁枫，1987：39）。在论及朱光潜对于《1844年经济学哲学手稿》的解读时，高尔泰说："'美是人的本质的对象化'这个命题给予我国美学的影响是不可估量的。这一深刻的论断为现代美学的研究提供了一把揭开理论之谜的钥匙。现代美学中存在的许多问题，都可以用这把钥匙打开解决问题的门。"（丁枫，1987：40-42）高尔泰是这样理解马克思主义的，他认为"马克思主义的出发点是人，目的也是人"。现代美学以"人"

为研究对象，以美感经验为研究中心，通过美感经验来研究人，研究人的一切表现和创造物，提出了"自我超越"这一既是人道主义的又是美学的任务。从这个意义上讲，人道主义是没有被意识到的美学，而美学从本质上来说，则应当是被意识到了的人道主义。（高尔泰，1986：100+122）因而，无论是主观性美学还是主体性美学，高尔泰的美学都应该被归纳为人道主义美学，它的出发点、落脚点都是人，即人的解放与自由。并且，相较于李泽厚的同属于人道主义美学的主体性实践美学，高尔泰的美学观则显得更加激进与前卫，因为李泽厚在坚持人的主体性和美的主体性的同时，仍然坚守美的社会性和客观性，而高尔泰并非否认美的社会性，但不承认美的客观性。高尔泰的主体性主观论美学一方面批判了客观论或反映论美学对人的主体性的否定，另一方面又否定了实践性美学对于人的个体性价值的忽略。（卫垒垒，2017）可以说，即使是在改革开放的20世纪80年代，高尔泰的美学观仍然可说是一种"另类"的存在。

但是无论如何，对"人""人性"和"人道主义"的问题的讨论，在20世纪80年代热烈的美学大讨论中已成为一种时代热潮，不停地对时代进行着拷问与反思。李泽厚的分析直指美学热中的核心关键词"人性"与"人道主义"，人道主义的美学观与人道主义思潮也正因此成为20世纪80年代促进社会苏醒与进步的不容小觑的价值符号。

二、文学领域的人道主义思潮

（一）《第二次握手》与人性的复归

"文革"时期的文学，据方厚枢（1987）统计，1966年至1976年的十年间，公开出版的图书只有8,000种，而文学艺术类图书，根据李洪林（1979）的回忆，从先后两期的《开放图书目录》来看，除了自然科学和工程技术类书籍之外，十年中出版问世的文科类图书只有1,000多种。在这种情况下，以"手抄本"形式传阅的文学作品，就成了"文革"时期人们精神世界的重要给养。在这些"手抄本"中，既有革命传奇类小说，如《梅花党破案记》《叶飞三下江南》等，批判现实主义小说，如《九级浪》等，诗歌类抄本《天安门诗抄》《相信未来》等，还有类侦探小说《一只绣花鞋》《绿色尸体》《地下堡垒的覆灭》《一百个美女的雕像》《远东之花》等（彭宏，2016）。其中传阅范围最广也最具影响力的当属张扬的《第二次握手》。

1963年2月，还是中学生的张扬便完成了《第二次握手》的雏形、短篇小说《浪花》，之后经过1964年、1967年、1970年、1974年、1979年等多次改稿，作品名称也经历了由《浪花》到《香山叶正红》《归来》等的多次变动。之后，小说改名为"第二次握手"并于

1979年7月由中国青年出版社出版，字数25万，第一次印数即达30万册。根据媒体报道，《第二次握手》从1979年7月底出版，到10月底不到百天的时间内，全国各地就已经发行了300余万册。（久安，1980）至20世纪80年代末累计发行430万册，到1998年，总发行量达到500万册（吴越，1998），成为新中国60多年来第二大单本畅销小说，仅次于发行700多万册的《红岩》（易图强，2011：232）。《第二次握手》还在1999年被《出版广角》杂志评为"感动共和国的50本书"之一，被伍旭升列入《30年中国最具影响力的300本书》一书。

张扬的《第二次握手》之所以取得超高的关注度和如此积极的评价，是因为小说中对爱情直言不讳的描写，它让国人从长达十数年的感情荒漠中走出。从很大程度上讲，《第二次握手》一书的出版，代表了新时期人性的复归，使人们重新体会到了久违的人性的本真。该书以几位科学家的爱情和事业为主题，以男主人公苏冠兰与女主人公丁洁琼的爱情故事为主要线索，讲述了知识分子之间追求心灵沟通、渴望精神共鸣的爱情故事。以今天的视角来看，虽然《第二次握手》的情节较为简单，表现手法也颇为单一，张扬本人也在《后记》中不无谦虚地称该书是"粗糙"和"拙劣"的，但是这无法掩盖爱情作为人性中最为天然、恒久的部分而散射出的华光。"文革"期间，文学作品中的爱情几乎绝迹，根据有关学者的统计，"文革"十年公开出版的以爱情为主题的图书只有一种，即上海人民出版社于1974年3月引进出版的《美国小说两篇》（包括《爱情故事》和《海鸥》）（易图强，2011：235-236）。这导致20世纪80年代民众反哺式的感情需求的产生，其中另一个典型例子是，生活·读书·新知三联书店于1984年出版的《情爱论》，原本被定位为科普类学术著作，但是正由于题目中的"情爱"字样，该书发行时，全国各地新华书店几乎出现了一抢而空的盛况。当年对《情爱论》进行审读的吴彬有一段回忆非常值得玩味，他说："光看书名和小标题我还有兴趣，那几年但凡和爱情沾边的书都吸引人，刘心武的一篇小说《爱情的位置》就可以引起全社会轰动。等看到内容部分，我很快就昏昏欲睡了，感觉这个保加利亚人怎么把爱情写得像教科书一样。"（郝振省，2009：208-209）伍旭升在《30年中国最具影响力的300本书》的书评中也提到了《第二次握手》中对爱情描写的意义，他说："小说结合了二十世纪五六十年代的理想主义、知识分子的报国情怀以及民间故事中的传奇性爱情故事，以热烈的抒情性、紧张的情节性和跨越中西国家，穿越战火的浪漫爱情，吸引了无数的读者。"（伍旭升、岛石，2009：22）有学者甚至认为，正是因为《第二次握手》的出版时间契合了20世纪80年代解放思想、人性解放的人道主义时代主题，书中苏冠兰和丁洁琼的爱情故事，才具备了更显特别的动人魅力，认为如果小说在五六十年代出版，其反响未必有多大。（王尧，2011）

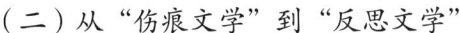

（二）从"伤痕文学"到"反思文学"

文学在历史的每个阶段似乎都能得风气之先，敏锐地把握并反映时代的最新脉动，在人道主义思潮和人性论的鼓荡下，改革开放时期最初几年的文学创作，一大批宣扬人性的文学作品出现，其中首先登场的文学潮流便是"伤痕文学"。

"伤痕文学"的创作高峰期集中在改革开放初期，更加具体来讲应该是1977年年底至1982年的这段时间。以图书出版时间作为维度，1979年6月，中国青年出版社出版了以刘心武的《班主任》为书名的短篇小说集，首印58,000册；1980年4月，百花文艺出版社出版了冯骥才的中篇小说《啊！》的单行本，首印60,000册；同年5月，百花文艺出版社又出版了周克芹的长篇小说《许茂和他的女儿们》，首印160,000册；1980年8月，中国青年出版社出版了叶辛知青命运三部曲之一的《我们这一代年轻人》，首印150,000；叶辛的知青命运三部曲的后两部《风凛冽》和《蹉跎岁月》，分别由中国青年出版社于1981年12月和1982年6月出版，首版印数分别为91,000册和127,000册；1980年11月，花城出版社出版了戴厚英的伤痕小说代表作《人啊，人！》。虽然有些伤痕小说的发表和相关图书的出版在时间上显得稍晚些，比如描写知青在内蒙古农村和牧区插队生活的《血色黄昏》，这部由老鬼创作的长篇小说由于内容描写过于直率而被多家出版社拒稿，直至1987年6月才最终由工人出版社出版，但是实际上这篇小说的创作早在20世纪80年代初即已完成。（刘蒙之，2015：170）以上提到的作品都是"伤痕文学"中当之无愧的代表作，它们从不同角度揭露了人们心灵深处的累累伤痕，引起了全社会的强烈反响和普遍共鸣。

由于1977年年底在《人民文学》发表的《班主任》和1978年8月在《文汇报》发表的《伤痕》所引发的巨大反响，后世的研究者将这两部作品视为"伤痕文学"的开端，张法（1998）认为《班主任》启动了"伤痕文学"，而当《伤痕》将光明主调转变为忧伤主调时，"伤痕文学"的主体才正式确立。毕光明（2002）也赞成这种说法，他认为《班主任》是"伤痕文学"的发端之作，而《伤痕》则给了这种文学潮流以名称。

在文学体裁方面，"伤痕文学"的表现形式多为小说，故有人也将"伤痕文学"称为"伤痕小说"。另外，由于多见短篇或中篇的篇幅体例，很多小说并不具备出版单行本的条件，很多出版社将多位"伤痕派"作家的小说结集成册，出版小说集，比如吉林人民出版社于1979年3月出版的《班主任》，虽然它以最有影响力的《班主任》作为书名，但是实际上书中还包含萧育轩的《心声》、王宗汉的《高洁的青松》、曹鸿骞的《命运》、陆文夫的《献身》、吴强的《灵魂的搏斗》、卢新华的《伤痕》、王蒙的《最宝贵的》和舒展的《复婚》等多部短篇小说作品。再比如1981年8月由北京出版社出版的《追赶队伍的女兵们》一书,共包含了邓友梅的《追赶队伍的女兵们》、刘克的《飞天》、陈世旭的《小镇上的将军》和中杰英的《罗浮山血泪祭》四部中篇小说作品。到了20世纪80年代中后期,一些出版社还将"伤痕小说"名家的中短篇作品汇总到一起,出版了一批文选或文集,比如由河南人民出版社出版的"中国现当代著名作家文库",海峡文艺出版社出版的"新时期中篇小说名作丛书"等,当然,这些丛书往往不仅包含"伤痕文学"作家作品,还包含后文将要论及的"反思文学""寻根文学"等新时期文学作品。

但是,从某种意义上讲,"伤痕文学"对"文革"的批判和揭露还只是停留在情感的宣泄方面,缺少深入理性的反思。随着对"人性""人道主义"认识的深入,人们逐渐不再满足于从"情"的角度去揭示"伤痕",而是更进一步从"理"的角度去追溯问题背后的"病因",从而在更深层次上审视人的命运和社会历史的关联,在这样的背景下,"伤痕文学"潮流迅速退潮,"反思文学"成为新的文学主流。

"反思文学"承接了"伤痕文学"对"人性"的思考,将叙事的空间拓展得更大,"反思小说"中故事发生的时间也不再仅限于"文革"时期,如张一弓的《犯人李铜钟的故事》讲述的是20世纪60年代的主人公李铜钟一贯抵制"左"倾路线和浮夸风,坚持说实话,办实事、舍身忘己、为民请命的悲剧故事;而鲁彦周的《天云山传奇》讲述的则是20世纪50年代知识分子罗群被打成右派,未婚妻宋薇离他而去,而宋薇的同学冯晴岚在危难时刻与他组成家庭,二人相濡以沫、共渡难关的故事;此外,白桦的《曙光》,小说情节展开的时间更加远离"文革"时期,描述的是中华人民共和国成立前的故事。

就"反思文学"代表作的出版情况而言,鲁彦周的《天云山传奇》于1980年1月由百花文艺出版社出版,首印85,000册;张贤亮的《灵与肉》于1981年5月由百花文艺出版社出版,首印31,000册;古华的《芙蓉镇》于1981年11月由人民文学出版社出版,首印94,500册;张贤亮的《绿化树》于1984年12月由北京十月文艺出版社出版,首印21,500册;张一弓的《犯人李铜钟的故事》于1986年4月由中原农民出版社出版,首印5,000册。由上述出版情况可知,"反思文学"的活跃期较"伤痕文学"长,但随着1985年前后图书市场性质的转变,图书印数呈现较为明显的下降态势。

另外一个值得关注的现象是,20世纪80年代的很多"伤痕小说""反思小说"都被改编成了连环画,尤其是其中的一些短篇和中篇小说,在篇幅上更适合进行连环画的再创作。以张贤亮的短篇小说《灵与肉》为例,在小说出版后的第二年,就出现了两个版本的"戏剧连环画",一个是由中央实验话剧院演出、北京宝文堂改编并出版的版本,另一个是由上海人民艺术剧院二团演出、上海美术出版社改编并出版的版本,首印50万册。1983年,宁夏出版社又出版了一种"手绘连环画",首版印数48,200册。新时期文学以连环画的形式出现,更加符合大众的需求,深得群众的喜爱,内容丰富的连环画是

20世纪80年代人们重要的精神食粮，它也使更多的读者能够参与到"人"和"人性"的讨论中来，从客观上推动了人道主义思潮的发展。

图4-4 《灵与肉》部分连环画版本封面图

"伤痕文学""反思文学"作为"文革"后出现的文学潮流，是中国文化走出"文革"的一个重要环节，它们迎合了社会心理、文艺模式甚至政治实践等多方面的历史诉求，使悲剧和人道主义精神的复归达成了罕见的默契，唤醒了人们心底压抑已久的人性、人格、价值、平等、尊严等基本诉求，同时也为文学界讨论文学主体性做好了必要准备。

（三）刘再复与文学主体性的提出

1985年至1986年，时任中国社会科学院文学研究所所长的刘再复在《文学评论》《评论选刊》等刊物上连续发表《论文学的主体性》《文学研究应以人为思维中心》《文学的反思和自我超越》等文章，旗帜鲜明地提出"文学的主体性"问题。随后，刘再复将自己有关"文学主体性"的思考进行整理和拓展，于1986年7月在上海文艺出版社出版了《性格组合论》一书。该书出版后，很快在社会上引发强烈反响，自1986年7月首版首印23,000册后，在不到一年的时间内，又至少重印了4次印刷。至1987年3月第5次印刷时，平装本总印数达到319,000册，精装本也已累计印刷3,300册。据刘再复本人回忆，在当年《性格组合论》的签售现场，"读者实在太多，桌子都快被挤倒了"，由于销售过于火爆，售书活动不得不提前结束。（马国川，2011：124）该书还在《博览群书》《编辑之友》《书林》《杂家》《编辑学刊》《文汇读书周报》联合发起的1986年首届图书"金钥匙"奖评选活动中获奖，在当年评出的50本获奖图书中，《性格组合论》以5,255票高居第11位。（编辑之友，1988）《经济观察报》记者马国川在谈及刘再复和"文学主体性"对自身的影响时曾说："刘再复有关文学主体性的理论，在当时我的内心引起的震动迄今记忆犹新。一本《性格组合学》让我懂得了，文学不只是抽象的概念，还是人性的表达。抽去了人性，所谓的文学就是宣传品。我至今仍然坚信，刘再复构建的'文学主体性'理论，是建国以来对一系列文艺思潮深刻反思后的呐喊和呼唤。"（马国川，2011：115-116）

刘再复主张要推倒苏联反映论的创作模式，强调人性与个体、个体灵魂的活力、回归作家的本位。而在今天看来，文学主体性理论的表述应该被视为 20 世纪 80 年代前中期诸多流行的"新"理论语言的汇聚与混杂（贺桂梅，2010：106）。其中有马克思主义人道主义化的影子，有李泽厚主体性实践哲学的强烈印记，有 20 世纪 50 年代"文学是人学"的既有表述，还包含 20 世纪 80 年代中期刚刚流行开来的方法论。其中特别要提到的是，刘再复的"主体论"实际上是李泽厚"主体性哲学"的简译版，他将李泽厚所言的"外在的"工艺—社会结构与"内在的"文化—心理结构转译为外在的"实践主体"与内在的"精神主体"，并直截了当地强调"精神主体"的价值和作用。刘再复提出人的精神世界是"第二宇宙"，认为"主体性就是人之所以成为人的那种特性，它既包括人的主观需求，也包括人通过实践活动对客观世界的理解和把握"（刘再复，1986：3）。有人认为刘再复的"主体论"代表的是人道主义思潮当中"强调人的价值""呼吁把人当人看"的最基本的人性论主张，认为其"文学的主体性"是对李泽厚"主体论实践哲学"的一次"取其精华"的大偏移，是一种"通俗版"的主体论。但从另外一个层面看，正是由于将难以理解的哲学问题简单化，将抽象的问题具体化，《性格组合论》才会如此畅销，就像最广泛的普通大众从连环画中了解"伤痕文学""反思文学"一样，老百姓正是从刘再复通俗版的"主体论"中再次理解了人性的复归，再次体会到了人道主义的力量。

三、20 世纪 80 年代图书出版与人道主义思潮的相关性回归分析

（一）人道主义思潮相关图书样本的选取

为了比较 20 世纪 80 年代图书出版与人道主义社会思潮之间的相关性，笔者在本章的研究中尝试使用立意抽样的方式选取 100 个与人道主义思潮相关的图书样本，由于前文已经得到了能够表征人道主义思潮走向的讨论文章，这些文章来源于中国知网数据库，而该数据库是从 1979 年 1 月开始统计的，故在图书样本选择方面，时间界限也相应地框定在 1979 年 1 月—1989 年 12 月的 11 个年份、132 个自然月当中，重点关注图书样本的出版时间。

在 100 个图书样本当中，如表 4-1 所示，有关马克思主义 / 人道主义争论的图书 25 种，哲学与美学研究的图书 19 种，"伤痕文学""反思文学"相关作品 46 种，文学主体性研究图书 3 种，其他人道主义思潮相关图书 7 种，图书样本详情见本书附录《表 1 20 世纪 80 年代人道主义思潮图书样本详细列表》。

表 4-1　20 世纪 80 年代人道主义思潮 100 种相关图书类目统计

类目	马克思主义/人道主义争论	哲学与美学研究	"伤痕文学""反思文学"	文学主体性研究	其他
数量（种）	25	19	46	3	7

（二）以年份作为维度的相关性对比

为进行更加全面的相关性分析，笔者欲将两组数据置于较为宽泛的"年份维度"，以考察"图书出版时间"与表征人道主义思潮的"讨论文章发表时间"之间的关系。根据前文所述，以 20 世纪 80 年代人道主义思潮最相关 TOP5 词汇"人道主义""马克思主义异化""伤痕文学""美学热""文学的主体性"作为关键词，在中国知网数据库检索得到 1979 年 1 月 1 日至 1989 年 12 月 31 日的讨论文章共有 856 篇，各年份文章发表数量情况见表 4-2。

表 4-2　1979—1989 年各年份人道主义讨论文章数量统计

年份	1979	1980	1981	1982	1983	1984	1985	1986	1987	1988	1989
数量（篇）	23	34	57	62	114	129	55	85	78	97	122

笔者在对 1979—1989 年人道主义思潮相关的 100 种图书的首次出版时间进行统计后，又整理出各年份图书出版数量，见表 4-3。

表 4-3　1979—1989 年各年份人道主义图书样本出版数量统计

年份	1979	1980	1981	1982	1983	1984	1985	1986	1987	1988	1989
数量（种）	4	7	8	6	14	20	8	11	7	6	9

由图 4-5 可以清晰地看出，1979 年至 1989 年，柱状图所代表的"人道主义思潮相关图书出版量"与折线图所代表的"讨论文章发表量"呈现明显的相关性。具体来看：（1）1979 年至 1985 年，由于马克思主义的人道主义、马克思主义异化问题讨论的深入，以及"伤痕小说""反思小说"的不断出版，人道主义相关图书的出版以及关于人道主义的讨论文章整体呈现走高态势。（2）1983 年至 1984 年，人道主义思潮发展曲线来到了 20 世纪 80 年代的最高点，而后急剧下降，其中的原因恐怕至少有两点，一是由于 1983 年是马克思逝世一百周年的特殊年份，一批文章和图书集中完成了发表或出版，1983 年年底，官方介入了马克思主义人道主义问题，从客观上推动了人道主义思潮的转向；二是 1985 年开始的文化热使全社会的关注点逐渐发生分化，这也促成了人道主义图书出版

数量和文章发表数量两项数据在1984年至1985年出现下降趋势。（3）在20世纪80年代的最后一年，图书出版数量明显低于思潮讨论文章发表的数量。

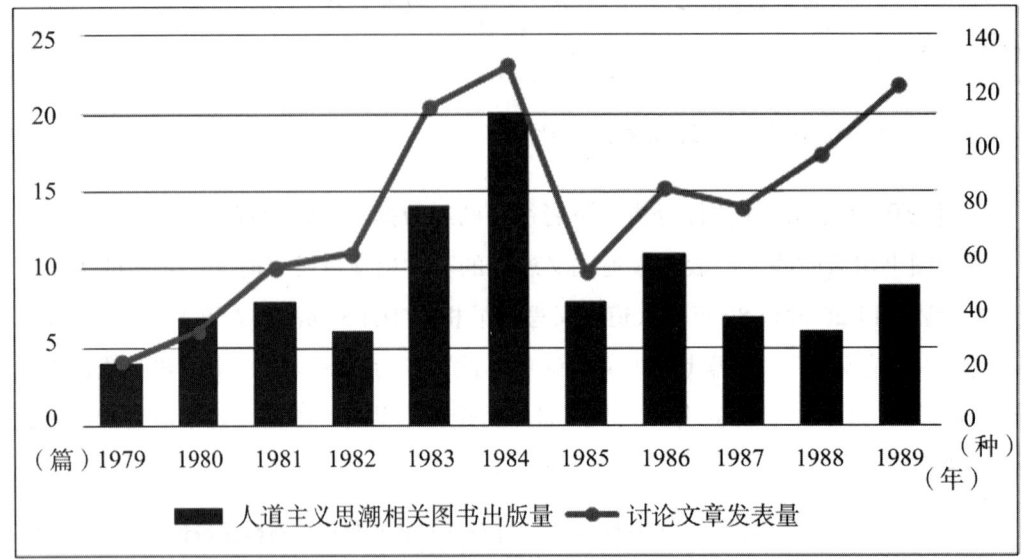

图4-5 1979—1989年人道主义思潮相关图书出版量与讨论文章发表量的相关性趋势图

（三）以月份作为维度的回归分析

为完成精度更高、更具信度的相关性分析，笔者在以自然年作为考察维度的基础上，将继续使用SPSS分析软件对图书出版数量与讨论文章发表数量从1979年1月—1989年12月132个月的月度分布数据进行一元线性回归分析。图书出版数量月度分布详见本书附录《表1 20世纪80年代人道主义思潮图书样本详细列表》，讨论文章发表数量的月度分布数据见表4-4。

表4-4 1979年1月—1989年12月人道主义相关讨论文章发表数月度统计

年份 月份	1979	1980	1981	1982	1983	1984	1985	1986	1987	1988	1989
1月	0	2	4	0	6	8	2	1	5	3	7
2月	0	0	1	0	2	4	0	3	1	1	3
3月	1	9	8	10	11	40	7	4	15	13	13
4月	6	4	6	8	13	28	6	13	12	19	12
5月	1	0	6	19	15	8	10	9	10	2	17

(续表)

月份\年份	1979	1980	1981	1982	1983	1984	1985	1986	1987	1988	1989
6月	3	10	4	5	16	16	5	10	6	12	16
7月	5	0	5	2	18	4	5	4	6	13	12
8月	2	1	4	6	17	3	5	9	4	7	12
9月	1	1	1	1	9	6	0	1	2	3	0
10月	2	1	7	5	4	3	9	12	6	7	12
11月	0	0	3	1	3	1	0	2	2	3	3
12月	0	6	8	5	10	8	6	17	9	13	15

一元线性回归是描述两个变量之间相关关系的最简单的回归模型，自变量与因变量间的线性关系的数学结构通常用如下公式表示。

$$Y=\beta_0 + \beta_1 x+\varepsilon$$

其中两个变量 y 与 x 之间的关系用两部分描述：一部分是由 x 的变化引起 y 线性变化的部分，即 $\beta_0 + \beta_1 x$；另一部分是由其他一切随机因素引起的部分，记为 ε。该公式确切地表达了变量 x 与 y 之间的密切关系，但密切的程度又没有达到 x 唯一确定 y 的特殊关系。

表 4-5　模型检验 A

Source	Source SS	df	MS	Number of obs	=	132
				F（1，130）	=	4.520
Model	165.653	1	165.653	Prob > F	=	0.035
Residual	4761.157	130	36.624	R-squared	=	0.034
				Adj R-squared	=	0.026
Total	4926.811	131	37.609	Root MSE	=	6.052

从表 4-5 可以看出，通过对"图书出版月度分布数值"和"文章发表月度分布数值"的比对，回归方程 F 值为 4.52，其 P 值为 0.035，小于 0.05，通过显著性检验，拟合优度 r^2 为 0.034。

表 4-6　回归结果 A

讨论文章数量	系数	标准差	t统计量	P值
出版图书种数	1.499	0.705	2.130	0.035
_cons	5.641	0.675	8.360	0.000

进一步讲，由表 4-6 可知，出版图书种数在 5% 的显著性水平下通过显著性检验，出版图书种类每增加 1 个单位，讨论文章数量增加 1.5 个单位。这充分说明在 20 世纪 80 年代的人道主义思潮的形成与发展过程中，图书出版与社会思潮是有着较强的相关性的，并且图书出版对于社会思潮具有一定的引领作用。

第五章　20世纪80年代图书出版与科学主义思潮

如前文所述，刘青峰、许纪霖等学者认为，20世纪80年代的科学主义应该可以分为"唯物论科学主义"和"经验论科学主义"两种表现形态：前者流行于20世纪70年代末至80年代初，以"生产力是衡量社会进步的唯一标准""科学技术是第一生产力"为标志性口号和主要特征，更倾向于将科学理解为科学知识，重视科学知识的普及和教化；后者则更强调科学的方法，以20世纪80年代中后期文化热中主要派别之一的走向未来派的科学主张为典型代表。在本章，笔者尝试按照从"唯物论科学主义"到"经验论科学主义"的顺序，对首届科学大会后科学读物的出版，《第三次浪潮》《大趋势》的出版与未来学的兴起，金观涛、刘青峰所著《兴盛与危机——论中国封建社会的超稳定结构》的出版引起的方法论热，"走向未来丛书"的出版与科学主义精神的讨论等典型事件进行重点分析，以点带面地梳理20世纪80年代图书出版与科学主义思潮之间的关联。

一、20世纪80年代的"唯物论科学主义"

（一）对马克思科学观的重新认识及相关出版成果

在马克思的一生中，他不仅对人类社会发展规律进行了深刻总结，完成了诸多哲学和社会科学领域的理论著述，而且以自然界和科学技术为对象进行了大量研究，对其演变历史进行了系统考察，阐述了许多重要思想。这些关于自然科学和自然辩证法的研究活动及思想，一部分被集中记录在他重要的著作当中，如《资本论》《政治经济学批判大纲》《自然辩证法》《机器。自然力和科学的应用》等；另一部分散见于有关信件、回忆录、传记等文献资料当中。1848年，《共产党宣言》发表之后，马克思开始对政治经济学进行系统研究，在此后的近15年里，马克思写出了《政治经济学批判大纲》，而后又在1958年至1959年间，在《政治经济学批判大纲》的基础上完成了《政治经济学批判》这一重要著作的创作。在上述著作中，马克思对科学技术的生产力属性进行了明确的理论分析，提出了"生产力里面也包括科学"的著名论断，他说："正像价值转变为资本的时候那样，在资本继续的发展上也显示出：资本一方面是以生产力一定程度的历史发展为前提的——在这些生产力里面也包括科学在内。"（马克思，1857/1979：29）1867年，《资本论》定稿出版，在这一系统阐述马克思主义政治经济学理论的巨著中，马克思在《机器与大工业》等重点章节详细论述了"科学是生产力""科学推动生产力发展""生产力会随着科学的不断进步而不断发展"的思想。恩格斯曾经这样总结马克思的科学观，他说："没有一个人能像马克思那样，对任何领域的每个科学成就，不管它是否已实际应用，都感到真正的喜悦。他把科学首先看成是历史的有力杠杆，看成是最高意义上的革命力量。"（马克思、恩格斯，1965：372）

中国共产党始终重视将马克思主义科学观与中国实际相结合，不断推动马克思主义中国化的持续发展，中华人民共和国成立后，为了迅速扭转旧中国科学技术水平低下、科技力量薄弱等局面，提出了"人民科学"的指导思想，在20世纪50年代中期，又向全国发出"向科学进军"的号召，提出了"百家争鸣"的方针。但是，随着"大跃进"运动的到来，全国上下陷入了对科学技术的盲目崇拜当中，致使浮夸风盛行、伪科学频出。20世纪50年代末60年代初，当党和人民开始有意识地纠正"大跃进"当中的一些错误科学观时，又发生了"文化大革命"。

"文革"结束后，党和国家迅速对马克思关于科学作用的思想进行了重新认识和评估，及时对科学观进行了反思和重塑。1977年8月4日，时任中共中央副主席、国务院副总理的邓小平邀请了部分科学工作者和教育工作者举行座谈会，会上，邓小平明确指出我国科研能力已经远远落后于苏联和美国等发达国家，"科学是历史上起推动作用的、革命的力量"这一马克思主义基本观点已被忽略。同时，邓小平强调"实现四个现代化，实现赶超任务要从科研、教育着手"（李昌，2001/2005：89）。邓小平在科学和教育工作座谈会上的讲话，表明党和国家已经充分认识到，正在世界范围内迅速展开的新科技革命力量强大，它催促着党和国家尽快扭转"文革"带给科学事业的不利影响。1978年3月18日至31日，经过近一年的筹备，首届全国科学大会在北京召开，这次大会明确了"生产力包括科学""科学技术就是生产力"等论断。除此之外，邓小平还重点强调了"四个现代化"的建设目标，他说："四个现代化，关键是科学技术的现代化。没有现代化的科学技术，就不可能建设现代农业、现代工业、现代国防。没有科学技术的高速发展，就不可能有国民经济的高速发展。"（邓小平文选·第二卷，1994：86）从某种意义上讲，将科学技术的现代化作为"四个现代化"的关键点与突破口，同样应该视为是对马克思主义科学观的继承，这一判断是依据不同的历史现状与特殊国情，对马克思的"科学是历史的有力杠杆""是最高意义上的革命力量"等思想的恰当理解和有力发扬。

在这一阶段，为了使人们能够更好地重新认识和理解马克思有关科学作用的观点和思想，一系列相关图书被集中出版，其中就包括人民出版社于1978年1月出版的《机器。自然力和科学的应用》，于1978年10月出版的《坚持马克思主义的科学态度》，于1979年6月出版的《马克思恩格斯列宁斯大林论科学技术》，于1982年4月出版的《马克思恩格斯与自然科学》以及吉林人民出版社于1983年10月出版的《马克思恩格斯与科学技术》等著作。其中，《机器。自然力和科学的应用》一书是马克思《1861—1863年经济学手稿》的一部分，同时该著作也是《资本论》中《机器与大工业》一章的蓝本和基础。正如前文提到的，马克思在《资本论》中《机器与大工业》这一重要章节，专门论述了"科学就是生产力"的思想，就自然科学对生产力发展的推动作用进行了多次分析。因而，作为马克思主义科学观的经典著作，《机器。自然力和科学的应用》在1978年年初的出版成为"文革"后社会各界与马克思主义科学观重新连接的重要桥梁。除此之外，人民出版社于同年10月出版的《坚持马克思主义的科学态度》收录了《光明日报》特约评论员、《人民日报》特约评论员等评论家所作的文章；而《马克思恩格斯列宁斯大林论科学技术》《马克思恩格斯与自然科学》《马克思恩格斯与科学技术》等著作则主要是对马克思、恩格斯毕生所著的文章中有关科学技术思想的搜集、整理和总结，它们的出版对人们系统了解马克思、恩格斯的自然科学研究活动以及马克思主义科学观的形成具有很大的辅助作用。

总体来看，"文革"结束后，党和国家对马克思关于科学作用的观点和思想的再认识与再评价，既是对20世纪世界范围内方兴未艾的新科技革命浪潮的有效回应，又是立足于我国当时薄弱的科技基础和落后的经济发展水平所做出的正确抉择。可以说，邓小平推进中国科学技术快速发展的计划是破解彼时中国经济、社会诸多难题的关键，是实现"四个现代化"战略目标的重要切入点。新时期对马克思主义科学观的重新认识是邓小平科学技术思想乃至邓小平理论的重要组成部分，是党和国家对马克思、恩格斯、列宁及毛泽东等人科学技术思想的进一步深化和升华（秦书生，2016：61）。

（二）由首届全国科学大会引发的"科学出版热"

1978年3月18日至31日，首届全国科学大会在北京召开。邓小平在大会上阐述了科技在社会发展中的地位和作用，提出了"科学技术是生产力"这一著名论断，指出"四个现代化关键是科学技术的现代化"（邓小平文选·第二卷，1994：86）。同年3月24日，邓小平主持大会，时任中共中央主席、国务院总理华国锋作出题为"提高整个中华民族的科学文化水平"的讲话，号召"全国人民向科学技术的现代化进军"。3月31日大会闭幕前，播音员宣读了郭沫若的一篇名为《科学的春天》的著名讲稿，讲稿中"科学的春天"这一画龙点睛式的提法不仅凸显了会议的历史意义,还成为很多人对这段历史的共同回忆。通过本次会议,我国科技事业在"文革"后终于迎来了"科学的春天"。这次意义重大的会议一方面大大激发了广大科学战线上的工作者的热情,另一方面也使科学文艺创作和与之相关的出版活动迎来了繁荣,全国上下很快形成了一种崇尚科学的社会风气。

1979年,两种同以"科学的春天"为书名的科学家报告文学集分别由北京出版社和百花文艺出版社出版。北京出版社版本的《科学的春天》于1979年7月率先出版,其中的内容是出版社在全国科学大会期间及会后采访部分科学家的文章,包括杨志杰采写的《探索生命的长征——记生物学家童第周》、张韧的《数学与人民——记数学家华罗庚》、张炯的《向光明的中国前进——记核物理学家钱三强》、刘心武的《飞吧,祖国——记工程热物理学家吴仲华》等文章,该书中的报告文学作品以文学的笔法形象生动地阐述了11位科学家不平凡的生活道路、严肃的治学态度以及在我国科学事业中做出的卓越贡献。该书首印10万册,在全社会引发了强烈反响,以科学家为描写对象的报告文学集印数之大,在今日是不可想象的。1979年8月,百花文艺出版社版本的《科学的春天》同样引发了读者们的普遍关注,这本报告文学集中包括此前已经轰动全国的作品《哥德巴赫猜想》,这篇文章最早被发表在1978年第一期的《人民文学》杂志上,它是著名作家徐迟深入中国科学院,采访青年数学家陈景润后撰写的作品(王杨宗,2018)。通过这篇报告文学,陈景润勇攀数学高峰的形象很快被科学界和普通群众所熟知,陈景润成为全国上下家喻户晓的科学明星,他鼓舞了年青一代追求科学和探索真理的热情。与现世少年们拥有多样化的人生理想不同,20世纪80年代出生的人们,中小学阶段在被问及长大后的理想时,他们的回答都是"我要当一名科学家",由此可见,20世纪80年代早期的科学热所产生的社会影响之深远。

科学热所产生的广泛影响甚至可以在《第二次握手》一书的热销当中寻觅到踪迹,有学者认为《第二次握手》能成为超级畅销书,其实是"人性的呐喊"和"以科学家为题材"等多重因素耦合的结果;认为《第二次握手》之所以能获得全社会的高度关注,能赢得广大读者的追捧,与其以科学家为原型、以科学家的事业和生活为题材是分不开的(易图强,2011:232-233)。

除了报告文学的出版,与全国科学大会所引发的科学热相呼应的,还有科幻小说、科普读物、科学童话、科学诗歌集甚至科学相声集的出版,其中较为引人注目的,是科学普及出版社出版的一系列科普读物,其中包括1980年3月出版的《董纯才科普创作选集》,1980年至1984年出版的《高士其科普创作选集》(上下册),1981年3月出版的《竺可桢科普创作选集》,科学普及出版社与江苏科学技术出版社于1980年4月共同出版的

《戴文赛科普创作选集》，与福建科学技术出版社于1981年8月共同出版的《贾祖璋科普创作选集》等。这些科普创作选集的作者有的本身就是著名科学家，比如中国近代地理学和气象学的奠基人竺可桢院士、天文学家戴文赛等；有的则是专门进行科普创作的作家，比如擅长写生物科学小品的贾祖璋。

20世纪80年代初期的科学出版物不仅使全民重新拾起了对于科学技术的兴趣，而且相关议题讨论的持续升温直接导致了讨论内容的不断深入，为即将到来的未来学热、方法论热打好了基础，创造了条件，推动了科学主义社会思潮在20世纪80年代的产生和持续发展。

二、20世纪80年代的"经验论科学主义"

（一）《第三次浪潮》《大趋势》的出版与社会思潮的转向

1983年至1984年，两种在20世纪80年代极具影响力的"未来学"图书《第三次浪潮》和《大趋势》在中国相继出版，它们作为改革开放初期的启蒙读本，成为我国图书出版发行历史上的现象级超级畅销书。

《第三次浪潮》一书最早由生活·读书·新知三联书店在1983年3月出版，原著作者为美国著名未来学家阿尔温·托夫勒，中译本由朱志炎、潘琪和张炎三人合译。托夫勒的《第三次浪潮》一书共有27章，作者以科学技术的突破和运用为标志，把人类社会划分为三个阶段：以农业革命为代表的"第一次浪潮文明"，以工业革命为特点的"第二次浪潮文明"和以信息革命为特征的"第三次浪潮文明"。托夫勒认为，随着"第三次浪潮"的发生和发展，人类原本的工业体系将被无情地摧毁，人类社会和人类文明将进入一个崭新的时代。该书自1983年3月首次面世至1989年年末，不到七年间，共经历了两个版次的四次印刷，前三次的印数分别为1983年3月的9500册、1984年2月的2万册和1984年5月的10万册，①据相关学者统计，截止到1988年8月，《第三次浪潮》发行总量已达80万册（徐丽芳、吴永贵，2001：69）。

约翰·奈斯比特同为美国未来学的著名学者，他的代表作《大趋势》（*Megatrends*）分别由中国社会科学出版社和新华出版社几乎在同一时间翻译出版。1984年2月，中国社会科学出版社的版本率先面世，由梅艳担任翻译，中文名为《大趋势：改变我们生活的十个新方向》，首版印数15万册；当年6月，新华出版社出版了由孙道章、路林沙、

---

① 《第三次浪潮》一书在20世纪80年代的第四次印刷时间为1984年12月，但是本次的印数并未在版权页上公布。

王金余、方乐颜四人合译的版本,书名与中国社会科学出版社的略有不同,为《大趋势:改变我们生活的十个新趋向》,首版印数20万册。在《大趋势》书中,奈斯比特认为美国社会正处于新旧交替的蜕变期,这种蜕变是从十个重要的结构改革层面分别展开的,而通过这十个改革层面可以清晰地预测美国甚至世界发展的新方向。就《大趋势》一书在中国的影响力而言,以中国社会科学出版社的版本为例,1984年2月首版首印之后,当年又重印五次,总印数达到54万册,成为当时国内最有影响力的畅销书之一(伍旭升、岛石,2009:90);而1984年排在全国畅销书第二位的,竟然是一本被称为"中国版大趋势"的《中国的大趋势:温元凯谈改革》①,可见彼时的人们对于"趋势预测"这一命题的追捧。

那么,在1983年至1984年间,人们为何突然对未来学著作表现出如此浓厚的兴趣?人们为何几乎在一夜之间都不约而同地关心起有关明天和未来的话题了呢?彼时,"文革"后各个领域的拨乱反正工作均已完成,社会各界从对"文革"深刻反思逐渐转向对改革方向的努力追寻上,中国该向何处去,世界要向何处去,中国在世界舞台上所处的位置和扮演的角色等诸多问题成为人们关注的核心议题。在这样的语境下,《第三次浪潮》和《大趋势》恰如其时地出现了,托夫勒和奈斯比特所描述的变革趋势在让人们感到动荡和不安的同时,也使人们可以毫无约束、畅快淋漓地想象一个无限广阔的未来,人们突然感觉到一种强烈的历史责任感和机遇感。有人曾说,托夫勒并没有给中国带来直接的财富,但是他给了人们一个梦想和实现梦想的方法。

另外,笔者以布尔迪厄的场域理论作为视角来分析1983—1984年间科学类图书的出版,这对本书的研究也颇具价值。如图5-1所示,在1983年之前,社会元场域处于较为稳定的状态,"人性""人格""人道主义"仍然是彼时人们讨论和关注的主要问题,思想解放运动中的"人道主义思潮"占据了社会元场域中的支配地位。而到了1983年至1984年,如前文所述,人们所关注的议题开始向"中国改革开放的方向"方面转变,社会元场域因此逐渐由稳定状态向不稳定状态过渡,此时图书出版场域中"科学类图书出版"的行动者表现出了激烈的反叛性,抓住机会推出了《第三次浪潮》《大趋势》等未来学图书,并继续推出以科学主义为特征的"走向未来丛书",以此适应和迎合人们对未来的新需求和新憧憬,为中国的改革与现代化提供可能的解决方案。通过这种积极的"颠覆策略",图书出版场域开始对社会元场域中的社会思潮产生影响,科学主义思潮逐渐占据支配地位,社会元场域也因此逐渐回归稳定状态。

---

① 《中国的大趋势:温元凯谈改革》一书为当年"全国畅销书第二位"的说法,来自温元凯本人的自述,详见马国川《我与八十年代》一书(生活·读书·新知三联书店2011年版)的第156页。

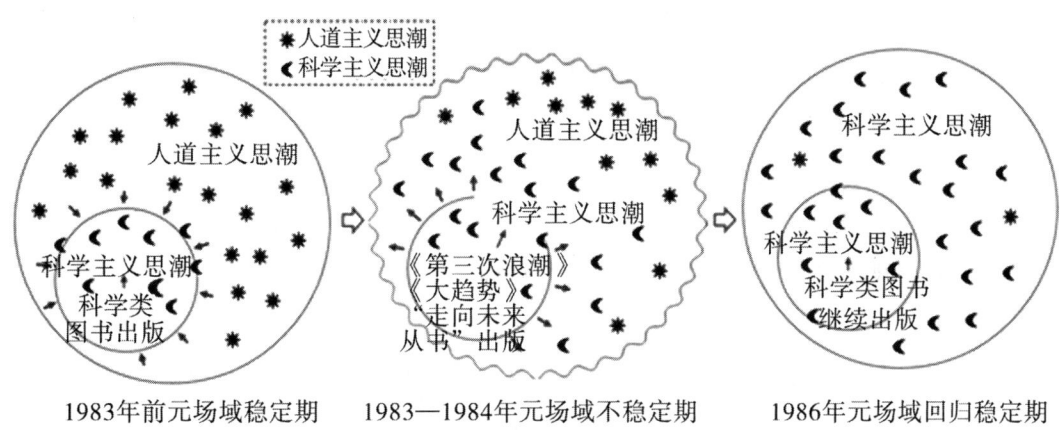

图 5-1　1983—1984 年间科学类图书出版对社会场域的影响示意图

对于亲身经历过 20 世纪 80 年代的知识分子来说,《第三次浪潮》和《大趋势》无疑是他们的必读书目,阿尔温·托夫勒和约翰·奈斯比特在用自己独特且精准的眼光对这个世界的未来进行预测的同时,他们的思想以及思维方式也启蒙着大洋彼岸的知识分子们。进一步讲,《第三次浪潮》和《大趋势》在中国的出版,不仅使得未来学开始得到前所未有的关注,而且由此在民众中迅速形成的亲科学态度也提升了 20 世纪 80 年代科学主义思潮在中国的影响力。从某种意义上讲,正是《第三次浪潮》和《大趋势》的出版,加之稍后"走向未来丛书"第一批、第二批图书的出版,1985 年至 1986 年才被知识界普遍称为具备"经验论科学主义"症候的"方法论年",在 20 世纪 80 年代中期,随着方法论热议的继续和文化热的开始,中国的社会思潮开始发生明显转向。

(二)金观涛、刘青峰所著《兴盛与危机——论中国封建社会的超稳定结构》的出版与"方法论热潮"

1984 年 4 月,由金观涛、刘青峰这对学术伉俪合著的《兴盛与危机——论中国封建社会的超稳定结构》一书由湖南人民出版社出版,该书的简写版《在历史的表象背后:对中国封建社会超稳定结构的探索》作为"走向未来丛书"第一批图书之一于 1983 年 12 月由四川人民出版社出版。在《兴盛与危机——论中国封建社会的超稳定结构》和《在历史的表象背后:对中国封建社会超稳定结构的探索》当中,金观涛和刘青峰开创性地使用系统论、控制论等研究方法以及一些数学模型,尝试得出中国古代社会为何长期延续封建专制统治的原因。在以上提到的著作中,金观涛和刘青峰提出了一个在当时看来颇具颠覆性的史学观点,认为中国社会处在一个"超稳定结构形态"当中。《兴盛与危机——论中国封建社会的超稳定结构》和《在历史的表象背后:对中国封建社会超稳定结构的探索》在社会上流传甚广、影响颇深，当时的年轻大学生几乎人手一册，《在历史的表象背后：对中国封建社会超稳定结构的探索》还在20世纪末被《新周刊》杂志评选为"20年来最有影响的20本书"之一（新周刊，1998）。

但是，正如前文所述，与金观涛和刘青峰带有明显隐喻意味的史学观点相比，他们将自然科学的研究方法引入社会科学的做法更令学界震撼，产生的影响力自然更大。这一点从中国知网数据库当中便能看出端倪：将检索条件设定为"主题"或"关键词"，然后键入"超稳定结构"或"稳定结构"，通过检索，笔者发现，在中国知网多个数据库当中，1984年1月31日至1986年12月31日之间的文章数量只有7篇；而将键入内容更换为"新三论"或者"三论"，检索条件和时间范围均不变，则可检索到154个结果，其中除了有对"新三论""老三论"的介绍和批判的文章外，其他文章主要就是阐述新研究方法在文学、史学、语言学、法学等人文社会学科领域的应用和讨论。其中，"老三论"指系统论（Systems Theory）、控制论（Control Theory）和信息论（Information Theory），系统论和控制论是金观涛和刘青峰在《兴盛与危机——论中国封建社会的超稳定结构》中所使用的主要方法；而"新三论"则包含耗散结构理论（Dissipative Structure）、协同论（Synergistics）和突变论（Catastrophe Theory）。从"三论"的历史源流和具体内容来看，自20世纪30年代起，美籍奥地利生物学家冯·贝塔朗菲便开始专注于"一般系统论"的研究，他的目的和出发点是将自然界和人类社会中的研究对象都当作一个完整的系统进行考察，通过对系统的性质、运作方式、动能和效果的观察和概括建立起一套普遍的系统原则，而这一套原则将能够解释多种复杂的系统模式。1968年，冯·贝塔朗菲的专著《一般系统论：基础、发展和应用》（*General Systems Theory:Foundations,Development,Applications*）出版，该著作总结了一般系统论的概念、方法和应用案例，成为该研究领域的奠基性著作。该著作于1987年分别被社会科学文献出版社和清华大学出版社的两组人马译介至国内（如图5-2），成为20世纪80年代国内自然科学和人文社会科学研究过程中研究者们的重要参考文献。除此之外，由拉维奥莱特在1981年主编的冯·贝塔朗菲的论文集《人的系统观》（*A Systems View of Man*）的中译本也由华夏出版社作为"二十世纪文库"中的图书于1989年出版（如图5-2），以冯·贝塔朗菲学说为代表的西方经典方法论译著在国内的出版和传播，为20世纪80年代"方法论热潮"的形成和发展提供了最基础的学术给养。

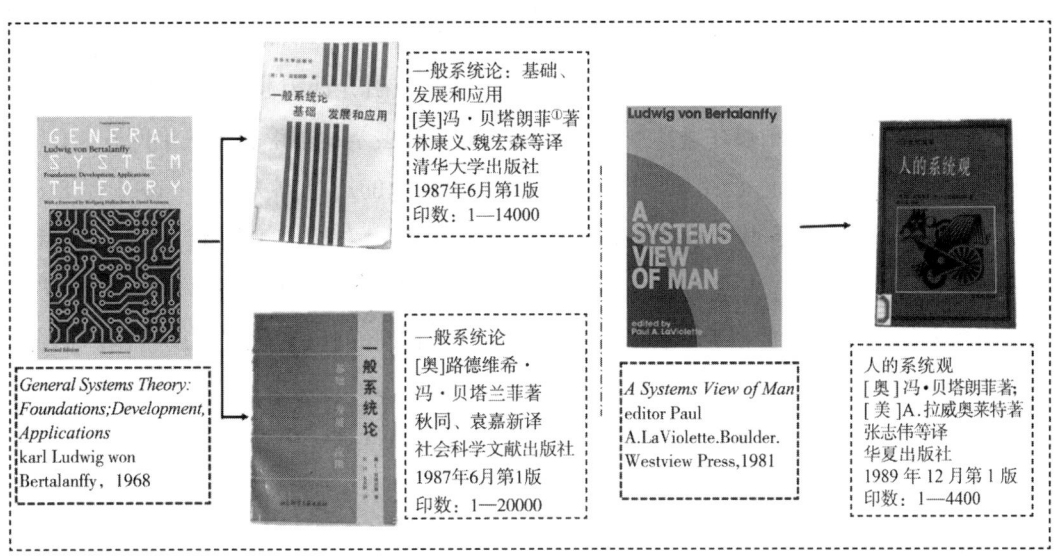

图 5-2　冯·贝塔朗菲"一般系统论"相关学术著作在 20 世纪 80 年代翻译出版

除去系统论,"老三论"中的信息论由美国贝尔电话研究所的数学家申农提出,他在 1948 年在《贝尔系统技术杂志》发表论文《通信的数学理论》,从理论上初步澄清了对信息的认识,由此奠定了现代信息论的基础。同年,同为美国数学家的维纳出版了他的专著《控制论》(该著作由科学出版社于 1962 年译介至国内),该著作揭示了控制论的研究内容,即各种系统信息的利用和控制的共同规律,该书的出版标志着控制论的诞生(建宏,1986)。相较于系统论、控制论和信息论,耗散结构论、协同论和突变论的出现时间更晚,它们直到 20 世纪 70 年代才因现代科学技术进入综合化、一体化发展的新阶段而在西方兴起,而新老"三论"在出现时间上的先后性也成为它们被归类、被命名进而被人们所认识和接受的唯一标准。但实际上,"老三论""新三论"的提法早在 20 世纪 80 年代初就被一些学者认为并不科学,我国工程控制论的创始人钱学森教授在 1982 年便提出应该"三论归一",即系统论、控制论和信息论实际上均可归结为系统论;而在 1986 年 6 月召开的马克思主义哲学与"三论"学术讨论会上,西安交通大学生物医学工程研究所的湛垦华教授更是一针见血地指出:"'三论'的叫法是我国的'独创',实际上国际科学界并没有这种提法;而现在又提'新三论',哪有什么'新三论',它们都应属于系统理论!"(袁正,1986)实际上,信息论、控制论以及后来的"新三论"都应归属于系统论,都是在确立某一系统的基础上,用数学的方法研究系统内信息的数量、质量、传递和反馈的方式,简言之,新老"三论"实际上都是系统论的变体或进化版本(王琛,2007:6-7)。

在金观涛,刘青峰发表他们的史学研究著作之前,也就是早在 1980 年,《哲学研究》第一期便撰文呼吁要"积极开展科学方法论的研究";该刊在 1981 年便组织召开了有关

"科学方法论"的专题座谈会,并将会议内容编辑成《科学方法论文集》一书于当年11月由湖北人民出版社出版。1981年至1983年,研究或引介西方科学研究方法的著作还有保加利亚学者尼科·雅赫尔著、顾镜清译的《科学社会学:理论和方法论问题》(1981年1月,中国社会科学出版社)、陶文楼的《辩证逻辑的思维方法论》(1981年8月,中国社会科学出版社)、魏宏森的《系统科学方法论导论》(1983年7月,人民出版社)、张岱年的《中国哲学史方法论发凡》(1983年10月,中华书局出版社)等。但是,就将"三论"等西方研究方法付诸研究实践而言,金观涛、刘青峰的历史研究确属首例。据金观涛本人回忆,"超稳定结构论"最初的构想形成于1974年,正式提出该观点的稿件被发表在1980年12月的《青年文稿》杂志第一期,文章题目为《历史的沉思:中国封建社会结构及其长期延续原因的探讨》;随后,《贵州师范学院学报》以两篇长文系统解释了"中国封建社会超稳定系统假说"。直到1983年年底至1984年年初,《兴盛与危机——论中国封建社会的超稳定结构》和《在历史的表象背后:对中国封建社会超稳定结构的探索》的出版才真正使"超稳定结构假说"被广泛关注和热烈讨论,随着学术界乃至思想文化界出现"方法论热","系统论、控制论、信息论"的影响正式开始并迅速在其他人文社会学科扩展开来。其中,文学界的回应最为迅速,厦门大学林兴宅在1984年发表《论文学艺术的魅力》和《论阿Q性格系统》等文章,最早以系统论的方法研究阿Q,提出文艺科学也可以数学化的理论;刘再复的《人物性格二重组合论》、鲁萌的《诗歌的信息系统概论》、程文超的《从反馈角度看陈奂生系列小说的创作——兼谈文学是一个系统》等文章都是自然科学研究方法应用于文学研究领域的典型。

  1984年至1986年,方法论热成为文化界当之无愧的焦点,其中又以1985年最甚。这一年,方法论研讨会、学习班如雨后春笋般集中出现:厦门大学于1985年3月16日召开了"全国文学评论方法讨论会",讨论自然科学、哲学、社会科学和文学研究中方法论的意义;同年9月,中国人民大学中国语言文学系在北戴河举办了一期"文艺学方法论研讨班",邀请当时文艺理论界的著名学者为学员讲授最新的文艺学研究方法。同样的研讨会还包括1985年4月14日至22日在扬州召开的"扬州文艺学与方法论问题学术讨论会"、10月14日至20日在武汉召开的"文艺学研究方法论学术讨论会"等。这些学习班或研讨会都以引进、借鉴和吸收研究方法为目的,以研究和批评研究方法为主题,也正是以这些热闹非凡的会议为标志,1985年被学术界和思想界称为"方法年"。

  回顾方法论热的兴起,金观涛等人的研究方法在1983年至1984年间引发轰动,原因同"未来学"热潮的发生类似。彼时,"科学主义"渐被视作帮助中国走向现代化的重要理论之一,而自然科学方法论的应用则被看成是代表理性精神的自然科学对人文传统的一次洗礼,新老"三论"同"未来学""预测学"一样成为当时人们对"科学"的想象。刘再复曾说:"那时候如若想要冲破旧思想和教条主义的牢笼,就必须尝试使用各种新的研究方法。……我想用'赛先生'来帮我们打破机械论与独断论。"(马国川,2011:127)金观涛(1981)也说过:系统论、控制论是20世纪以通信、自动化和计算机为代表的科学技术革命的产物,它们为人们研究互为因果的复杂过程提供了理论方法。从这些当事人的论断当中,随处可见以"方法论"指涉"科学"的影子。1986年,随着文化热的到来,方法论热迅速退潮,但是,从方法论热的落幕及其社会影响来看,那些源自西方的科学主义精神在事实上一直作为文化大讨论中的精神核心之一,持续保有着旺盛的活力。对于广大的知识分子群体甚至普通民众而言,他们获取"三论"知识大多不是通过第一手的自然科学论文,而是一些著名人文学者的著作和论文,理论载体的限制使更为广大的普通人文知识分子对"三论"的认识只能是个"简化版"(王琛,2007:13)。换言之,从积极的角度来看,方法论热的意义并不在于使人们真正掌握了新的研究方法,更多的则是一种科学主义精神的注入。

(三)"走向未来丛书"——以"科学主义"回应现代化道路的宣言书

1983年,以金观涛、包遵信等人为成员的"走向未来丛书"编委会正式开始了与四川人民出版社的合作,丛书的出版也进入了实质性的确定选题和组稿阶段。1983年11月至1984年6月,《人的发现:马丁·路德与宗教改革》《增长的极限:罗马俱乐部关于人类困境的研究报告》《看不见的手:微观经济学》《在历史的表象背后:对中国封建社会超稳定结构的探索》等十二种图书作为"走向未来丛书"的第一批图书陆续出版。金观涛、刘青峰(Chen Fong-ching and Jin Guantao,1997:123-124)曾在与陈方正合著的著作中提到首批图书出版后所引发的轰动效应:"四川人民出版社于1984年3月中旬发行了首批'走向未来丛书',没有想到的是,丛书的发行竟然引起了一场小型的骚乱,首印的一千套在四个小时之内就卖光了,书店的很多柜台都被疯狂的读者压坏了。3月底,当丛书在北京、上海等大城市发行时,同样受到了读者的追捧,于是出版社立即决定再印30万套,其中就包括上海已经预订出去的5万套。"据时任四川人民出版社副总编辑的杨忠学(2006:113)回忆:"首批丛书总共印了160多万册,仍然供不应求。"

"走向未来丛书"的策划和出版过程,得到了官方媒体甚至上层领导的支持和鼓励(张文彦,2010:85),1984年首批丛书面世之后,新华社、《文汇报》、《人民日报》、《光明日报》等媒体均发表了消息或评论,向读者推介这套丛书。据不完全统计,1984年3月至9月,全国报刊、电台、电视台发表的有关"走向未来丛书"的报道或评论多达40余条。其中,上海《文汇报》的一篇报道指出了丛书在倡导"科学精神"和引介科学方法论方面所做出的贡献；而《人民日报》的评论更是明确地肯定了"走向未来丛书"与现代化进程之间的关联。可以说，在20世纪80年代的公众话语中，"走向未来派"自身甚至官方的声音都在努力尝试将"科学主义"与"走向未来丛书"关联在一起，使"走向未来丛书"逐渐被形塑成为以"科学主义"回应现代化道路的宣言书。金观涛在1988年接受《求是》杂志采访时曾说："只有科学才能真正理解不同学派、不同观点的共存、争论、互相批评，这对于认识真理是那么重要，那么不可缺少。"（刘伟、俞建章，1988）同样是在1988年，金观涛在回答《社会科学报》记者的提问时说："为了能够成为未来的象征，中国应该去创造一种符合科学理性的开放的社会结构，中国的现代化应为21世纪人类社会的进一步发展提供新的模式和经验。"（苏颂兴，1988）虽然在多次表态中，金观涛更倾向于使用"思想性""启蒙性""学科交叉性"等字眼重新回顾"走向未来丛书"的出版，但是在20世纪80年代，将"科学主义"作为"走向未来丛书"编委会的标签，可以说是一种历史的必然以及"走向未来派"颇为睿智的选择。"走向未来丛书"编委会始终宣称"走向未来"的"未来"并不指涉"西方的未来"，走向未来派对新兴学科、研究方法与范式的理性思考和考察，一直未曾偏离社会主义现代化的方向。

除了在内容的整体性方面能够给读者传递"科学主义"的想象，"走向未来丛书"在出版形式方面所进行的积极尝试，同样给后来诸多系列丛书的出版者以灵感和参考，从传播效果来看，"走向未来丛书"完全有理由被看作20世纪80年代普及科学精神的大众读本。在"走向未来丛书"所有出版的74种图书每一册的开头，都附有一段内容相同的《编者致辞》，在《编者致辞》中，"精选、咀嚼、消化"等字眼特别值得关注，这说明"走向未来丛书"编委会从一开始便自觉地将该丛书定位为"大众化"和"普及化"读物。首先在图书字数方面，"走向未来丛书"编委会在图书策划阶段便规定每本书的字数原则上不超过15万字，比如金观涛就将24.9万字的《兴盛与危机——论中国封建社会的超稳定结构》一书简写成了10.1万字的《在历史的表象背后：对中国封建社会超稳定结构的探索》，并将该"简写本"作为首批图书中的重要一本于1983年12月予以出版。据有关学者统计，整套丛书单册字数保持在10万字上下的占了一半以上，但也有20种图书超过了15万字，《整体的哲学》一书还以26万字成为整套丛书中字数最多的一册，除了《整体的哲学》以外，其余图书字数均在20万字以内（陈丽芳，2013：25）。另外，"走向未来丛书"中有一半以上的图书是以"编著""译著"甚至"改写"的著作方式出现的。比如1984年1月作为第一批图书出版的《GEB：一条永恒的金带》，在该书的版权页上明确写着"乐秀成改写"，而作者也在序言中毫不隐讳地告诉读者，无论是在结构上还是在内容编排上自己都做了很大调整；作者只是在序言中提到该书的原作者为美国学者格拉斯·霍夫施塔特，并未给出原著的名称（*Gödel，Escher，Bach：An Eternal Golden Braid*）、出版时间等必要的信息。这样的例子在整套丛书中极为常见，根据丛书版权页与序言所提供的信息，全部74种图书中只有译著《增长、短缺与效率》得到了原作者的授权，其余译著均未获得原作者的授意与许可，或者作者并未作出应有的说明。除此之外，丛书中的很多译著还被删去了注释、索引、参考文献等原著里有的信息，这样固然可以减轻读者阅读负担，但是也体现了"走向未来丛书"在学术规范方面的不足。在我国并未加入《世界版权公约》《伯尔尼公约》，甚至自身也并未建立版权制度的情况下，但是，以上提出的"瑕疵"并没有影响广大读者购买丛书、竞相传阅的热情，也许与原著"一页文章半页引注"的情况相比，彼时国内的读者更容易接受这种"精选、咀嚼、消化"之后而存留下来的"精华"。

"走向未来丛书""大众科学读本"的特性除了表现在字数和篇幅方面以外，还表现在它的开本尺寸和封面图案设计等维度。"走向未来丛书"编辑、四川人民出版社副总编辑杨忠学（2006：113-114）曾经回忆说："1982年10月，学术界提出'知识要更新'，随后邓小平同志提出了'三个面向'，即面向现代化、面向世界、面向未来。这时，我们思考着一个问题：我们的出版社如何适应'三个面向'，增强时代感，给青年人以新的知识。参照第二次世界大战后日本出版'岩波文库'，对日本经济复苏起到良好作用这一经验，经过与有关部门多次协商，我们确定出版一套大型丛书。"这段回忆中提及的"岩波文库"，显然在内容和装帧设计方面都给了"走向未来丛书"编委会以提示。最显著的表现是在开本大小方面，"走向未来丛书"采取了长条形状的32开小开本尺寸样式，图书宽度在11厘米左右，加之图书的字数普遍在15万字左右，这几乎使得每册图书最终都以一个薄薄的小册子的形式呈现在读者面前。通过研究服装设计与剪裁方面的相关文献，笔者发现，成衣口袋的袋宽大小一般在14厘米左右（如图5-3），因而每册图书都可以被读者轻易地置于口袋当中，满足了随读随取的需求，成了真正的大众"口袋书"。"岩波文库"因其在开本大小方面的设计而大获成功，同样的出版策略也必然推动了"走向未来丛书"在20世纪80年代的热销。

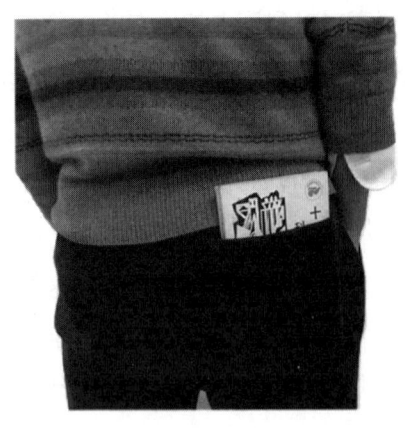 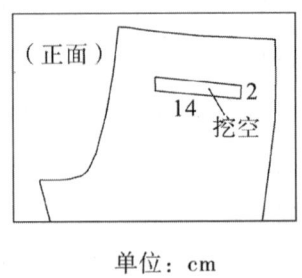 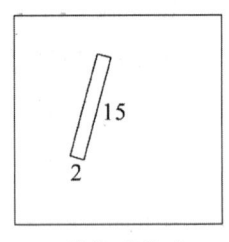

图 5-3　被放进裤袋中的"走向未来丛书"以及相关文献中"成衣袋宽"的说明图[①]

除此之外，杨忠学（2006：114）还回忆了"走向未来丛书"在封面图案设计方面做的努力，他说："图案有点抽象，它们吸收了非洲绘图的一些特点，具有一定的艺术水平。看懂书中的内容，就能理解图案的含义。如《看不见的手：微观经济学》一书的封面图案，搞医学的人可以看出是一个人体细胞图，表现了微观循环系统的构成。"这种在封面图案方面的匠心设计，构成了一种丛书与读者之间"猜谜游戏式"的互动关系，使读者从拿到图书的第一刻便产生了探索式阅读的冲动和欲望。

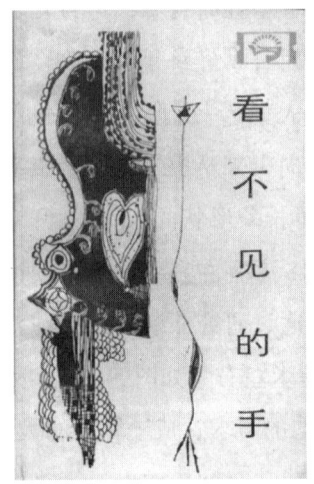 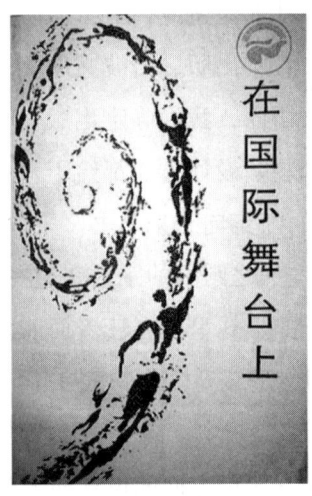 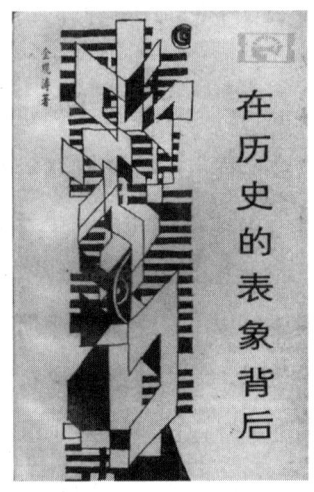

图 5-4　"走向未来丛书"部分图书的封面设计

总体来看，1983 年至 1988 年"走向未来丛书"的出版，使包括人工智能、理性主义哲学、经济控制论、凯恩斯主义等当时西方先进的自然科学和人文社会科学研究成果

---

① 图中有关成衣口袋袋宽尺寸的说明图分别引自《男西裤双嵌线袋工艺模板的设计与应用研究》（蔡红，2015）和《服装工艺模板的技术特征与应用研究：以夹克口袋工艺模板设计为例》（张志斌，2014）两篇文献。

得以引入中国,这些先进的成果和思想不仅影响了学术界和思想界,它们所带来的"科学主义"的想象还潜移默化地改变着普通大众的思维方式。作为大众科学读本以及以"科学主义"回应现代化道路的宣言书的"走向未来丛书",最终以总发行量超过八百万册(陈丽芳,2013:98)的成绩,凸显了20世纪80年代国人对于科学精神的态度,该套丛书引领着人们对于新时期中国现代化道路的思考。

三、20世纪80年代图书出版与科学主义思潮的相关性回归分析

（一）科学主义思潮相关图书样本的选取

为了研究20世纪80年代图书出版与科学主义思潮之间的相关性,笔者欲继续采取立意抽样的方式选取100种与科学主义思潮相关的图书样本。在选取样本的过程中,笔者还重点参考了1980年至1990年《中国出版年鉴》当中与"科学技术"相关的图书或书评,如历年"新书简目"当中"自然科学总论"分目中介绍的科学类图书;除此之外,有关20世纪80年代的一些图书排行榜、图书奖项、图书评选活动也都是笔者选择样本图书时重要的参考内容,如1986年、1988年、1989年由《博览群书》《编辑之友》《书林》《杂家》《编辑学刊》《文汇读书周报》联合发起的第一届至第三届"金钥匙"类图书评选活动,《出版广角》杂志在1999年评出的"感动共和国的50本书",《编辑之友》杂志在2019年评选出的"1949—2019新中国70年70本书",《新周刊》杂志在1998年12月评选出的"20年来最有影响的20本书",伍旭升在2009年主编的《30年中国最具影响力的300本书》等,其中出现的科学类图书都是笔者选择本章图书样本的参考。

以1979年1月1日至1989年12月31日为出版时间限定,在选取的图书样本中,由首届科学大会引发的科学热以及科普类图书37种,未来学、预测学图书11种,系统论、控制论等方法论图书12种,"走向未来丛书"等科学类丛书40种(见表5-1),图书样本详情见本书附录《表2 20世纪80年代科学主义思潮图书样本详细列表》。

表5-1　20世纪80年代100种科学主义思潮相关图书类目统计

类目	首届科学大会引发的科学热及科普图书	未来学、预测学	科学方法论	"走向未来丛书"等科学类丛书
数量（种）	37	11	12	40

（二）以年份作为维度的相关性对比

为考察20世纪80年代出版科学类图书的出版社与科学主义思潮之间的相关性，在本章的研究中，笔者仍然首先将"样本图书的出版时间"与"相关讨论文章的发表时间"置于年份维度进行初步对比。根据前文所述，使用与20世纪80年代科学主义思潮最相关TOP5词汇"科学主义""第三次浪潮""三论""未来学""走向未来丛书"作为关键词，在中国知网数据库检索可得到1979年1月1日至1989年12月31日的讨论文章共349篇，1979—1989年文章发表年份分布情况见表5-2。

表5-2　1979—1989年科学主义讨论文章发表年份分布情况统计

年份	1979	1980	1981	1982	1983	1984	1985	1986	1987	1988	1989
数量（篇）	5	13	22	27	18	59	42	54	34	43	32

笔者又对1979—1989年的100种科学主义思潮相关图书的首次出版年份进行了统计，出版年份分布情况见表5-3。

表5-3　1979—1989年有关科学主义的样本图书出版年份分布统计表

年份	1979	1980	1981	1982	1983	1984	1985	1986	1987	1988	1989
数量（种）	4	7	8	6	14	20	8	11	7	6	9

通过对以年份为维度的"图书出版时间"及"文章发表时间"两项数据的比对，可以发现20世纪80年代科学类图书出版与科学主义思潮之间具有较为明显的关联性，从图5-5当中至少可以看出以下三个特征。（1）整个20世纪80年代科学主义思潮发展的最高点和科学类图书出版的峰值均出现在1984年，这与1983—1984年由《第三次浪潮》《大趋势》的出版而引发的"未来学"和"科学学"的热潮，以及"走向未来丛书"首批12种图书的出版发行有关。（2）科学主义思潮的热度在20世纪80年代中后期呈现出总体下降的态势，从图书出版的角度来看，1985年以后也再未出现过与《第三次浪潮》《大趋势》有类似畅销程度的科学类图书，"走向未来丛书"第三批至第五批出版的图书的受追捧程度也不复前两批，其中的原因仍应归结为文化热中思想的多元化发展趋势。（3）若按照刘青峰、许纪霖等学者的观点，将20世纪80年代的科学主义看作前半段的"唯物论科学主义"和后半段的"经验论科学主义"，那么就两个阶段所对应的出版物"一

般性科普类图书"和"西方译介类科学丛书"对社会思潮所产生的影响来看，后者显然比前者对于科学主义思潮的引领性更强。

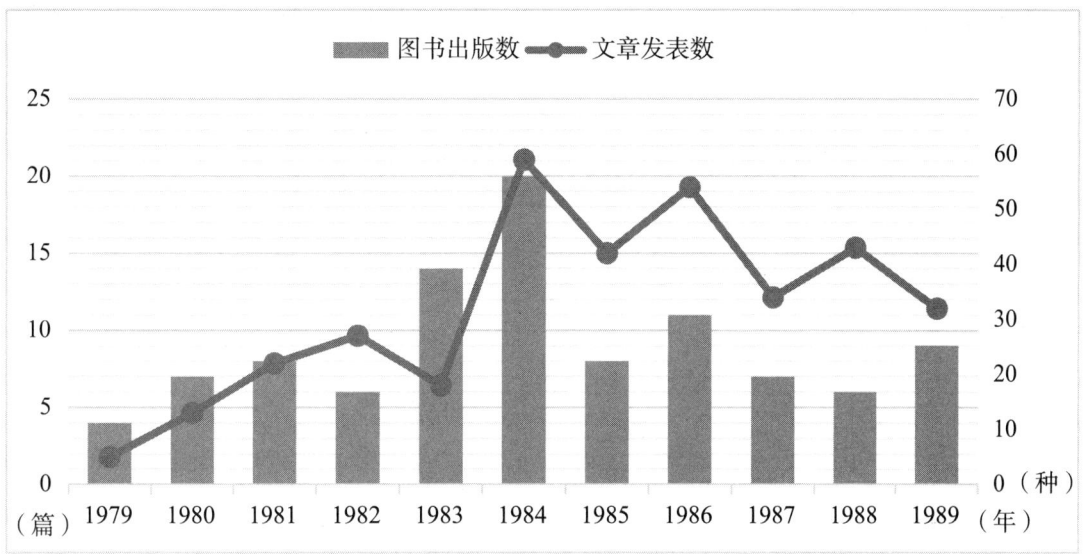

图 5-5　1979—1989 年科学主义思潮相关图书出版量与讨论文章发表量的相关性趋势图

（三）以月份作为维度的回归分析

与研究"图书出版与人道主义思潮"相关性的方法相同，笔者在以自然年作为考察维度的基础上，对 1979 年 1 月到 1989 年 12 月间与科学主义相关的图书的出版数量和讨论文章发表数量的月度分布数据进行一元线性回归分析。图书出版数量月度分布详见本书附录《表 2 20 世纪 80 年代科学主义思潮图书样本详细列表》，讨论文章数量的月度分布数据见表 5-4。

表 5-4　1979 年 1 月—1989 年 12 月与科学主义相关的讨论文章发表数月度统计

文章发表数（篇）月份	年份 1979	1980	1981	1982	1983	1984	1985	1986	1987	1988	1989
1月	1	0	2	5	2	1	4	2	2	2	0
2月	0	0	0	0	0	1	0	4	1	1	0
3月	1	7	10	10	4	11	4	6	2	5	5
4月	2	2	2	1	0	9	8	6	5	8	4
5月	0	0	3	1	4	9	9	3	5	4	4

（续表）

月份\文章发表数（篇）\年份	1979	1980	1981	1982	1983	1984	1985	1986	1987	1988	1989
6月	0	1	1	2	4	8	3	9	4	6	3
7月	0	1	1	1	1	4	1	5	4	3	3
8月	1	1	2	3	3	4	4	3	5	6	5
9月	0	1	0	0	0	4	0	1	0	1	0
10月	0	0	0	4	0	3	2	3	3	2	3
11月	0	0	1	0	0	1	2	1	0	3	0
12月	0	0	0	0	0	4	5	11	3	2	5

表 5-5　模型检验 B

Source	SS	df	MS			
				Number of obs	=	132
				F(1，130)	=	47.940
Model	272.483	1	272.483	Prob > F	=	0.000
Residual	738.850	130	5.683	R-squared	=	0.269
				Adj R-squared	=	0.264
Total	1011.333	131	7.720	Root MSE	=	2.384

从表 5-5 可以看出，F 检验用于检验回归方程的显著性，F 值为 47.94，P 值为 0.000，小于 0.05，通过显著性检验。决定系数 r^2 是一个回归直线与样本观测值拟合优度（Goodness of Fit，指回归直线对观测值的拟合程度）的相对指标，反映了因变量的波动中能用自变量解释的比例。$0 \leq r^2 \leq 1$，r^2 越接近于 1，拟合优度越好，拟合优度 r^2 为 0.269。

表 5-6　回归结果 B

讨论文章数量	系数	标准差	t 统计量	P 值
出版图书种数	1.321	0.191	6.92	0.000
_cons	1.666	0.253	6.59	0.000

由表 5-6 可知，用 t 检验来检验回归系数的显著性，出版图书种数在 5% 的显著性水平下通过显著性检验，这说明 20 世纪 80 年代科学类图书的出版种类每增加 1 个单位，相关讨论文章数量会增加 1.5 个单位。

综上所述，以月份作为维度的相关性回归分析再次充分证明，20 世纪 80 年代科学主义思潮与科学类图书的出版具有显著的相关性，图书出版活动在相当程度上引领了科学主义思潮的形成与转向。

第六章 20世纪80年代图书出版与文化保守主义思潮

一、"寻根文学"与文化寻根

（一）"寻根文学"的兴起与"寻根派"作家的主张

20世纪80年代中期，人们开始频繁地直面中国现代化进程中，中西文化冲突所带来的各种迷茫和困惑。在文学创作领域，人们在对"伤痕文学""反思文学""改革文学"的不满与反省中逐步达成共识，文学家们开始谋求文学创作从题材到语言再到风格方面新的美学突破，尤其是"知青作家"这一创作群体，他们在经过了一段时间的历练与成长之后，表现出十分强烈的意愿——希望找到更能表现自身特点的艺术创作之路。1982年，哥伦比亚作家加西亚·马尔克斯凭借他的独具拉美特色的魔幻现实主义小说《百年孤独》获得诺贝尔文学奖，这一事件提供了一个"第三世界"文学文本打破西方文学垄断地位的榜样（李洁非，1995）；同样，马尔克斯以民族的文化、民族的情绪、民族的笔法、民族的技巧来创作民族文学艺术作品的成功经验也给中国作者以极大的启发和鼓舞。

在这样的背景之下，1984年12月中旬，由《上海文学》编辑部、杭州市文联《西湖》编辑部、浙江文艺出版社三家单位联合筹办的部分青年作家与青年评论家对话会议（以下简称"1984年杭州会议"）在浙江杭州召开（周介人，1985）。这次会议并未设置明确的主题，也并未邀请媒体记者，这次会议是一次就当时文学创作态势和情况所召开的较为宽泛的务虚性质的小说研讨会。韩少功在一次访谈中回忆说："（会议的）主要话题就是对伤痕文学的反省，伤痕文学的确起到了破冰的作用，但过于政治化和简单化，所以与会者希望在美学思想上实现新的解放。"（马国川，2011：208）虽然这次会议并未以"寻根"为主题，最终也并未明确提出"寻根"的口号，但是这次会议仍被很多学者和文学评论家认为与之后兴起的"寻根文学"有着种种直接或间接的联系。究其原因，韩少功在次年4月于《作家》

杂志发表《文学的根》一文，文章内容主要是总结思考1984年杭州会议，文章中，"寻根"一词被首次明确提出，并很快作为一种文学概念引发了文学界和文化界的普遍热议。

如果说"寻根文学"概念的产生可以追溯到1984年杭州会议，但"寻根文学"创作的潮流早已显现，在新时期具有轰动效应的"伤痕文学""反思文学""改革文学"主潮之外，实则一开始便涌动着一股平缓而深沉的文学创作潜流——汪曾祺以《受戒》（发表于《北京文学》1980年第10期）和《大淖记事》（发表于《北京文学》1981年第4期）记述了江苏高邮地区的旧日生活；贾平凹以《商州初录》（发表于《钟山》1983年第4期）描绘了陕西大地的秦汉文化；郑义则以《远村》（发表于《当代》1983年第4期）对山西太行山区的风土人情进行着全方位的描述；乌热尔图以《七叉犄角的公鹿》（发表于《民族文学》1982年第5期）书写了东北密林深处鄂温克人的帐篷篝火；张承志以《黑骏马》（发表于《十月》1982年第6期）记录了冰封草原之上的纵情游荡；李杭育以《最后一个渔佬儿》（发表于《当代》1983年第2期）刻画了属于吴越文化的葛川江；阿城以《棋王》（发表于《上海文学》1984年第7期）和《树王》（发表于《中国作家》1985年第1期）等作品回忆了自己从山西到内蒙古，又从内蒙古到云南的知青经历。实际上到1985年，新时期作家向内心"寻根"的优秀文学创作成果不断涌现。

1985年4月，韩少功在《作家》杂志发表《文学的根》一文，这篇文章被认为是"寻根文学"的第一个宣言书，在文章中韩少功（985/2018：76-81）写道："文学有根，文学之根应深植于民族传统文化的土壤里，根不深，则叶难茂，故湖南的青年作者有一个寻'根'的问题。"韩少功文章中的观点针对的是当时的两个文化和文学问题："一是'文革'十年把文化传统完全割断了；二是对西方文学的吸收几乎成了模仿和复制。"（马国川，2011：208）在他看来，这两个现象都是对文学的伤害，是没有前途的。在韩少功之后，郑万隆于1985年在《上海文学》杂志第5期发表《我的根》一文，发出了"我想开辟一片生土"的感慨；随后阿城在1985年7月6日的《文艺报》上发表《文化制约着人类》一文，他着重强调要重视民族文化自身的价值；李杭育则于1985年在《作家》杂志第9期发表《理一理我们的"根"》一文，他认为应该"理一理我们的'根'，也选一选人家的'枝'"，应该"将西方现代文明的苗壮新芽，嫁接在我们古老、健康、深植于沃土的活根上"。除此之外，郑义、张承志等人也于同年发表文章，与韩少功的"寻根"观点进行呼应。

韩少功、郑万隆、阿城、李杭育、郑义、张承志等人在1985年集中发表的系列文章，常常被定义为一个统一而完整的"寻根宣言"，这一宣言是对新时期文学徘徊不前的回应，在"伤痕文学"饱受非议，"现代派"的尝试并未取得突破性进展，以科学方法解读文学的新探索宣告失败的背景下，寻根宣言的出现不仅使"寻根文学"作为一种文学概念得到了确立和加强，更重要的是，"寻根文学"引发了一场持续数年的文化寻根热潮。1984年至1987年间,"寻根"的热度由文学领域逐渐向更广泛的文化领域扩散,这使人们开始认真思考,作为中华文明根基的传统文化,应以何种角色回应中西方文化碰撞交汇下的中国现代化路径抉择这一时代课题。

(二)由"寻根热"引发的20世纪80年代的社会思潮的转向

在1985年"寻根宣言"发表之后,一系列"寻根文学"代表作品的单行本被多家出版社陆续出版,其中包括作家出版社在1985年11月出版的《棋王》(阿城),上海文艺出版社在1986年5月出版的《小鲍庄》(王安忆),作家出版社在1986年9月出版的《天狗》(贾平凹),北京十月文艺出版社在1988年12月出版的《穆斯林的葬礼》(霍达),浙江文艺出版社在1989年7月出版的《厚土:吕梁山印象》(李锐)等。"寻根文学"在20世纪80年代成为新时期文学的一个重要里程碑绝非偶然,由它引发的文化寻根热潮,是从文学领域到文化领域,对中国近代以来东西方文明持续交汇与冲突的历史母题的时代回应。"寻根派"所寻之"根",是传统文化之根,是民族文化之根,其中包含着与西方文化两相对比的意味。而希望通过"变通传统"以进入现代文明的主张,在中国近代以来的历史上并非新物,这种思想实则保留了五四运动时期的保守主义观点,也正因如此,在20世纪80年代文化寻根的争论中,五四运动也一再被广泛地提及。

另外,值得注意的是,"寻根文学"作品当中不仅包含了对传统文化的认同,同时还容纳着对传统糟粕的辛辣批判,比如韩少功在《爸爸爸》当中对主人公丙崽和愚昧落后的山村部落的细致描摹,无疑就是对国民劣根性的寓言式批判。但是,对传统文化的认同与批判在"寻根文学"作品中又并不截然对立,批判实则是在传统框架之内进行的批判,而认同表现为一种超越生存危机意识的对于民族和传统的认同。认同与批判相生相克,共同彰显了"寻根文学"作品的张力和活力,使"寻根文学"作品成为探讨传统文化与国家民族命运之间关系的文学文本。

文学向来是社会思潮起落转合的晴雨表,"寻根文学"在20世纪80年代率先发起了对新时期中国以西方为规范的现代化意识形态的质询和反抗,"寻根派"作家尝试通过对民族文化资源的重构,重新确立中国文化的主体地位。与"现代化即西化"或"现代化即科学技术的现代化"思想中所表现出的"反传统"态度不同的是,"寻根派"努力尝试跨越由新文化运动和"文革"形成的传统文化断裂层,他们在"寻根文学"作品中或褒扬在传统文化中孕育出的东方人格魅力,或以批判的眼光挖掘致命的国民劣根性。但无论如何,"寻根文学"以及由其引发的文化寻根热潮,都在20世纪80年代为人们提供了广阔的审视传统文化的视角,人们开始认真而严谨地重新审视传统文化在中国现代化道路中应该发挥的作用,能够引起的反应,文化保守主义思潮由此被孕育出来并很快成为文化热中一股不容被忽视的力量，影响着新时期中国前进的方向。

二、中国文化书院及其文化保守主义思想

（一）中国文化书院在20世纪80年代的办学活动

同为20世纪80年代文化热中最具影响力的三大民间学术团体，中国文化书院与"走向未来丛书"编委会、"文化：中国与世界"编委会的明显不同之处在于，其并不是以"图书的出版"作为唯一的活动。20世纪80年代的中国文化书院以开展办学活动、组织学术研讨、编纂出版图书作为其最重要的"三驾马车"；而从实际情况来看，中国文化书院更因其多种形式的办学活动而被人们所熟知，图书的编纂出版、学术活动的举办更像是其办学活动的重要补充。

1984年12月31日，《光明日报》在第二版刊登了一则连同标题在内只有134个字的短消息《"中国文化书院筹备委员会"成立》，全文如下。

> 为了发扬祖国文化的优良传统，促进中外文化交流，北京的知名学者发起建立"中国文化书院"。12月16日，二十余名学者在北京大学举行筹建"中国文化书院"的座谈会，成立了"中国文化书院筹备委员会"。座谈会由中国哲学史学会会长、北京大学教授张岱年主持。"中国文化书院"将设在圆明园旧址。

这则消息的发布被人们认为是中国文化书院正式建立的标志，此后，中国文化书院将每十年举行的建院庆典活动的时间都选定在12月，这也说明了中国文化书院对这一创院时间的认可。有关中国文化书院在创立之初对其自身性质的框定，1985年4月的一份名为《关于建立中国文化书院的方案》的内部文件中，明确提出了中国文化书院"民间教育研究机构"的性质；现任中国文化书院副院长陈越光（2018：3）也在《八十年代的中国文化书院》一书中，将中国文化书院概括为"民间文化教育机构"。此外，据汤一介(2016: 304-305)回忆，中国文化书院在建院之初谋求在北京大学内部建立独立的学院，并且希望能够进行教学方法方面的创新尝试，其中包括运用读书研讨、导师授课为主，教学实习、教学旅游为辅的方式考核学生成绩，再根据学生的学习年限分别授予学士、硕士或博士学位等。虽然附设于北京大学的设想几经会商，无果而终，但是从中国文化书院创院之初的文件或人们的回忆当中可知，主要通过办学活动阐扬中国传统文化是该

民间学术团体最基本的任务之一。

中国文化书院在 20 世纪 80 年代的办学活动依据授课形式与授课内容大致可以分为三个阶段：第一阶段为 1985 年至 1986 年的文化讲习班阶段；第二阶段为 1987 年 5 月开始的函授研究班阶段；第三阶段为 1988 年开始的社会化培训阶段。

中国文化书院在建院初期举办的最有影响力的大型教学活动，是在 1985 年 3 月至 1986 年 12 月连续举办了四期文化讲习班。1985 年 3 月 4 日至 3 月 24 日，中国文化书院成功开办了主题为"中国文化"的第一期讲习班。第一期文化讲习班共 20 讲，每名学员需交学费 200 元，这在平均每人全年生活费总支出为 673.20 元的 1985 年是一笔数额可观的费用（陈越光，2018：71），但是最终招生人数达到了 200 余人，学费总收入超过 4 万元。首期授课导师阵容强大，这恐怕是来自全国各地的 200 余位学员积极报名学习的根本原因，冯友兰、梁漱溟、张岱年、任继愈、牙含章、吴晓玲、汤一介、杜维明、陈鼓应等文化名家悉数在列。首期文化讲习班的成功开办极大地鼓舞了中国文化书院的创建者，紧接着，1986 年 1 月至 12 月，分别以"中外文化比较""科技与文化""文化与未来"为主题的第二期至第四期文化讲习班相继开办，几期文化讲习班的导师阵容均保持在了极高的水平上，导师名单见表 6-1。可以说，1985 年至 1986 年成功开办的四期文化讲习班，展示了初创时期中国文化书院的优良形象，中国文化书院以传统文化弘扬派的角色呈现在大众面前。

表 6-1 1985—1986 年中国文化书院举办的四期文化讲习班①

期次	主题	时间	导师名单
第一期	中国文化	1985.3	梁漱溟、冯友兰、张岱年、任继愈、侯仁之、金克木、虞愚、牙含章、石峻、吴晓玲、戴逸、何兹全、丁守和、阴法鲁、朱伯崑、汤一介、庞朴、李泽厚、孙长江
第二期	中外文化比较	1986.1	梁漱溟、张岱年、任继愈、汤一介、李泽厚、庞朴、孙长江、包遵信、乐黛云、邹谠、杜维明、成中英、魏斐德、姜允明、赵令扬、刘年令、冉云华
第三期	科技与文化	1986.8	余谋昌、李绍崑、吴允曾、马希文、包遵信、殷登祥、张岱年、金观涛、丁守和、柳树滋、方药宗、沈德灿、沈小峰、吴良镛

---

① 此表根据陈越光《八十年代的中国文化书院》（生活·读书·新知三联书店，2018 年版）一书中所述内容总结而来，详见此书第 71 至 81 页。

（续表）

期次	主题	时间	导师名单
第四期	文化与未来	1986.12	汤一介、秦麟征、庞朴、乐黛云、王勇领、陈传康、詹姆士·阿伦·戴特、维克多·斯卡迪格列、弗兰克·费瑟、鲁尔夫·霍曼、吉姆·戴特、盖伊·克里斯托佛林、埃利欧罗那·玛西

与"走向未来丛书"编委会挂靠在中国社会科学院青年研究所类似，中国文化书院在20世纪80年代也是以挂靠的形式取得了合法地位。1986年2月25日，中国文化书院通过其挂靠单位"北京高等学校哲学教学协会"取得了北京市成人教育局认可的相关批文，这份编号为"（86）成教字第021号"的文件中明确写道："经研究，我局同意你会举办中国文化书院，并补办批准手续。中国文化书院目前暂办面授讲习班，是大学后继续教育，不涉及国家承认学历问题。希望你们做好组织工作，合理收费，健全财务制度，保证办班质量，为首都的教育事业做出贡献。"该份文件使中国文化书院的收费办学活动具备了必要的合法性。

1987年5月至1989年5月，中国文化书院举办了为期两年的"中外比较文化研究班"，这是中国文化书院历史上举办的时长最长、学员最多、规模最大的一次教学活动。此次中外比较文化研究班采用函授为主、附带寒暑假面授讲座的形式开展教学，共设"中外文化比较""比较教育学""比较法学""比较方法学""比较伦理学""比较宗教学""比较美学""比较文学""比较史学"等15门课程，每年学费80元，要求报名者具备大专以上学历（含电大、职大、夜大及在校生）。据陈越光（2018：109）统计，本期研究班最终实际注册学员12,754人，其中博士生12人，硕士生422人，本科生5,586人，大专生3,163人；教授149人，讲师1,627人，助教7,065人，编辑、记者495人。因"中外比较文化研究班"的开办，中国文化书院在1987年迎来了活跃度最高的一年，这一年书院的年收入达到300余万元，其中结余134万元，这在20世纪80年代绝对是一个惊人的数字，可见当时中国文化书院在国内的号召力和影响力，同时也足见在20世纪80年代中后期，国人对传统文化态度和看法的明显转变。

1988年以后，中国文化书院在教学门类和范围上出现了明显的非理性扩张，陆续开设或尝试开设了诸多早已超出传统文化研究范畴的社会化培训课程，并将其自诩为"社会效益和经济效益双赢的办班模式"，比如"北京市工商管理干部法制教育培训班""全国环境保护专业培训班""机动车驾驶员继续教育全国统一教程"等，甚至在"气功热"的背景下，还与日中语言学校在1988年7月合办了"气功班"。陈越光（2018：129）

曾不无惋惜和无奈地说:"这五花八门的办班名称,让人仿佛看到一个为生计挣扎而不能不放下初衷的男人扭曲的背影。"在20世纪80年代末的几年里,频繁开设令人眼花缭乱的各种培训班,不仅使中国文化书院的办学风格不再统一,也使得中国文化书院传统文化弘扬派的形象变得模糊。办学方面的失策体现了以鲁军为代表的书院青年一代将中国文化书院看作"经商赚钱的个体户"的理念的不当,这一理念与以汤一介为代表的中老年学者的想法背道而驰。汤一介等中老年一代学者虽在当时默许并支持收费办班、"以文养文"的形式,但是他们"以弘扬传统文化为目的"的办院主张与"以营利为目的"的办院想法存在着不可调和的矛盾。20世纪80年代末,中国文化书院两代学人之间的矛盾最终导致了书院的动荡和分裂,中国文化书院在中国当代文化史上的高光时刻也由此而宣告结束。

(二)中国文化书院在20世纪80年代的图书出版

陈越光(2018:151)曾经表述过这样的观点:教学、学术交流和编纂出版是中国文化书院的"三驾马车",并且"三驾马车中只有教学和编纂出版是可以有收益的;而从思想成果传而广之、传而久之来说,更应该倚重编纂出版工作"。但是从20世纪80年代的实际情况来看,中国文化书院赖以传扬思想的图书出版,离预期情况还有差距。

20世纪80年代,中国文化书院曾经计划编纂出版"中国文化书院文库",从一份1987年制定的《"中国文化书院文库"编纂计划(五年规划)》当中不难看出规划制定者的"野心","中国文化书院文库"的图书出版计划实在可用"宏大"来形容。"中国文化书院文库"总共被分为六个系列,分别为论著类、演讲类、资料类、译文类、古籍类和教材类,六个系列总共计划出版图书约100种。但是从表6-2中可以看出,"中国文化书院文库"的实际出版情况与原计划相比完成度较低,很多系列丛书都只是出版了起初的两至三本就草草结束了,给人一种显见的"半途而废"的感觉。

汤一介是魏晋南北朝文化史研究的专家,于是书院准备出版一套由汤一介担任主编的"魏晋南北朝文化史丛书",原计划于1987年6月至1988年由陕西师范大学出版社出版,全套共10种,但是最终只出版了汤一介本人所著的《魏晋南北朝时期的道教》和许抗生、李中华、陈战国、那薇四人合著的《魏晋玄学史》2种。同为论著类的"中国文化与文化中国丛书"的最终出版情况稍好,汤一介的《中国传统文化中的儒、道、释》、庞朴的《文化的民族性与时代性》、杜维明的《人性与自我修养》和成中英的《中国文化的现代化与世界化》共4种图书,由中国和平出版社在1988年8月至10月间陆续出版,这套丛书也成为20世纪80年代中国文化书院最具影响力的出版物。"演讲类"图书原计划是对文化讲习班教学演讲实录的总结出版,计划出版至少4集,分别对应

1985年至1986年"中国文化""中外文化比较""科技与文化""文化与未来"的4期讲习班主题,但是实际只由生活·读书·新知三联书店出版了前两集《中国文化书院讲演录第一集:论中国传统文化》《中国文化书院讲演录第二集:中外文化比较研究》,后续的两集最终未见出版。

在"中国文化书院文库"的六个系列中,最终成书率最高的是教材类的"中外比较文化教学丛书",该套丛书能够基本出全的原因是,它是1987年至1989年"中外比较文化研究函授班"的教材。遗憾的是,该套丛书最终并未按原计划由辽宁人民出版社正式出版,但是由于函授班学员人数众多,仅作为内部发行的这套丛书在发行量和影响力方面也是不容小觑的。

表6-2 "中国文化书院文库"计划与实际图书出版情况对照表①

一、论著类			
(一)"魏晋南北朝文化史丛书"		(二)"中国文化与文化中国丛书"	
计划出版(10种)	实际出版(2种)	计划出版(10种)	实际出版(4种)
1.魏晋南北朝的道教(汤一介) 2.魏晋南北朝的佛教(方立天) 3.魏晋南北朝的书籍(孟昭晋) 4.魏晋南北朝的玄学(许抗生) 5.魏晋南北朝的美学(叶朗) 6.魏晋南北朝的文学(裴家麟) 7.魏晋南北朝的儒学(李中华) 8.魏晋南北朝的文人生活(乐黛云) 9.魏晋南北朝的史学(周一良) 10.魏晋南北朝的科技(中国科学院)	1.《魏晋南北朝时期的道教》(汤一介,陕西师范大学出版社,1988年4月) 2.《魏晋玄学史》(许抗生、李中华、陈战国、那薇,陕西师范大学出版社,1989年7月)	1.中国传统文化中的儒、道、释(汤一介) 2.文化的批判继承和创造美化([美]傅伟勋) 3.中国文学与知识分子(乐黛云) 4.人格和自我转化([美]杜维明) 5.论中国传统哲学(张岱年) 6.文化的民族性与时代性(庞朴) 7.中国哲学的现代化([美]成中英) 8.论中印文化(金木克) 9.论中国古典音乐艺术(阴法鲁) 10.佛教和文化交流(季羡林)	1.《中国传统文化中的儒、道、释》(汤一介,中国和平出版社,1988年10月) 2.《人性与自我修养》([美]杜维明,中国和平出版社,1988年8月) 3.《文化的民族性与时代性》(庞朴,中国和平出版社,1988年8月) 4.《中国文化的现代化与世界化》([美]成中英,中国和平出版社,1988年10月)

---

① 由于"中国文化书院文库"出版规划中的第三类"资料类"中的"中国古代史资料丛书"、第四类"译文类"以及第五类"古籍类"最终未有一种图书出版,因而本表在制表时将其省去未列。

（续表）

二、演讲类	
计划出版（4集以上）	实际出版（2集）
1.中国传统文化论集 2.东西文化比较论集 3.文化与科学论集 4.文化与未来论集 5.其他演讲	1.《中国文化书院讲演录第一集：论中国传统文化》（生活·读书·新知三联书店，1988年1月） 2.《中国文化书院讲演录第二集：中外文化比较研究》（生活·读书·新知三联书店，1988年12月）

三、资料类			
（一）"东西文化研究资料丛书"		（二）"港台海外中国文化研究丛书"	
计划出版（15种）	实际出版（1种）	计划出版（10种）	实际出版（3种）
1.梁漱溟 2.胡适 3.冯友兰 4.熊十力 5.马一浮 6.陈序经 7.张君劢 8.张东荪 9.朱谦之 10.陈独秀·李大钊·瞿秋白 11.梁启超 12.学衡派 13.战国策派	1.《梁漱溟全集》（第一卷至第八卷，山东人民出版社，1989年5月/1990年3月/1990年5月/1991年2月/1992年8月/1993年1月/1993年6月/1993年6月）	1.中国文化的特征 2.中西文化异同论 3.传统文化与现代化 4.挑战·回应与展望 5.当代新儒家 6.知识分子与中国文化 7.孙中山与现代中国 8.宗教与现代文化 9.新文化运动与中国 10.现代化进程与中国	1.《中西文化异同论》（郁龙余，生活·读书·新知三联书店，1989年4月） 2.《当代新儒学》（封祖盛，生活·读书·新知三联书店，1989年4月） 3.《中国文化的特性》（刘小枫，生活·读书·新知三联书店，1990年2月）

四、译文类（略）；五、古籍类（略）	
六、教材类："中外比较文化教学丛书"	
计划出版（15种）	实际出版（内部出版）（14种）
1.比较教育学 2.比较法学 3.印度文化概论 4.比较哲学 5.西方文化概论 6.日本文化概论 7.中国文化概论 8.比较方法论 9.比较伦理学 10.比较宗教学	1.《比较教育学》（成有信） 2.《比较法学》（吴大英） 3.《印度文化概论》（方广锠） 4.《比较哲学》（焦树安） 5.《西方文化概论》（葛雷） 6.《日本文化概论》（魏常海） 7.《中国文化概论》（李中华） 8.《比较方法论》（刘大椿） 9.《比较伦理学》（陈战国） 10.《比较宗教学》（陈荣富）

（续表）

计划出版（15种）	实际出版（内部出版）（14种）
11.比较美学 12.马克思主义文化学概论 13.文化学概论 14.比较文学 15.比较史学	11.《比较美学》（佟旭） 12.《马克思主义文化学》（赵常林、林娅） 13.《比较文学》（乐黛云、张文定） 14.《比较史学》（庞卓恒）

除了以上提到的办学活动和图书出版活动外，中国文化书院在20世纪80年代还举办过几场颇具规模的学术研讨会，如在深圳大学召开的"文化问题协调会议"、1987年10月的"梁漱溟思想国际学术讨论会"、1988年10月的"中日走向近代化比较研究国际学术讨论会"、1988年12月的"《河殇》座谈会"、1989年5月的"纪念五四运动七十周年国际学术讨论会"和"'中国宗教：过去与现在'国际学术讨论会"等。总体来看，20世纪80年代中国文化书院的文化保守主义思想正是通过办学活动、出版活动以及学术研讨活动，被传播给外界。

（三）激进与保守之间：中国文化书院与文化保守主义在20世纪80年代的再次起潮

"保守主义"的特征是强调历史的延续性，强调代表连续性与稳定性的秩序和规则，反对突然的革命或革新，主张维护传统社会的价值纽带。而是否为"文化保守主义"则主要取决于对中国传统文化的价值判断，中国近代以来文化保守主义者最基本的文化取向即是对传统文化的维护和弘扬。换言之，将文化阐释坚守在本土文化框架之内的即为文化上的保守，而相对的，主张将传统文化全盘推倒的即为文化上的激进。

需要说明的是，在有关"保守主义"的讨论中，本书将文化上的保守主义与政治上的保守主义进行了区分。原因在于，就20世纪以来的中国思想界而言，文化与政治层面的保守主义并非两相对应，而是与激进主义构成了较为复杂的交叉关系。比如胡适是20世纪20年代至30年代公认的文化激进主义思想领袖，但是他的政治倾向是相当温和的，在20世纪40年代后半叶甚至一度趋于保守——这说明文化上的反传统不一定必然导致政治上的激进主义；再比如孙中山对中国传统的哲学和伦理学十分推崇，他认为"修齐治平"是中国哲学知识中"独有的宝贝"，"忠孝仁义"这些"固有的旧道德"也应该"恢复起来"，但是在政治纲领的选择上，孙中山等革命党人不可谓不是清末民初最为激进者——这说明在文化上维护传统也并不一定必然导致政治上的保守。正是由于文化与政治层面的保守主义与激进主义之间呈现出交叉甚至疏离的复杂关系，为了研究思路方面的清晰性与一贯性，本书讨论的范畴仅限于文化层面的保守主义倾向，同时本书也区分了文化保守主义与文化民族主义、文化保守主义与顽固守旧派（或封建正统派）之间的差别。

回到20世纪80年代的文化保守主义这一话题，想要论述文化保守主义思潮为何在20世纪80年代形成，恐怕首先需要对整个20世纪中国思想文化层面的时风变迁进行回观，并且从中厘清文化保守主义与文化激进主义所构成的一种"周期性兴衰更迭"的双向互动关系。

1840年以后，由于以儒家学说为代表的中国传统文化从伦理价值到政治观念，由表及里地受到西方世界猛烈且持续的挑战，中国近代思想史的主流价值取向呈现出一种连续激进化的态势，直到新文化运动时知识分子喊出"打倒孔家店"的口号，将文化激进主义推向了历史的巅峰。但是，随着第一次世界大战的结束以及西方现代性思想多元化趋向的发生，20世纪20年代至30年代，文化激进主义思想日渐式微，知识分子在思想逐渐激进的过程中遇到了虔诚效仿西方与发现西学"破产"的困惑，遇到了欲全盘实现西化与西学多元取向之间的尴尬，这一时期主流价值取向开始趋于温和，人们开始重新认识中国传统文化的价值，试图在融合本土与外来思想资源的基础上实现文化的重建。在20世纪20年代至30年代的文化大讨论中，主张"全盘西化"的陈序经和"充分世界化"的胡适等人的声音逐渐隐去，而梁漱溟等人提出的中国文化"复兴论"、陶希圣等十位教授提出的"中国本位论"却得到了大部分知识分子的认同和支持，文化保守主义成为弥漫于现代化理论与实践之中的主导性社会心态。也正是在知识思想界激进主义势头渐弱，文化保守主义崛起的背景下，20世纪40年代中国价值出现了某些显著转向：在延安，马列主义与民俗文化相结合，本土化为毛泽东思想；在重庆，国民党官方意识形态以"唯生论""理性哲学"的形式出现并趋于保守；在学术领域，新儒学的新一代学者也构建起自己的理论框架，各种形式的传统文化回归主宰着20世纪40年代至50年代的中国思想界。

历史中的某些发展阶段常常会有一些似曾相识的共通之处。时间及至20世纪60年代，中国大陆掀起了一场以"反孔"始、以"批儒"终的名义上"反传统"的"文化大革命"运动，表面上似乎又刮起了一场全盘反传统的旋风。但是值得玩味的是，"文革"所要反的传统只是"儒学"和"孔孟之道"，而法家的传统、江湖民间的传统，却被"文革"所接受和继承，甚至成为其"反传统"的武器。"文革"末期"评法批儒"正是其"以传统的武器反传统"的恰切证明。因而，10年"文化大革命"反而促使人们开始再次思考传统文化与封建主义之间的关联，在这样的背景下，"全盘西化"与"反传统"的激进主义论断再次在20世纪80年代被知识分子提起。尤其是在20世纪80年代的上半叶，文化保守主义思想几乎销声匿迹，有关传统文化的讨论大多也只是停留在理论层面，而较少与社会现实问题相关联，中国文化书院主要发起人王守常（1994：43）曾经说："在1984年之前，传统文化的讨论还只限于'雅人深致'以及知识界的'坐而论道'。"另外，"文革"结束后不久，确实也出现过一些对儒学进行实事求是的分析，甚至部分肯定传统文化价值的观点，比如庞朴在1978年第8期的《历史研究》杂志发表的《孔子思想的再评价》一文中的观点，以及1981年1月15日至21日在杭州召开的"全国宋明理学讨论会"上提出的观点等。但是历史地看，彼时的观点旨在纠正"文革"末期"评法批儒"中对"孔孟之道"完全否定的错误观点，只能作为对"文革"反思的一部分，希冀以此起到弘扬传统文化的目的和效果并不符合当时的情状。这一历史事实也解释了后文所要论及的，与文化保守主义思潮相关的图书出版数量与文章发表数量，为何在1979—1985年间均保持在低位的原因。

但是，当20世纪80年代的人们开始习惯于在经济和技术层面将"现代化"归结为"四个"具体的领域，当人们开始痴迷于通过科学技术的现代化走向国家和民族的现代化之时，这种将"现代化"与"文化"相割裂的做法终于导致了文化保守主义思潮在20世纪80年代的卷土重来，人们开始重新思考影响中国几千年发展的传统文化精神和文化模式的问题。恰在此时，中国文化书院在北京创建（1984年年底），1985年4月，中国文化书院发布了一份名为《关于建立中国文化书院的方案》的内部文件，其中提出中国文化书院的办院宗旨为"通过对中国文化的教学与研究，承继并阐扬中国文化的优秀传统；通过对中外文化的比较研究，加强世界各国的学术交流和学者的往来，促进中国传统文化的现代化"（陈越光，2018：19）。1985年5月，"文化问题协调会议"在深圳大学召开，汤一介（2016：307）在本次会议上再次强调了"文化现代化"的意义，他说："从中国历史上看，如果把'现代化'只限于工业、农业、科技、国防这些技术层面，所得到的结果只能是'现代化'的失败。如果没有一个根本性的思想观念上的转变，仍然企图把人们的思想束缚在某种僵化的教条上，中国真正的'现代化'是没有希望的。必须重视'文化问题'的研究和讨论，中国文化问题应该包括三个方面：如何对待中国的传统文化，如何接受西方的新近文化，如何创建中国的新文化——归结起来就是'传统与现代'问题如何解决。"由此，有关传统文化问题的论争成为20世纪80年代文化热中当之无愧的焦点，文化保守主义者认为应该对传统文化"批判地继承"或"通过转化继承"，在他们看来，在中国实现现代化的过程中，传统文化必将发挥作用并实现复兴；而文化激进主义者则秉持着"全盘西化论"，认为传统文化需要得到彻底批判，中国的文化需要"彻底重建"，激进一派的观点在1988年《河殇》座谈会上的讨论中以最为极端的形式得到了表现。

纵观20世纪80年代激进主义与保守主义之间的论争，文化保守主义思潮虽然在总体上并未占据绝对的主导地位，但是就影响力而言，其发展态势却是逐渐向上的，这是本研究中其他三种社会思潮所不具备的特点。中国文化书院在20世纪80年代的创立，使传统文化弘扬派作为一个整体在思想文化界醒目地亮相，他们通过开办培训、图书出版、组织学术会议等活动，使传统文化的讨论最大限度地转向了社会，人们开始重新审视传统文化转型在国家和民族现代化进程中所起到的重要作用。虽然中国文化书院中汇聚的学者对中国传统文化发展的路向有着不尽相同的认识，他们似乎也并未形成统一的学术观点，但是书院派学者们都秉承着推动中国文化走向现代化的共同愿景。可以说，中国文化书院的建立并持续开展活动，应该被看作20世纪80年代文化保守主义思潮形成并逐渐起潮的重要标志。

中国文化书院现任副院长陈越光（2018：7）曾用"两个唯一"概括20世纪80年代的中国文化书院，他说："中国文化书院是80年代'文化热'中唯一提出以中国文化为本位的全国性文化团体，它代表了一个历史维度；另外，中国文化书院是80年代有全国性重要影响的民间文化团体中唯一保持活动至今的，它在今天代表了80年代精神和思想的延续。"中国文化书院的"两个唯一"，从一个侧面说明了文化保守主义思想的价值与生命力。进入20世纪90年代，牟宗三、熊十力、梁漱溟、唐君毅、方东美、刘述先、余英时、徐复观、杜维明等一批新儒学代表人物的著作相继被出版、研究和评介（衣俊卿，2004：295），文化保守主义思潮继续发挥影响并直接促进了"国学热"的泛起。

自此，文化保守主义与文化激进主义在20世纪完成了两次"周期性兴衰更迭"，正如王学典（2015：2）所言，"文化问题的争论仿佛是一个跷跷板：任何一端分量加重必然会引发另一端的上扬与反弹。民国初年倡导'尊孔读经'之于'五四运动'……'文革'的所谓'封建复辟'之于'80年代'的'新启蒙'，都是典型的例证"。保守主义与激进主义恰恰位于20世纪文化问题中西古今论证这一"跷跷板"的两端，而中国近代以来中西古今文化的频繁冲突、救亡与启蒙双重变奏的复杂历史环境，也塑造了中国文化保守主义的思想内容，它一方面在维护传统的基础上反省传统，另一方面又在批判西方的前提下学习西方，主张以中国传统文化为主体或本位，融会调和西方文化，重建中华民族的文化系统（郑大华，2005），努力以传统文化的现代化转化为中国的发展提供必要的思想根基。

三、以"中国文化史"命名的系列丛书在20世纪80年代的出版

据相关学者统计，20世纪80年代出版的综论传统文化的著作有70余种（笔者注：丛书按一种计算），这些著作中一类着重对传统文化进行弘扬介绍，另一类倾向于对传

统文化进行剖析总结（覃建，1990）。这些著述因20世纪80年代文化热中的传统文化大讨论而起，反过来又推动了文化热的继续发展，为文化保守主义思潮在20世纪80年代的形成贡献了力量。在这些著作中，三套以"中国文化史"作为关键词的丛书尤为值得关注和研究，有学者曾将它们作为一个整体进行总体观照，认为"中国文化史丛书"的出版与演变在出版史和文化史上起到了"导夫先路"的重要作用（徐丹，2013）。在本节，笔者将按顺序回顾上海书店的"中国文化史丛书"、上海人民出版社的"中国文化史丛书"、山东教育出版社的"中国文化史知识丛书"在20世纪80年代的出版，尝试以此探查它们与文化保守主义思潮形成和发展之间的关联。

（一）对经典的复刻：上海书店出版的"中国文化史丛书"

1902年，梁启超曾发表著名的《新史学》，他认为应该"批判旧史"，构建中国"新史学"理论体系。由此，中国史学界在20世纪初掀起了一场声势浩大的"史学革命"。在这样的历史背景之下，时任商务印书馆总经理的王云五力邀各方知名学者，准备编纂一套名为"中国文化史丛书"的史学论著。"中国文化史丛书"计划出版80个科目，预计分为四辑陆续出版。但是因时局动荡、战乱频仍，由商务印书馆出版的"中国文化史丛书"只出版了第一辑的20种24册、第二辑的20种26册、第三辑的1种1册便不得不在1939年5月停止出版，仍有40种遗憾地未能面世。但是由商务印书馆出版的"中国文化史丛书"仍然被普遍视为20世纪初"新史学革命"影响下中国传统文化和文化史研究的重要学术成果，成为近代以来展现中华文化的重要历史文献。

在经历了将近半个世纪的沉寂之后，当20世纪80年代传统文化研究的热潮再次来临之时，上海书店抓住机会，顺应时局，在1984年根据商务印书馆的旧样，影印了除《中国疆域沿革史》之外的几乎全套的"中国文化史丛书"，出版书目可见表6-3。最终，上海书店再次出版图书共40种49册。为了保持著作的原貌，上海书店尽可能地遵照20世纪30年代的老版进行影印，除《中国算学史》之外，均采取了繁体竖版的形式完成出版印刷。

上海书店于1984年对"中国文化史丛书"的重印与复刻，使20世纪80年代文化热中关于传统文化的讨论和研究非常必要且及时地对经典文本进行了回顾和承续。走过"文革"漫长的文化荒漠，20世纪30年代商务印书馆版本"中国文化史丛书"的再次出现，无疑为社会提供了一套不可多得的传统文化补课教材。

表 6-3　上海书店 1984 年对商务印书馆版本"中国文化史丛书"的出版目录

出版社：上海书店；出版时间：1984年3月；共40种（49册）		
《中国经学史》马宗霍	《中国理学史》贾丰臻	《中国田赋史》陈登原
《中国文字学史》 （上、下册）胡朴安	《中国法律思想史》 （上、下册）杨鸿烈	《中国民族史》 （上、下册）林惠祥
《中国交通史》白寿彝	《中国南洋交通史》冯承钧	《中国殖民史》李长傅
《中国婚姻史》陈顾远	《中国政党史》杨幼炯	《中国商业史》王孝通
《中国骈文史》刘麟生	《中国算学史》李俨	《中国盐政史》曾仰丰
《中国度量衡史》吴承洛	《中国医学史》陈邦贤	《中国考古学史》卫聚贤
《中国绘画史》 （上、下册）俞剑华	《中国陶瓷史》 吴仁敬、辛安潮	《中国税制史》 （上、下册）吴兆莘
《中国教育思想史》 （上、下册）任时先	《中国道教史》 （上、下册）傅勤家	《中国俗文学史》 （上、下册）郑振铎
《中国目录学史》姚名达	《中国伦理学史》蔡元培	《中国政治思想史》杨幼炯
《中国水利史》郑肇经	《中国救荒史》邓云特	《中国妇女生活史》陈东原
《中国日本交通史》王辑五	《中国散文史》陈柱	《中国训诂学史》胡朴安
《中国音韵学史》张世禄	《中国地理学史》王庸	《中国小说史》 （上、下册）郭箴一
《中国渔业史》 李世豪、曲若搴	《中国韵文史》 [日]泽田总清 著，王鹤仪 编译	《中国音乐史》 [日]田边尚雄 著，陈清泉 译
《中国建筑史》 [日]伊东忠太 著，陈清泉 译补		

（二）在热潮中重启：上海人民出版社出版的"中国文化史丛书"

在"中国文化史丛书"被上海书店影印出版并引发持续热议的同时，20世纪80年代的一些知识分子逐渐形成了一种共识，他们认为十分有必要根据中华人民共和国成立以来文化史各个专门领域在学术上取得的新发现、新材料、新成果，出版一套全新的"中国文化史丛书"，以此改变中国文化史研究长期受到忽视的现状，改变"学术界想要了解中国文化的历史全貌还要参考半个世纪前的著述"的事实。

早在1983年1月至2月，复旦大学历史系中国思想文化史研究室和《历史研究》杂志社经过多次商讨，决定联合筹备出版新时期全新的大型中国历史研究丛书，并仍以"中国文化史丛书"命名。1983年3月,复旦大学历史系邀请编委和部分作者举行座谈会,讨论"中国文化史丛书"的总体设想和选题计划等有关事项,并正式组成编委会。新版丛书由周谷城教授担任主编,庞朴、包遵信、朱维铮、姜义华担任常务编委①(姜义华,2015:67/170),首期编委会成员包括王尧、叶亚廉、包遵信、刘再复、刘志琴、刘泽华、朱维铮、纪树立、李学勤、李致忠、张磊、张广达、金冲及、金维诺、庞朴、姜义华、陶阳共十七人。编者希望新版的"中国文化史丛书"至少包括以下十四个门类,分别为区域文化、民族文化、考古学文化、科学文化、生活文化、学术文化、语言文化、艺术文化、体育文化、宗教文化、比较文化、文化制度、文化事业、文化运动,力求从不同层面、不同科目反映中国文化史的整体面貌(田影,1986)。这套丛书的第一辑(共10种)由上海人民出版社在1985年12月至1987年12月陆续出版,该辑图书中写,"全套丛书计划十年刊行一百种,前五年(1984—1988年)争取发行五十种,以期初见系统性"。

上海人民出版社版本的"中国文化史丛书"最终实际只出版了26种(姜鹏,2016),丛书目录见表6-4。从选题和内容上看,新版本的"中国文化史丛书"明显希望较之前人有所突破和拓展,如《佛教与中国文学》(上海人民出版社版本)之于《中国道教史》(商务印书馆版本)、《中外比较教育史》(上海人民出版社版本)之于《中国教育思想史》(商务印书馆版本)等。但是客观来讲,新版的"中国文化史丛书"大多只是文化史某一领域的专题知识介绍,并不能称为严格意义上的文化专题史,有学者认为,总体上就作者的权威和文化史领域的开拓而言,除少数几种达到较高水平之外,这套丛书其实并未超过商务印书馆版本的水平(王建辉,2000:122)。但是值得肯定的是,这套丛书中的代表作,如余英时的《士与中国文化》、周振鹤与游汝杰合著的《方言与中国文化》、葛兆光的《禅宗与中国文化》等,至今仍是学习、研究中国思想文化史的必读名著,其中不少书目还经原作者不断修订、再版而畅销不衰(姜鹏,2016)。

表6-4 上海人民出版社1985—1996年出版的"中国文化史丛书"书目

书名	作者	出版时间
《中国甲骨学史》	吴浩坤、潘悠	1985.12
《中国彩陶艺术》	郑为	1985.12

---

① 亦有说法认为"常务编委"仅有庞朴和朱维铮两位,或应以"编委会常务联系人"的称谓代替"常务编委"一说,具体可参见姜鹏的《〈中国文化史丛书〉出版的台前幕后》一文,载于2016年3月13日的《东方日报》(A03—A04版)。

（续表）

书名	作者	出版时间
《中西文化交流史》	沈福伟	1985.12
《禅宗与中国文化》	葛兆光	1986.6
《中国染织史》	吴淑生、田自秉	1986.9
《方言与中国文化》	周振鹤、游汝杰	1986.10
《楚文化史》	张正明	1987.8
《道教与中国文化》	葛兆光	1987.9
《中国小学史》	胡奇光	1987.11
《士与中国文化》	余英时	1987.12
《佛教与中国文学》	孙昌武	1988.8
《中国古代火炮史》	刘旭	1989.1
《中国创世神话》	陶阳、钟秀	1989.9
《中国杂技史》	傅起凤、傅腾龙	1989.9
《中国舞蹈发展史》	王克芬	1989.10
《中国饮食文化》	林乃燊	1989.10
《彝族文化史》	马学良	1989.12
《中国历代官制与文化》	王超	1989.12
《中国文人的自然观》	[联邦德国]W.顾彬 著，马树德 译	1990.1
《中国古代图书事业史》	来新夏	1990.4
《园林与中国文化》	王毅	1990.5
《中国比较教育史》	[加]许美德，[法]巴斯蒂	1990.7
《中国岩画发现史》	陈兆复	1991.9
《理学与中国文化》	姜广辉	1994.6
《中国民间信仰》	乌丙安	1995.1
《少数民族与中华文化》	田继周	1996.5

（三）从精英到大众：山东教育出版社出版的"中国文化史知识丛书"

为适应大众化知识传播的需要，以传统文化为内容的图书的读者定位，在20世纪80年代末也由精英逐步延伸至普通大众。山东教育出版社自1988年4月至1992年4月，陆续出版了全套30种的"中国文化史知识丛书"，丛书目录见表6-5。这套丛书既有学科分类的理念，如《中国古建筑简说》《中国古代兵器》《中国古代石刻丛话》；也有断代研究的尝试，如《商周青铜文化》等。从内容上看，这套丛书写法灵活、删繁就简，打破分章分节的常规写作规范，体式不拘一格。与上文提到的两种文化史丛书不同，山东教育出版社出版的"中国文化史知识丛书"并未将自身定位为严肃的学术著作，而是将图书设计为一种面向大众的薄本易读的传统文化史普及读本，山东教育出版社的编辑更是直接将这套丛书定义为"学生的课外读物"（温闽、张汝锋，1997）。

作为大众读本的"中国文化史知识丛书"的出版，使传统文化图书的读者群由专家学者向普通大众转移，读者群的扩大使更多人参与了传统文化讨论中，更多普通百姓在无意识的状态下受到了文化保守主义思想的影响，接受并认同了传统文化在新时期现代化建设中的作用，这也是20世纪90年代以后的"国学热"得以出现的重要原因之一。

表6-5　山东教育出版社1988—1992年出版的"中国文化史知识丛书"书目

书名	作者	出版时间
《辉煌的古代音乐》	于培杰	1988.4
《中日文化交流史话》	李威周	1988.4
《商周青铜文化》	徐鸿修	1988.4
《中国古代数学成就》	项观捷	1988.4
《中国古代石刻丛话》	李发林	1988.4
《书法源流概谈》	陈梗桥	1988.4
《中国古代兵器》	刘申宁	1988.4
《中国古代考试制度》	盛奇秀	1988.4
《中国古代官制纵谈》	周国荣	1988.4
《中国古建筑简说》	缪启珊	1988.5
《中华礼俗纵横谈》	李万鹏、姜文华	1989.12
《古代刑罚与刑具》	徐进	1989.12

（续表）

书名	作者	出版时间
《中国古代图书》	鲁海、鲁军	1989.12
《汉字的演变》	刘聿鑫、刘景林	1989.12
《中国烹饪文化》	张廉明	1989.12
《中国医药史精华录》	张知寒	1989.12
《宗教与中国传统文化》	刘锋	1990.10
《中国古代文房四宝》	刘绍刚	1990.10
《中国古代养生之道》	郑杰文	1990.10
《中国古代科技》	晁中辰	1990.12
《中国古代婚姻》	张涛	1990.12
《中国古代陶瓷艺术》	刘凤君	1990.12
《中国古代天文历法》	徐传武	1991.1
《古代中国与海外》	陶卫东、金之平	1991.1
《话说敦煌》	荣新江	1991.1
《中国古代美术》	冯杰	1991.1
《中国史前文化》	蔡凤书	1991.6
《中国古代游艺》	郑重华、刘德增	1991.9
《中国古代服饰》	沙嘉孙	1991.9
《中国古代杂技》	朗延芝、罗青	1992.4

有关"中国传统文化"的系列丛书的出版并未随20世纪80年代的落幕而结束，20世纪90年代以后，以"中国文化史"为关键词的丛书继续保持着"高产"，如1997年沈阳出版社出版全套80种的新版"中国文化史知识丛书"，1998年商务印书馆对老版本"中国文化史丛书"全套41种进行了重印，中华书局从1995年至2000年持续出版"中华近代文化史丛书"等。这些丛书全方位探索了中国文化的精神，从多层次多角度阐释了中国文化的特征，增强了民众的民族文化自尊心与自信心，引领了文化保守主义思潮的深入发展与迭代。另外，通过对中华民族传统文化的系统剖析和对中国文化发展过程

中内在规律的探索总结，新时期的人们越来越能够清晰地把握中国文化与世界文化之间的联系，这为中国文化的现代化提供了十分必要的依据。

四、20世纪80年代图书出版与文化保守主义思潮的相关性回归分析

（一）文化保守主义思潮相关图书样本的选取

为了比较20世纪80年代图书出版与文化保守主义思潮之间的相关性，笔者仍旧采用与前文相同的方式选取了100种与文化保守主义思潮相关的图书样本。在选取样本的过程中，笔者参考了1980年至1990年《中国出版年鉴》当中与"传统文化"相关的图书或书评，如历年"新书简目"当中"哲学"分目中有关传统文化哲学的图书、"文化、教育、体育"分目中关于传统文化的著述、"文学"分目中有关"寻根文学"的作品等。除此之外，前文提到的20世纪80年代的一些图书排行榜、图书奖项、图书评选活动也仍然是笔者选择图书样本时的重要参考内容。

以1979年1月1日至1989年12月31日为出版时间限定，在本章选取的图书样本中，寻根文学作品14种，中国文化书院出版物及书院名家著作48种，传统文化系列丛书26种，其他传统文化类图书12种（见表6-6），图书样本详情见本书附录《表3 20世纪80年代文化保守主义思潮图书样本详细列表》。

表6-6　20世纪80年代100种文化保守主义思潮相关图书类目统计

类目	寻根文学作品	中国文化书院出版物及书院名家著作	传统文化系列丛书	其他传统文化类图书
数量（种）	14	48	26	12

（二）以年份作为维度的相关性对比

为考察20世纪80年代以传统文化为内容的图书的出版与文化保守主义思潮之间的相关性，在本章的研究中，笔者仍然首先将"图书样本的出版时间"与"相关讨论文章的发表时间"置于"年份维度"进行初步对比。根据前文所述，以20世纪80年代文化保守主义思潮最相关TOP5词汇"文化保守主义""传统文化""寻根文学""中国文化书院""儒学"作为关键词，在中国知网数据库检索得可到1979年1月1日至1989年12月31日的讨论文章共401篇，1979—1989年文章发表年份分布情况见表6-7。

表6-7　1979—1989年文化保守主义讨论文章发表年份分布统计

年份	1979	1980	1981	1982	1983	1984	1985	1986	1987	1988	1989
数量（篇）	7	1	9	7	14	11	11	42	80	89	130

在对1979—1989年的100种文化保守主义思潮相关图书的首次出版时间进行统计后，笔者又整理出图书出版年份分布情况表（见表6-8）。

表6-8　1979—1989年文化保守主义图书样本出版年份分布统计

年份	1979	1980	1981	1982	1983	1984	1985	1986	1987	1988	1989
数量（种）	1	0	1	2	4	3	7	7	17	25	33

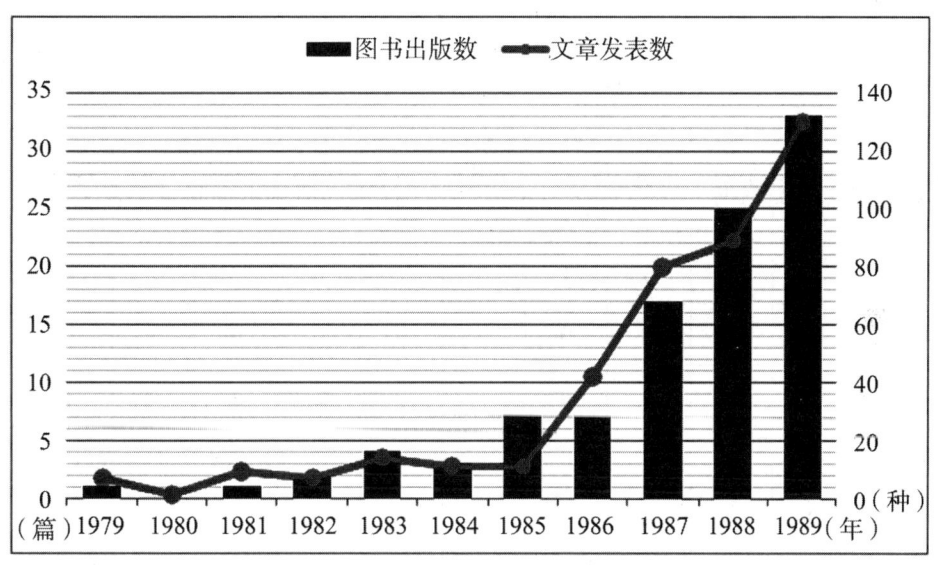

图6-1　1979—1989年文化保守主义思潮相关图书出版量与讨论文章发表量的相关性趋势图

通过对以年份为维度的"图书出版时间"及"文章发表时间"两项数据的比对，从图6-1中我们可以发现20世纪80年代图书出版与文化保守主义思潮呈现出较为明显的相关性。（1）在1985年之前，与文化保守主义思潮相关的图书的出版数量和文章发表数量均较少，这与"文革"结束后"反封建"到"反传统"的主流思想直接相关，这也说明在20世纪80年代上半叶，文化保守主义思潮尚未形成。（2）1985年至1986年，图书出版与文章发表数量先后迎来拐点，两项数据在20世纪80年代中后期开始快速攀升，这是文化保守主义思潮形成并逐渐彰显影响力的明显表征，与20世纪80年代中期中国文化书院创办并开展办学活动、组织学术活动、进行图书编纂出版有关，也与"寻根文学"的出现和多套"中国文化史丛书"的持续出版有关。（3）与 20 世纪 80 年代其他社会思潮不同的是，文化保守主义思潮在 1989 年并未受到冲击，相关的图书出版与文章发表数量反而在 1989 年达到了 20 世纪 80 年代的最高点，传统文化的热潮跨越并延续至下一个 10 年，还催生了 20 世纪 90 年代的"国学热"。文化保守主义思潮在改革开放后的发展趋势不仅证明了其自身的生命力，也从侧面说明文化保守主义思想在社会主义文化建设中具有独特的价值和意义。

（三）以月份作为维度的回归分析

在以自然年份作为考察维度的基础上，笔者将使用一元线性回归的方法继续对 1979 年 1 月到 1989 年 12 月间与文化保守主义相关的图书的出版数量与讨论文章发表数量的月度分布数据进行分析。图书出版数量月度分布详见本书附录《表 3 20 世纪 80 年代文化保守主义思潮图书样本详细列表》，讨论文章发表数量的月度分布数据见表 6-9。

表 6-9　1979 年 1 月—1989 年 12 月文化保守主义相关讨论文章发表数量月度统计

文章发表数（篇）＼月份＼年份	1979	1980	1981	1982	1983	1984	1985	1986	1987	1988	1989
1月	0	1	0	1	0	2	0	2	2	3	2
2月	0	0	0	0	0	0	0	0	1	1	4
3月	1	0	0	0	1	2	2	2	9	8	13
4月	1	0	0	0	1	3	0	4	11	17	15
5月	2	0	0	1	3	0	1	4	7	0	18
6月	0	0	2	0	1	1	4	3	12	12	20
7月	1	0	2	0	2	3	0	3	6	6	14
8月	0	0	1	1	0	0	1	3	4	12	13
9月	0	0	1	0	1	0	0	0	3	7	2
10月	1	0	0	1	3	0	1	12	10	10	12
11月	0	0	1	0	0	0	0	1	1	2	0
12月	1	0	2	3	2	0	2	8	14	11	17

表 6-10　模型检验 C

Source	SS	df	MS	Number of obs	=	132
				F(1, 130)	=	166.67
Model	1594.845	1	1594.845	Prob > F	=	0.0000
Residual	1243.966	130	9.56897	R-squared	=	0.5618
				Adj R-squared	=	0.5584
Total	2838.811	131	21.67031	Root MSE	=	3.0934

从表 6-10 可以看出，F 检验用于检验回归方程的显著性，回归方程 F 值为 166.67，其 P 值为 0.000，小于 0.05，通过显著性检验。决定系数 r^2 是一个回归直线与样本观测值拟合优度（Goodness of Fit，指回归直线对观测值的拟合程度）的相对指标，反映了因变量的波动中能用自变量解释的比例。$0 \leqslant r^2 \leqslant 1$，$r^2$ 越接近于 1，拟合优度越好，拟合优度 r^2 为 0.5618。

表 6-11　回归结果 C

讨论文章数量	系数	标准差	t统计量	P值
出版图书种数	2.6093	0.2021	12.91	0.0000
_cons	1.0611	0.3097	3.43	0.0010

由表 6-11 可知，用 t 检验来检验回归系数的显著性，出版图书种数在 5% 的显著性水平下通过显著性检验。这说明 20 世纪 80 年代以传统文化为内容的图书的出版种类每增加 1 个单位，相关讨论文章数量会增加 2.6093 个单位，这个数值明显高于图书出版对"人道主义思潮"和"科学主义思潮"的影响，这说明随着出版事业的恢复与发展，图书出版对于社会思潮的影响和引领能力在 20 世纪 80 年代呈现出一种逐渐加强的态势。

第七章　20世纪80年代图书出版与文化自由主义思潮

一、20世纪80年代的文化自由主义思想与"全盘西化"论

（一）文化自由主义思想在中国的源起与在20世纪80年代中后期的复兴

有关西方的自由主义思想究竟是在近代的哪个阶段被引介至中国，不同的文化学者往往秉持不同的看法。有些人认为早在鸦片战争之前，自由主义思想就已由西方的传教士率先介绍至东方。19世纪30年代，广州的传教士创办《新闻》杂志，在其刊发的文章中，不乏对"自主之理"的描述："自主之理者，按例任意而行也……各国操自主之理，百姓勤务本来，百计经营，上不畏，下不仇，各国之法度，可以议论慷慨。"（胡明贵，2013：7）一些学者由此认为，中国近代的自由主义思想在1840年之前便由西方传教士完成了理论轮廓的大致勾勒。另外，也有一些学者认为应将19世纪末的维新变法运动视为自由主义思想在近代中国兴起的起点，因为彼时的维新派已经在自上而下的改革中倡导效法英国民主制度；维新派的代表人物梁启超也因此被这些学者认定为在中国传播自由主义的早期代表之一。但是，更多的文化学者则将严复看作"中国自由主义之父"，认为他是将西方自由主义经典著作较为系统和规整地译介至中国的第一人。1895年，英国学者斯图亚特·穆勒的著作 *On Liberty* 首次出版，仅仅在8年之后的1903年，严复便将这本著作译成中文，定名《群己权界论》（今译《论自由》）。此外，20世纪初，严复还翻译引介了《孟德斯鸠法意》（今多直译为《论法的精神》）和亚当·斯密的《原富》（今译《国富论》），这些译著的出版对于自由主义思想在近代中国的传播起到了不可忽视的重要作用。除了以上观点之外，还有人将胡适看作中国自由主义思潮的发起者，究其原因，新文化运动所大力阐扬的追求个性解放、强调个人价值与独立思想等内容，第一次超越了以往将自由主义仅仅看作救亡图存工具的认识局限，使自由主义在中国第一次真正成为一种社会思潮，并产生了广泛的影响，得到了普遍的认同。

通过对自由主义在我国近代历史中源起时间点的粗略考察，我们不难发现，中国自由主义的一大特色，即有关自由主义的每次传播或热议都是少数精英知识分子发起的（高瑞泉，2019：222）。而中国近代以来的知识分子虽仍对政治抱有较为强烈的热忱，但是与传统社会士大夫处于政治中心不同，他们往往更多地处于权力的边缘。因而，一些秉持自由主义思想的精英知识分子逐渐开始更加强调精神生活的自由、思想意识的自由与价值的多元。与强调在社会实际生活尤其是政治生活中产生的影响相比，他们转而更多强调自由主义在思想文化上的影响力。张东荪（1948）曾就此将自由主义区分为"政治上的自由主义"和"文化上的自由主义"，在他看来，"文化的自由只是一个批评的精神与一个容忍的态度，……而不是具体的主张"。从这个角度讲，北京大学曾经的校长蔡元培就是文化自由主义知识分子，与直接参与政治不同，他选择将"不做官"作为自己行为规范中的重要一条，他希望通过投身教育、著书立说达到传播自由民主思想的目的，同时通过积极制造舆论、有效反映民情等方式形成对政府的监督与影响。而这种典型的在文化方面的影响远超在政治方面的影响的文化自由主义思想，正是20世纪80年代中后期自由主义思想在中国再次起潮后的具体表现。

20世纪80年代，当人们为了实现现代化的目标而再次急切地打开国门之时，国人普遍表现出对西方发达国家发展水平的渴慕，人们自然地认为西方的发达与其文化的优越有着必然的联系，西方的现代化理论、方法、概念等学术文化成果自然而然地被人们认为是先进的，是我国现代化建设，特别是现代化文化建设的主要借鉴资源。从20世纪80年代中后期开始，与19世纪末至20世纪初我国的某些思想家类似，一批知识分子倾向于选择较为激进的社会文化改造路径，越来越表现出反正统和西方化的特点，文化热中"西化派""自由派"的影响力越来越大。在许纪霖（2007：195）看来："当代中国的自由主义萌发于20世纪80年代'新启蒙运动'的泛自由化思潮。由严复启其端、胡适承其续的中国自由主义思潮，在沉寂了数十载之后，于世纪末的改革时期复兴。"

作为"文化：中国与世界"编委会的主编，甘阳亲历了20世纪80年代的文化热并在一定程度上影响了彼时文化大讨论的走向。甘阳曾多次强调自己是"最早谈自由主义的"（查建英，2006：227），他说："我于1989年在《读书》杂志发表《自由的理念》以及《自由的敌人》两篇文章，在国内首先引入了伯林（Isaiah Berlin）关于'消极自由'与'积极自由'的区别等概念，在出国后不久发表的《扬弃'民主与科学'，奠定'自由与秩序'》，又集中提出了自由主义与民主的张力问题。"（甘阳，1999）甘阳曾在与查建英的访谈中，谈及自己转向自由主义的缘由："编委会影响越来越大，发生的很多关系也越来越多""人家要追问你这编委会的一个政治定位""别人可以不考虑，编委会的一个主编的话，人家觉得你要有一个说法……这个时候，我想我是从1987年开始读这个社会政治方面的东西的。"(查建英，2006：227）甘阳坦言自己受到伯林、海耶克、波普尔"三家自由主义"的影响，研究逐渐"从德国或欧陆哲学转到英美思想传统方面"。正是由于甘阳旗帜鲜明地表明了自己的自由主义立场，加之其在《传统、时间性与未来》《中西之争还是古今之争》①等文章中表达出鲜明的"反对回归中国传统"的观点，其本人及"文化：中国与世界"编委会乃至该编委会旗下的几套丛书都在20世纪80年代被知识界看作"全盘西化论"的代表。据"文化：中国与世界"编委会主要成员徐友渔回忆："我们，特别是主编，当时对这个称谓（指"全盘西化论"的代表——引者注）是欣然接受的，甚至沾沾自喜，因为它准确地说明了我们工作的性质和我们的思想倾向。"(陈子明、徐友渔，2009）但是，现实地看，在20世纪80年代的最后几年里，甘阳及"文化：中国与世界"编委会成员的"西化论"主张其实并不激进，他们所宣称的自由主义，其实也鲜有实质性的政治诉求或指涉。甘阳自己曾说："自由不是现代那样狭隘的政治上的'消极的自由'，而首先是一个精神界的自由，积极的自由，是一个全面的人的自由。"（查建英，2006：228）。在2006年，与查建英的访谈中，甘阳也对当年"全盘西化派"的标签做出了新的解释："我们实际上只是认为要先进入西学……一方面是当时不满意要'回归传统'的这个派别；另一方面也不满意很多人把它扯到当代政治问题上来的那种讨论。"（查建英，2006：212）王学典（2015：94-104）更是针对此问题在《"八十年代"是怎样被"重构"的？》一文中作出"甘阳不是80年代'文化热'中的主将"的判断，认为与"狂人"和《河殇》撰稿人等激进的、彻底反传统的全盘西化派相比，甘阳的"自由主义"主张实在算不上彻底。

其实，历史地看，"自由主义"的话题真正成为中国知识界的一大热点，实际上是在市场经济导向被正式肯定的20世纪90年代以后；所谓"自由主义"与"新左派"的论争，也应是20世纪90年代之后的事情。学者汪晖（1997）曾根据20世纪90年代中国市场化转轨和社会变迁的新特点，主张超越20世纪80年代的新启蒙主义和现代化意识，转而从全球资本主义的视域重新思考中国的问题，"创造出一种不同于80年代中国知识界的文化空间"。实际上，20世纪80年代末刚刚起潮的自由主义思想还较为泛化和发散，大部分学者只是想通过对自由主义的反思、研究、倡导，丰富实现现代化的思想学理资源。甘阳（2006a：12）曾说："着眼于中国文化与中国现代化的现实关系问题，当是我们今日讨

---

① 《传统、时间性与未来》一文最早发表在《读书》杂志1986年第2期；《中西之争还是古今之争》一文最早发表在《青年论坛》杂志1986年第2期。后来，甘阳将两篇文章合并，并且有所增改，将全文命名为《八十年代文化讨论的几个问题》，并将其作为发刊词发表在《文化：中国与世界》的创刊号（1987年6月）上。2006年，在由甘阳主编的《八十年代文化意识》一书中，甘阳又将这篇文章收录其中，并作为该书的首文发表，可见甘阳本人对于这篇文章及其观点的认可和重视。

论中国文化的基本出发点。"可以说,20世纪80年代末期中国思想文化界的统一目的仍然在于使中国实现现代化,在于寻求中国文化的出路,在于解决改革以来中国所出现的问题。进一步讲,20世纪80年代秉持自由主义思想的一部分知识分子,只是在哲学、文学等领域呼吁人的自由和解放,呼吁建立个人主义的社会伦理和价值标准,并将其视为个人自由的一种集中体现。因而,从某种意义上讲,"文化自由主义"才是对20世纪80年代中后期自由主义思潮更为恰切和精准的表述。而彼时文化自由主义思想兴起,它作为20世纪80年代"启蒙思想"的一部分,仍然在试图探索其自认为可能的中国现代化路径。

但是,值得注意的是,在持文化自由主义思想的知识分子内部,时常表现出古典的自由主义伦理与激进的极端主义伦理的对立(汪晖,1997),而极端的文化自由主义往往会导致民族虚无主义和历史虚无主义的滥觞,下文即将论及的以"河殇派"为代表提出的全盘西化论,则是我们需要时刻警惕并加以批判的对象。

(二)"全盘西化"论与"河殇派"

20世纪80年代中后期,随着改革开放政策的深入实行,一些激进的自由主义者开始在社会上鼓噪西方资本主义国家的"民主""自由",大力宣扬极端的自由化思想。这种彻底否定中国传统文化、宣扬西方价值观的全盘西化思想,经1988年电视片《河殇》的播出而被渲染到最高潮(郑丽平,2008)。因而,20世纪80年代后半期出现的这批全盘西化论者,也被一些学者称为"河殇派"。

与文化自由主义思潮不同,全盘西化论在中国现代化发展道路上的主张和要求已经不仅仅局限于文化领域。面对愈演愈烈、逐步升温的极端自由主义思潮,1986年年底至1987年年初,国内主要媒体集中发声批判全盘西化的错误思想倾向。但是,全盘西化论仍在社会中持续发酵,1988年6月,六集系列电视片《河殇》的播出掀起了一股异乎寻常的"河殇热"。从1988年下半年开始,《文艺报》《中国文化报》等媒体纷纷召开《河殇》座谈会,专门发表评论文章。《人民日报》《光明日报》《文汇报》《经济日报》《中国青年报》《国际商报》《北京青年报》《新华文摘》等海内外十几家报刊或多或少地刊登了《河殇》解说词。至少有四、五家出版社,以最快的速度出版了解说词的单行本,或包括解说词在内的讨论集。甚至连有些城市的暑期夏令营,也以"河殇"为主题举行演讲和征文比赛。(钟华民,1989:1)但是只要稍作思考,就能发现《河殇》中所传递出的所谓"总体反思"或"全面思考",实则就是以反思黄河文明为名否定中华民族历史与文化。

实际上,在中国近代历史中,洋务派、维新派、革命派都先后提出过"西化"的主张,而全盘西化的思想是在20世纪30年代的"本位文化与全盘西化大论战"当中首次以完整的形式出现的。在这次文化大讨论中,陈序经(1935)被视为全盘西化思想的代表人物。陈序经等人的观点在当时遭到很多人的反驳。

总体来看,无论在历史的哪一阶段,全盘西化论作为一种极端化的自由主义思想,都是一种绝对错误的观念,其错误的本质在于它将"传统"与"现代"、"东方"与"西方"、"中国化"与"西化"等几对关系视作了绝对的、非此即彼的二元对立关系,这是对现代化的一种错误理解。20世纪80年代,以"河殇派"为代表的"全盘西化"论者忽略了传统与现代的融合与承接,蔑视了文化的民族性与世界性,对世界各国现代化模式和道路的多样性视而不见。纵观世界,不同的地区、国家和民族都有着独特的情况,不同的自然地理条件,迥然而异的思想文化背景等。这就决定了人类的现代化道路,不应该也不可能只有一个具有普适性或权威性的"西方现代化模式"(徐奉臻,1999:269-270)。正如邓小平在中国共产党第十二次全国代表大会上所言:"我们的现代化建设,必须从中国的实际出发,无论是革命还是建设,都要注意学习和借鉴外国经验。但是,照抄照搬别国经验、别国模式,从来不能得到成功,走自己的道路,建设有中国特色的社会主义,这才是我们总结长期历史经验得出的基本结论。"(邓小平文选·第三卷,1994:2-3)

二、20世纪80年代的西学译丛:作为一种文化自由主义的想象

(一)甘阳及"文化:中国与世界"编委会的"反传统"主张

四川人民出版社资深编辑傅世悌(1986)曾将20世纪80年代的民众唤作"思考的一代",在他们当中又有"饥渴者"和"盗火者"的分别。其中,前者是迫切需要了解外部世界,需要丰富精神食粮的普通大众,后者则是胸怀远大理想、亟须找寻"用武之地"的精英知识分子。1985年年底,一部分"文革"后首批毕业的研究生因为出版社审稿太过拖沓而"不耐烦""很愤怒",也因为对此前"主要针对正统意识形态"的、"很不理论化"的文化丛书"看不起",于是他们决定"自己拉班子"搞出版(查建英,2006:197/209),这便有了20世纪80年代著名的"文化:中国与世界"编委会。在该编委会筹办的同名集刊《文化:中国与世界》当中有一段这样的描述:"中国要走向世界,理所当然地要使中国的文化走向世界;中国要实现现代化,理所当然地必须实现'中国文化的现代化'——这是80年代每位有识之士的共同信念,这是当代中国伟大历史腾飞的逻辑必然。"("文化:中国与世界"编委会,1986)很显然,在以甘阳为首的这批青年学者眼中,他们是20世纪80年代中国当之无愧的"盗火者"。

1987年6月,甘阳的《八十年代文化讨论的几个问题》首次以完整版的形式高调发表,该篇文章在20世纪80年代的文化热中引发了热烈讨论,产生了广泛的影响。因此,该文中的观点往往被认为是"文化:中国与世界"编委会在20世纪80年代的基本思想动态和

价值取向。在文章中，甘阳提出20世纪80年代讨论中国文化的基本出发点和着眼点应为"中国文化与中国现代化的现实关系问题"，通过对近百年来"中西古今文化之争"的回顾，他强调，中国传统文化在发展过程中与西方现代文明之间产生冲突已成为一种历史的必然，讨论中西文化之间的差距已经显得意义不大，更重要的是研究如何使中国文化尽快摆脱"旧形态"，逐步形成"现代文化形态"。之后，甘阳（2006a：42）巧妙地使用了德国哲学家伽达默尔的阐释学理论，赋予"传统"一词新的含义，他说："传统乃是'尚未被规定的东西'，它永远在制作之中，在创造之中，因而，继承发扬'传统'的最强劲手段并不在于死死抱住'过去已经存在的东西'不放，而恰恰要不断地与'过去'相抗争。"于是，甘阳提出了在20世纪80年代最有影响力的观点，即"继承发扬'传统'的最强劲手段恰恰就是'反传统'！"历史地看，甘阳这篇文章能产生广泛的社会影响，甚至塑造了作为学术"新生代"的"文化：中国与世界"编委会集体社会形象的原因是，它提到了"传统文化"与"现代文化"冲突的历史叙事。（贺桂梅，2010：231）由"文化：中国与世界"编委会主编的"现代西方学术文库"等出版物，也因此被人们自然而然地理解成为"反传统"的前沿阵地。

"文化：中国与世界"编委会与生活·读书·新知三联书店的合作，当属20世纪80年代外脑制编委会与体制内出版社合作中较为成功的案例。在生活·读书·新知三联书店时任总经理沈昌文的记忆里，生活·读书·新知三联书店曾在20世纪50年代有过一段译介西方学术名著的"黄金时期"：按照当时中共中央宣传部的部署，生活·读书·新知三联书店计划在1954年至1957年完成一个"庞大的译书工程"，计划总翻译图书种数在1,000种以上。但是正当生活·读书·新知三联书店的工作人员紧锣密鼓地筹备之时，该工程任务却在1958年被移交到了商务印书馆手中，这也正是商务印书馆20世纪80年代著名的"汉译世界学术名著丛书"的雏形。（曹炎，2008：203）沈昌文的这段回忆，流露出他对那段"黄金时期"的怀念，表现出他对未能出版西学译著的遗憾。于是，在1986年恢复独立建制后，当生活·读书·新知三联书店正准备重新以"文化翻译"作为自己的定位和主打方向时，"文化：中国与世界"编委会适时地出现了，于是双方一拍即合，"现代西方学术文库"等西学译丛就此诞生。

1986年12月，由周国平翻译的《悲剧的诞生：尼采美学文选》作为"现代西方学术文库"的开篇首作由生活·读书·新知三联书店出版，它是国内最早介绍尼采思想的图书，该著作当年即发行15万册，"尼采热"随之产生。紧接着，1987年3月，由陈宣良等人翻译的《存在与虚无》面世，也在当年销售超过10万册。《存在与虚无》对存在主义的系统译介，同样引发了20世纪80年代中国思想界的又一波"萨特热"和"存在主义热"。很快，"现代西方学术文库"成为"爆款"，被社会各界追捧。

表 7-1 "现代西方学术文库"在 20 世纪 80 年代出版的 27 种图书

书名	著者	译者	首版时间	首版印数（册）
《悲剧的诞生：尼采美学文选》	[德]尼采	周国平	1986.12	50,100
《知识价值革命》	[日]堺屋太一	黄晓勇、韩铁英、刘大洪	1987.2	20,000
《存在与虚无》	[法]让-保尔·萨特	陈宣良 等	1987.3	37,000
《科学知识进化论：波普尔科学哲学选集》	[英]卡尔·波普尔	纪树立 编译	1987.11	15,000
《结构主义和符号学：电影理论译文集》	[法]克里斯丁·麦茨 等	李幼蒸 选编	1987.11	5,000
《心理学与文学》	[瑞士]荣格	冯川、苏克	1987.11	25,000
《存在与时间》	[德]马丁·海德格尔	陈嘉映、王庆节	1987.12	51,000
《哲学和自然之镜》	[美]理查·罗蒂	李幼蒸	1987.12	15,000
《新教伦理与资本主义精神》	[德]马克斯·韦伯	于晓、陈维纲 等	1987.12	10,000
《语言哲学名著选辑》（英美部分）	[德]戈特洛布·弗雷格 等	涂纪亮 主编	1988.3	10,000
《文化模式》	[美]露丝·本尼迪克特	王炜 等	1988.5	16,000
《语言与神话》	[德]恩斯特·卡西尔	于晓 等	1988.6	20,000
《批评的批评：教育小说》	[法]茨维坦·扎多洛夫	王东亮、王晨阳	1988.6	10,000
《为自己的人》	[美]埃·弗洛姆	孙依依	1988.11	15,000
《符号学原理：结构主义文学理论文选》	[法]罗兰·巴尔特	李幼蒸	1988.11	7,000
《接受美学译文集》	[德]H.R.耀斯 等	刘小枫 选编	1989.1	3,500
《生物学与认识：论器官调节与认知过程的关系》	[瑞士]J.皮亚杰	尚新建、杜丽燕、李浙生	1989.3	3,000
《俄国形式主义文论选》	[俄]维克托·什克洛夫斯基 等	方珊	1989.3	2,500
《发达资本主义时代的抒情诗人：论波德莱尔》	[德]本雅明	张旭东、魏文生	1989.3	3,500

（续表）

书名	著者	译者	首版时间	首版印数（册）
《词语》	[法]萨特	潘培庆	1989.5	8,000
《资本主义文化矛盾》	[美]丹尼尔·贝尔	赵一凡、蒲隆、任晓晋	1989.5	5,000
《摩西与一神教》	[奥]弗洛伊德	李展开	1989.6	6,500
《占有还是生存：一个新社会的精神基础》	[美]埃里希·弗罗姆	关山	1989.6	7,000
《影响的焦虑》	[美]哈罗德·布鲁姆	徐文博	1989.6	7,000
《变化社会中的政治秩序》	[美]塞缪尔·P.亨廷顿	王冠华、刘为	1989.7	10,000
《在约伯的天平上：灵魂中漫游》	[俄]列夫·舍斯托夫	董友、徐荣庆、刘继岳	1989.7	4,000
《审美之维：马尔库塞美学论著集》	[美]赫伯特·马尔库塞	李小兵	1989.8	3,000

除了"现代西方学术文库""文化：中国与世界"两套丛书外，甘阳还同时主编了其他两套丛书"新知文库"和"人文研究丛书"，以及与编委会同名的《文化：中国与世界》集刊。1986年12月10日，《光明日报》登出生活·读书·新知三联书店出版的丛书的书目广告，特别对几套丛书以及集刊的不同定位作了说明："集刊意在为海内外学者深入研究中外文化提供学术园地；两套文库（指'现代西方学术文库'和'新知文库'——引者注）将有选择地译介国外重要学术文化成果，前者着重为专业工作者服务，后者面向广大读者。"正如广告中所说，"现代西方学术文库"中的图书多为近现代西方公认的大部头重要著作，字数大多在30万字以上，采用常规的32开本；而"新知文库"中的图书多为介绍性的，多为西方学术文化名人的传记，是对世界上各类学说、理论进行诠释、解说的作品，亦有一些篇幅短小的名著，字数一般控制在20万字以内，图书采用与"走向未来丛书"类似的787×960毫米的小32开尺寸。与以上两套丛书不同，《光明日报》广告中未提及的"人文研究丛书"则主要收录编委会成员的思考所得与研究成果，最终的出版任务由上海人民出版社完成。该套丛书中的代表作包括刘小枫的《拯救与逍遥：中西方诗人对世界的不同态度》（1988年4月）、苏国勋的《理性化及其限制：韦伯思想引论》（1988年3月）等。客观地讲，与20世纪80年代的另外两个民间学术团体"中国文化书院"和"走向未来丛书"编委会相比，"文化：中国与世界"编委会推出的出版

物可以说是体系最清晰、定位最准确的一个。而同时期的其他西学译著丛书，在影响力方面更是不能与"现代西方学术文库"相比。文化学者苏炜（1992）曾说："过去十年（指20世纪80年代——引者注）出现了自'五四'以后规模最大的一次翻译出版西方学术著作的大潮，而'文化：中国与世界'丛书又是其中质量最高、编选最严谨的一套。"

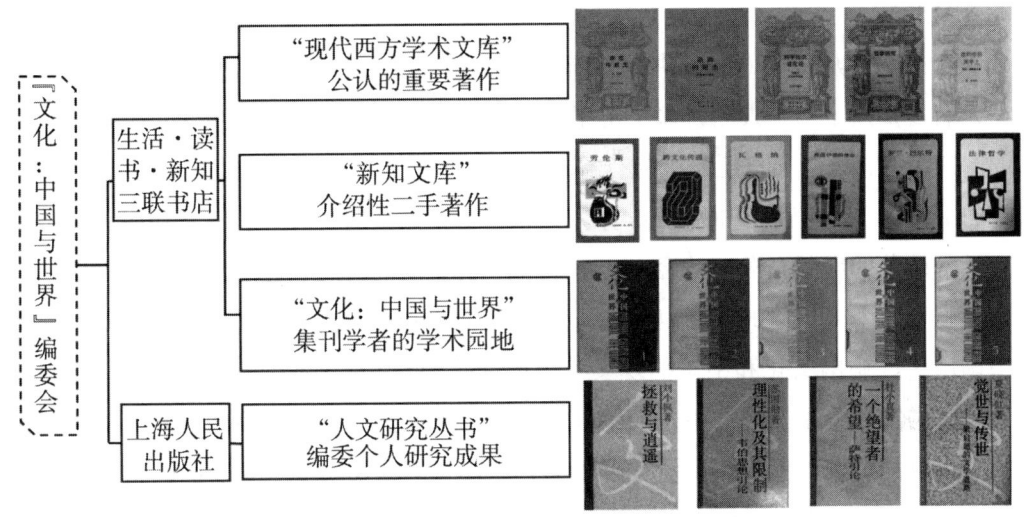

图7-1　由"文化：中国与世界"编委会主编的丛书

在论及"现代西方学术文库"在20世纪80年代受到广大读者欢迎的原因时，一些学者认为，"文化：中国与世界"编委会的知识结构与学术眼光是他们可以独树一帜的重要原因"（徐友渔，2009）。也有学者认为"现代西方学术文库"对中国发展与现代化实际问题的及时回应也是其在20世纪80年代末受到热烈追捧的原因之一。但是，特别值得玩味的是，细观"文化：中国与世界"编委会主编的"现代西方学术文库"，很多译著实则传递的是现当代西方哲学思想中对现代性观点的强烈批判，体现了对现代化的质疑和反叛。对此，甘阳曾回忆说："为什么90年代不少人回顾检查80年代时批判我们编委会的工作，因为人家觉得你应该引进现代化的东西，结果你给中国引进的却是反现代化的，我觉得他们说得倒也没错。"（查建英，2006：199）但是，更具讽刺意味的是，当时的很多大众读者并未有能力（恐怕也不需要）在这个层面上理解晦涩难懂的哲学译著，而只是将它们简单而笼统地理解为反传统的、全盘西化的、张扬个性与自由的象征之物。在这一点上，甘阳于1985年翻译的《人论》"阴错阳差"地热销似乎也暗合了这一道理。据一些从20世纪80年代走过的人回忆，在当时"连用袜子换粮票的小贩，他们的书包里都塞着一本《存在与虚无》"（张立宪，2012：71），"公交车上中学生的书包里，也都装着一本海德格尔的《存在与时间》"（张继玺，2009）。在20世纪80年代中后期，对尖钻难懂的哲学译著的追求与持有，不仅成为大众读者彼此交流甚至相互

- 149 -

炫耀的资本，更被很多青年视作集艺术、反叛、先锋等气质于一身之人的重要指征。据时任生活·读书·新知三联书店总经理董秀玉回忆："海德格尔的《存在与时间》那么难懂，居然发行了7万册；而萨特的《存在与虚无》，更是卖到了10万册！"（曹炎，2008：202）"拥有这些书在当时成为一种时尚，是年轻人共同认可的一个标志。"（薛巍，2008：94）

综合来看，从积极的角度讲，甘阳和"文化：中国与世界"编委会出版的丛书"至少让人们多知道了一个人名，多了解了一种主义，多熟悉了一种思想。对于一个封闭许久的国家而言，这项工作还是极为有益的，它急速地推动人们的思想进入一个和世界'共时'的平台"（孙向晨，2009：564）。但是，也正是因为20世纪80年代中后期出现了西方学术译著的出版高潮，社会上才形成了一股文化批判的思想潮流，这一时期的人们特别热衷于对个人价值的重新发现和肯定，以引进的西方自由主义历史观、价值观来批判中国历史、中国文化和中国的现实（周根红，2008）。甘阳曾说："这些书能够帮助回答当时的知识分子面临的一个问题，即知识分子作为文化和价值的主要创造者、承担者，其自身的终极价值依托究竟被置于何处？换言之，知识分子自身的人格理想和价值认同究竟应该是什么？所有这些问题说到底也就是整个社会的价值重建的问题。"（薛巍，2008：104）虽然甘阳自称其在20世纪80年代末即已完成思想立场的转换，①但是，他和"现代西方学术文库"依然成为20世纪80年代传播文化自由主义思想的重要前沿阵地，成为新时期中国自由主义话语再次兴起的孵化场与助推器；甘阳本人和当时的"文化：中国与世界"编委会也成为引领社会价值"重建"的急先锋。

（二）其他两套有影响力的西学译丛在20世纪80年代中后期的出版

纵观世界历史，各国和各民族的思想文化往往是通过彼此的交流而实现不断进步的。特别是处于落后地位的国家或民族，更是希望通过学习先进的思想文化，促进自身文化和经济的发展，从而摆脱落后的局面。翻译出版活动始终对促进全民思想文化水平的全面提升起着关键作用。1985年以后，中国相继发生了"西学译丛出版热"和"西学热"，根据陈应年、徐式谷（1992）等研究者的统计，从1978年到1990年，全国出版

---

① 甘阳在2006年接受《南方都市周刊》记者采访时曾表述了其自身思想的转变，认为在1985—1986年发表《八十年代文化讨论的几个问题》（《文化：中国与世界集刊》发刊词）时，是明确的"反传统"阶段；而1987—1988年发表《从理性的批判到文化的批判》（《读书》杂志，1987年7月）时，已经开始强调西方对现代性的文化批判；1988年发表《儒学与现代：兼论儒学与当代中国》（1988年8月29—9月3日在新加坡"儒学发展的问题及前景"讨论会上的论文）时，他已全面肯定儒学与中国的传统文化，成为一名"文化保守主义者"。

的翻译著作有28,500种之多。其中，比较有影响力的西方学术译丛包括：生活·读书·新知三联书店出版的"现代西方学术文库"，华夏出版社出版的"二十世纪文库"，上海译文出版社出版的"二十世纪西方哲学译丛""当代学术思潮译丛"，光明日报出版社出版的"现代文化丛书"，中国国际广播出版社出版的"现代社会与文化丛书"，中国社会科学出版社出版的"外国著名思想家译丛""外国伦理学名著译丛""外国史学理论名著译丛""外国经济管理名著译丛"，上海人民出版社出版的"西方学术译丛"，上海三联书店出版的"猫头鹰文库"（"世界贤哲名著选译"），福建人民出版社出版的"国外社会科学译丛"，浙江人民出版社出版的"世界学术名著精要""比较文化丛书""世界文化丛书"，等等。

20世纪80年代中后期出现的"西学热"与"西学译丛出版热"，是中国知识界对西方现当代思想成果的一次有规模、成体系的引介、梳理和研究，对于全民填补因"文革"造成的知识空白具有十分积极的作用。值得注意的是，在这些西学译丛当中，不仅包含卡尔·波普尔、奥古斯特·冯·哈耶克、以赛亚·伯林、约翰·罗尔斯、罗伯特·诺齐克等当代自由主义思想家的代表性译著，还包括以"存在主义""非理性主义"为症候的人文主义思潮的引介性著作，以及"逻辑实证主义"等阐扬科学主义精神的著作。除了前文论及的"文化：中国与世界"编委会的几套丛书是被公认以"反传统"和"自由化"的姿态整体出现在知识界和思想界之外，20世纪80年代中后期的其他西学译丛实际上很难在社会思潮的推动与引领方面做出绝对的区分。但是，在彼时文化自由主义话

图7-2　20世纪80年代各个出版社对卡尔·波普尔著作的翻译出版

语再次兴起的背景下，在全盘西化论的汹涌鼓荡之下，一些西学译丛往往也会被普通大众简单化、轻率化地视为自由主义的某种象征之物，成为一些青年读者追逐自由精神的某种想象的阵地。

表 7-2 20 世纪 80 年代卡尔·波普尔译介图书出版详情

书名	译者	出版社	首版时间	首版印量（册）	所属丛书
《无穷的探索：思想自传》	邱仁宗、段娟	福建人民出版社	1984.2	3,500	国外社会科学译丛
《猜想与反驳：科学知识的增长》	傅季重、纪树立、周昌忠、蒋弋为	上海译文出版社	1986.8	20,000	二十世纪西方哲学译丛
《历史决定论的贫困》	杜汝楫、邱仁宗	华夏出版社	1987.7	60,500	二十世纪文库
《客观知识：一个进化论的研究》	舒炜光、卓如飞、周柏乔、曾聪明	上海译文出版社	1987.9	50,000	二十世纪西方哲学译丛
《历史主义的贫困》	何林、赵平	社会科学文献出版社	1987.9	6,200	外国史学理论名著译丛
《科学知识进化论：波普尔科学哲学选集》	纪树立编译	生活·读书·新知三联书店	1987.11	15,000	现代西方学术文库
《波普尔思想自述》	赵月瑟	上海译文出版社	1988.10	15,000	无
《猜想与反驳》	沈恩明缩编	浙江人民出版社	1989.1	6,330	世界学术名著精要

本节欲选取上海译文出版社出版的"二十世纪西方哲学译丛"和华夏出版社出版的"二十世纪文库"两种 20 世纪 80 年代"西学热"中影响力同样不容小觑的译著丛书，尝试讨论它们的出版情况及它们对文化自由主义思潮产生的一些影响。

1. 上海译文出版社出版的"二十世纪西方哲学译丛"

德国哲学家恩斯特·卡西尔是最重要的现代西方哲学家之一，1985 年 12 月，他生前出版的最后一部著作《人论》被作为"二十世纪西方哲学译丛"的第一册图书，由上海译文出版社出版。据《人论》的译者甘阳回忆，"《人论》一经出版，就立即成为全国头号畅销书，一年内就印了 24 万册，虽然当时印量都大，但是《人论》是哲学书里面最大的"（查建英，2006：203）。虽然甘阳的描述有夸大之嫌，[①] 但是仍然可以毫不夸张地讲，读者对《人论》的狂热追捧是引发20世纪80年代盛极一时的"西方学术译丛出版热"的直接原因之一，上海译文出版社出版的"二十世纪西方哲学译丛"也因此成为20世纪80年代西学译介丛书的重要标志物之一。

有学者这样评价上海译文出版社出版的"二十世纪西方哲学译丛"，认为它"向中国理论界、学术界提供了系统、完整的富于当代性的西方哲学第一手资料，为中国读者打开了一扇可以观察当代西方哲学的视窗"（陈达凯等，2008）。的确，从该丛开始，20世纪80年代中后期的西学译丛与商务印书馆的"汉译西方学术名著丛书"的选材倾向完全不同了，内容的着眼点已不再是那些已经成熟、成为经典的理论和学说，而是那些更富探索性、开创性、新颖性和具一定流行性的所谓"新潮"理论，如卡尔·波普尔的《猜想与反驳：科学知识的增长》《客观知识：一个进化论的研究》都是将数学甚至物理的概念纳入哲学的研究范畴，这在当时绝对属于标新立异的观点。另外，译者的选择范围也已不再拘泥于相关领域的专家或翻译家，而是不拘一格地聘请了一些青年学者参与丛书的编译工作，比如前文提到的《人论》的译者甘阳，在翻译该著作时仅是北京大学哲学系外国哲学史研究室的一名硕士研究生，可见上海译文出版社在用人方面的大胆。从另一方面讲，正是上海译文出版社成就了甘阳，使其在极短的时间内便积攒了超高的人气和关注度。可以说，如果没有时任北京大学外国哲学研究所所长洪谦的举荐，如果没有上海译文出版社对甘阳译著的使用，就没有后来名声大噪的"文化：中国与世界"编委会，那么，"现代西方学术文库"也许会在20世纪80年代的历史中缺席。

但是，从出版的种数来看，"二十世纪西方哲学译丛"虽至2000年以后仍有新书出版，但是整套丛书的全部出版种数也仅有47种，在20世纪80年代出版的图书更是只有少得可怜的16种，图书目录见表7-3，这与彼时红火风光的译丛出版相比，实在显得有些冷清。

那么为何在20世纪80年代后期，上海译文出版社出版的"二十世纪西方哲学译丛"会在《人论》取得超优良开局的前提下，影响力逐渐被"现代西方学术文库""二十世纪文库"等后来者反超呢？有评论者直言不讳："'二十世纪西方哲学译丛'确实曾经出版过一些风靡士林的西学巨著，但是后来却进展缓慢，甚至几乎鲜有新作了。"（刘训练，2001）形成这种力不从心、后劲不足局面的原因主要有以下三个。

---

① 根据《人论》版权页提供的信息，该译著于1985年12月首版首印，印数9,700册，而后在1986年共印刷4次，分别是1986年4月印刷24,000册、1986年6月印刷49,000册、1986年9月印刷80,000册、1986年12月印刷70,000册。截至1986年12月的第6次印刷，该书累计印数达到了233,700册。甘阳的"一年内就印24万册"的记忆应该是由此而来。

表 7-3　"二十世纪西方哲学译丛"在 20 世纪 80 年代出版的 16 种图书

书名	著者	译者	首版时间	首版印数（册）
《人论》	[德]恩斯特·卡西尔	甘阳	1985.12	9,700
《弗洛伊德后期著作选》	[奥]西格蒙德·弗洛伊德	林尘、张唤民、陈伟奇	1986.6	57,000
《现象学的观念》	[德]埃德蒙德·胡塞尔	倪梁康	1986.6	16,300
《猜想与反驳：科学知识的增长》	[英]卡尔·波普尔	傅季重、纪树立 等	1986.8	20,000
《科学研究纲领方法论》	[英]伊·拉尔托斯	兰征	1986.12	43,000
《爱欲与文明：对弗洛伊德思想的哲学探讨》	[美]赫伯特·马尔库塞	黄勇、薛民	1987.8	180,000
《从逻辑的观点看》	[美]威拉德·蒯因	江天骥、宋文淦 等	1987.9	70,000
《二十世纪哲学》	[英]A.J.艾耶尔	李步楼、俞宣孟、苑利均 等	1987.9	90,000
《客观知识：一个进化论的研究》	[英]卡尔·波普尔	舒炜光、卓如飞 等	1987.9	50,000
《证明与反驳：数学发现的逻辑》	[英]伊姆雷·拉卡托斯 著；[英]约翰·沃勒尔、伊尔·扎哈尔 编	康宏逵	1987.10	67,000
《心的概念》	[英]吉尔伯特·赖尔	刘建荣	1988.3	60,000
《存在主义是一种人道主义》	[法]让-保尔·萨特	周煦良、汤永宽	1988.4	75,500
《命名与必然性》	[美]索尔·克里普克	梅文	1988.10	8,000
《欧洲科学危机和超验现象学》	[德]埃尔蒙德·胡塞尔	张庆熊	1988.10	7,500
《单向度的人：发达工业社会意识形态研究》	[美]赫伯特·马尔库塞	刘继	1989.2	10,500
《科学的唯物主义》	[加]马里奥·本格	张相轮、郑毓信	1989.6	3,500

首先，上海译文出版社在《人论》之后失去了北京大学外国哲学研究所、中国社会科学院某哲学研究所一批青年学者的译著来源。实际上，"二十世纪西方哲学译丛"早在1982年至1983年便开始了出版筹划，正如前文所述，上海译文出版社当时曾向洪谦约稿。在洪谦的举荐下，甘阳、陈嘉映、朱正琳等一批青年学者的西方哲学译稿被上海译文出版社收稿并等待出版。但是，除了甘阳的《人论》因书名与当时社会彰显"人"与"人性"的主题相契合而顺利于1985年年底出版之外，其他书稿如陈宣良和杜小真共同翻译的《存在与虚无》、陈嘉映和王庆节合作翻译的《存在与时间》都因为种种原因并未及时出版。于是，从1986年开始，这批自视甚高、恃才放旷的青年学者聚集在一起，准备成立自己的编委会并决定创办丛刊，待时机成熟后再将各自的翻译著作出版发行。这就有了后来的"文化：中国与世界"编委会与生活·读书·新知三联书店的合作，有了后来影响巨大的"现代西方学术文库""新知文库"等丛书。据说上海译文出版社在得知《存在与时间》《存在与虚无》等译稿即将由生活·读书·新知三联书店出版后，立刻派人到北京谈判，希望译稿仍由上海译文出版社出版，双方还曾为此有过一段争执和不愉快。

其次，社会环境也是掣肘"二十世纪西方哲学译丛"的不利因素。其实，虽然在20世纪80年代中前期，社会上已经恢复了对世界文学和西方古典哲学的译介，但是"阶级的观点和批判的意味仍然充斥其间"（李彤宇，2013）。从这个层面来说，上海译文出版社出版的"二十世纪西方哲学译丛"实际上是后来的同类型丛书的探路者和拓荒者。

最后，上海译文出版社原本是一家以文学翻译见长的单位，在资源与精力分配乃至社内重视程度上，哲学或学术译介恐怕无法与文学翻译相比。历史地看，在"文革"刚刚结束时，上海译文出版社就与人民文学出版社等单位共同承担了"外国古典文学名著丛书"项目的出版工作，为当时缓解"书荒"做出了巨大贡献。1978年6月，上海译文出版社又创办了一本引进、介绍外国现代文学观念和现代流派作品的刊物《外国文艺》，法国存在主义大师萨特的剧本《肮脏的手》就被发表在这本杂志的创刊号上，引发了20世纪80年代第一波的萨特热潮。20世纪80年代初，"外国文艺丛书"和"二十世纪外国文学丛书"早于"二十世纪西方哲学译丛"出版，诺贝尔文学奖得主加西亚·马尔克斯的代表作《百年孤独》的西班牙版本的首个中译本就是作为"二十世纪外国文学丛书"中的一本于1984年8月由上海译文出版社出版（叶茂根，2009：222）。该书出版后在国内引起很大反响，在广大读者中掀起了拉丁美洲文学热潮，莫言曾谈及自己读到中文版《百年孤独》时的心情，他说："《百年孤独》堪称新时期文学的经典之作，我读了一页便激动得像只野兽一样在房子里转来转去，心里满是遗憾，恨不早生二十年。"（莫言，1997：240）可见，上海译文出版社在文学翻译方面有着专属于自家的优势和传统，"二十世纪西方哲学译丛"在影响力和受关注程度方面远远未及其旗下的文学类丛书"二十世纪外国文学丛书"或"外国文艺丛书"。

但是无论如何，上海译文出版社在20世纪80年代翻译出版的"二十世纪西方哲学译丛"加之其后刊行的"当代学术思潮译丛"，仍然为广大读者最大限度地呈现了现代西方具有代表性的哲学家的力作和世界哲学、社会科学领域内有重大影响的新学科、新思潮和新观点，这在拓宽读者阅读视野、丰富国民思考方面起到了十分积极的作用。另外，"二十世纪西方哲学译丛"的出版，从实际效果来看，有意或无意地促进了社会关注热点的转向，人们思考的重点开始逐渐从偏重于研究技术和方法的自然科学向更倾向于研究精神和制度的人文和社会科学方向转变，这从客观上真正打开了20世纪80年代文化自由主义思潮的闸门。

2. 华夏出版社出版的"二十世纪文库"

在20世纪80年代中后期的"西学热"和"西学译丛出版热"中出版的主力也包括华夏出版社，华夏出版社的"二十世纪文库"是一支不容忽视的力量。华夏出版社成立于1986年，首任社长由邓朴方担任。从1987年至1991年的5年时间里，"二十世纪文库"由华夏出版社分四个批次先后出版，图书总种数达到96种，①其中1987年至1989年共出版75种，是同类型丛书在20世纪80年代出版种数最多的一套。在华夏出版社的官方网站上，该社的办社宗旨"传播人道主义、弘扬华夏文化""出书、出人、出思想"被放置在十分醒目的位置，而"出书、出人、出思想"这一口号最初实际上是李盛平为"二十世纪文库"量身定制的，可见"二十世纪文库"在华夏出版社的出版历史中占据了举足轻重的地位。

表7-4 "二十世纪文库"在20世纪80年代出版的75种图书

书名	著者	译者	首版时间	首版印数（册）
《发展社会学》	[英]安德鲁·韦伯斯特	陈一筠	1987.1	9,050
《人的潜能和价值：人本主义心理学译文集》	[美]马斯洛 等	林方 主编	1987.2	25,900
《爱的艺术》	[奥]埃·弗罗姆	康革尔	1987.5	100,000
《城市社会学：芝加哥学派城市研究文集》	[美]R.E.帕克 等	宋俊岭、吴建华、王登斌	1987.6	26,000

---

① 陈子明曾在与徐友渔的通信中转述了李盛平的回忆，说"'二十世纪文库'编委会向华夏出版社发了100部书稿，出版了98种。"这一说法也被很多学者引用。但是，据笔者对1987年至1991年《全国总书目》的查询，并在读秀网、孔夫子旧书网等互联网平台上验证，发现"二十世纪文库"最终出版图书应为96种。

（续表）

书名	著者	译者	首版时间	首版印数（册）
《农业与经济发展》	[印度]苏布拉塔·加塔克、肯·英格森特	吴伟东、韩俊、李发荣	1987.6	6,500
《平等与效率》	[美]阿瑟·奥肯	王奔洲、叶南奇	1987.7	23,000
《历史决定论的贫困》	[英]卡尔·波普	杜汝楫、邱仁宗	1987.7	60,500
《政治与行政》	[美] 弗兰克·J.古德诺	王元、杨百朋	1987.8	30,500
《新发展观》	[法]弗朗索瓦·佩鲁	张宁、丰子义	1987.9	56,000
《增长与波动，1870-1913年》	[美]威廉·阿瑟·刘易斯	梁小民	1987.9	22,000
《文化模式》	[美]露丝·本尼迪克	何锡章、黄欢	1987.9	44,000
《成文宪法的比较研究》	[荷]亨克·范·马尔赛文、格尔·范·德·唐	陈云生	1987.10	13,000
《批判与知识的增长——1965年伦敦国际科学哲学会议论文汇编第四卷》	[英]伊姆雷·拉卡托斯、艾兰·马斯格雷夫 编	周寄中	1987.10	44,500
《欧洲家庭史：中世纪至今的父权制到伙伴关系》	[奥]迈克尔·米特罗尔、雷因哈德·西德尔	赵世玲、赵世瑜、周尚意	1987.10	20,500
《政治社会学》	[法]莫里斯·迪韦尔热	杨祖功、王大东	1987.10	46,000
《民主与专制的社会起源》	[美]巴林顿·摩尔	拓夫、张东东、杨念群、刘鸿辉	1987.10	36,800
《动机与人格》	[美]A.H.马斯洛	许金声、程朝翔	1987.11	102,000
《西方教育的历史和哲学基础》	[美]S.E.佛罗斯特	吴元训、张俊洪、宋富钢、张宇清	1987.11	13,400
《家庭经济分析》	[美]加里·S.贝克尔	彭松建	1987.11	19,700
《法理学：法哲学及其方法》	[美]埃德加·博登海默	邓正来、姬敬武	1987.12	22,500
《社会生活中的交换与权力》	[美]彼德·布劳	孙非、张黎勤	1988.1	60,500
《变革社会中的政治秩序》	[美]塞缪尔·亨廷顿	李盛平、杨玉生	1988.10	13,000

（续表）

书名	著者	译者	首版时间	首版印数（册）
《无形学院：知识在科学共同体的扩散》	[美]黛安娜·克兰	刘珺珺、顾昕、王德禄	1988.10	5,500
《终身教育导论》	[法]保罗·朗格让	滕星、滕复、王箭	1988.10	5,000
《马克思主义与人类学》	[英]莫里斯·布洛克	冯利、覃光广、陈为、蒙宪	1988.11	4,300
《历史学家和社会学》	[苏]波·尼·米罗诺夫	王清和	1988.12	5,000
《政策制定过程》	[美]查尔斯·E.林布隆	朱国斌	1988.12	3,700
《社会学研究方法论》	[法]迪尔凯姆	胡伟	1988.12	5,500
《文化的起源》	[美]马文·哈里斯	黄晴	1988.12	8,600
《近代科学的起源（1300—1800年）》	[美]赫伯特·巴特菲尔德	张丽萍、郭贵春	1988.12	5,700
《难以抉择：发展中国家的政治参与》	[美]塞缪尔·P.亨廷顿、琼·纳尔逊	汪晓寿、吴志华、项继权	1989.1	3,400
《语言与心理》	[美]诺姆·乔姆斯基	牟小华、侯月英	1989.1	4,000
《大众传播通论》	[美]梅尔文·L.德弗勒、埃佛雷特·E.丹尼斯	颜建军、王怡红、张跃宏、刘道文	1989.2	3,500
《文化唯物主义》	[美]马文·哈里斯	张海洋、王曼萍	1989.2	3,800
《历史思想导论》	[美]B.A.哈多克	王加半	1989.3	3,500
《经济社会学》	[美]尼尔·斯梅尔瑟	方明、折晓叶	1989.3	5,000
《科学史和新人文主义》	[美]乔治·萨顿	陈恒六、刘兵、仲维光	1989.3	4,000
《社会存在本体论导论》	[匈]卢卡奇	沈耕、毛怡红	1989.3	3,700
《世界古代神话》	[美]塞·诺·克雷默	魏庆征	1989.3	4,300
《历史学的范畴和方法》	[苏]M.A.巴尔格	莫润先、陈桂荣	1989.3	3,000
《欧洲史学新方向》	[美]格奥尔格·伊格尔斯	赵世玲、赵世瑜	1989.3	3,500
《社会主义的所有制与政治体制》	[波]W.布鲁斯	郑秉文、乔仁毅、王忠民	1989.3	4,500

（续表）

书名	著者	译者	首版时间	首版印数（册）
《苏联社会学》	[苏]苏联科学院社会学研究所 主编	张桐、许洪声、陈本栽、刘清华	1989.3	3,000
《心理危机及成人心理学》	[美]约翰·拉斐尔·施陶德	于鉴夫、周丽娜	1989.3	5,000
《争取人道的经济民主》	[捷]奥塔·锡克	高钴、叶林、李雨时	1989.3	1,800
《当代社会学理论》	[美]玛格丽特·波洛玛	孙立平	1989.4	4,400
《法律社会学导论》	[英]罗杰·科特威尔	潘大松、刘丽君、林燕萍、刘海善	1989.4	4,000
《法律史解释》	[美]罗斯科·庞德	曹玉堂、杨知	1989.4	4,100
《公民文化：五个国家的政治态度和民主制》	[美]加布里埃尔·A.阿尔蒙德、西德尼·维伯	徐湘林、戴龙基、唐亮 等	1989.4	2,400
《计算机与社会主义》	[英]斯蒂芬·博丁顿	杨孝敏、张明华、仲维畅	1989.4	3,300
《社会语言学》	[英]R.A.赫德森	卢德平	1989.4	3,700
《人的系统观》	[奥]冯·贝塔朗菲、[美]A.拉威奥莱特	张志伟 等	1989.4	4,400
《社会冲突的功能》	[美]L.科塞	孙立平 等	1989.4	5,500
《历史研究国际手册：当代史学研究和理论》	[美]伊格尔斯 主编	陈海宏、刘文涛、李玉林、张定河	1989.5	4,000
《惩罚与责任》	[美]H.C.A.哈特	王勇、张志铭、方蕾	1989.6	4,000
《科学界的社会分层》	[美]乔纳森·科尔、斯蒂芬·科尔	赵佳苓、顾昕、黄绍林	1989.6	2,700
《历史的起源与目标》	[德]卡尔·雅斯贝斯	魏楚雄、俞新天	1989.6	4,000
《社会控制》	[美]爱德华·罗斯	秦志勇、毛永政 等	1989.7	4,100
《肯尼刑法原理》	[英]J.W.塞西尔·特纳	王国庆、李启家	1989.7	3,000
《人类本性与社会秩序》	[美]查尔斯·霍顿·库利	包凡一、王湲	1989.7	4,700

（续表）

书名	著者	译者	首版时间	首版印数（册）
《人、艺术和文学中的精神》	[瑞士]C.G.荣格	孔长安、丁刚	1989.7	4,400
《权力的媒介：新闻媒介在人类事务中的作用》	[美]J·赫伯特·阿特休尔	黄煜、裘志康	1989.7	4,300
《舆论学》	[美]沃尔特·李普曼	林珊	1989.7	4,500
《语言共性和语言类型》	[美]伯纳德·科姆里	沈家煊	1989.7	3,200
《政治生活的系统分析》	[美]戴维·伊斯顿	王浦劬	1989.7	3,500
《国际法原理》	[美]汉斯·凯尔森	王铁崖	1989.9	3,400
《劳力剩余经济的发展》	[美]费景汉、古斯塔夫·拉尼斯	王月、甘杏娣、吴立范	1989.9	4,000
《历史和阶级意识：马克思主义辩证法研究》	[匈]格奥尔格·卢卡奇	王伟光、张峰	1989.9	4,000
《现代化理论研究》	[美]罗伯特·海尔布罗纳	俞新天、邓新裕、周锦礅	1989.9	3,700
《教学心理学的进展》	[美]罗伯特·格拉塞 主编	杨琦 等	1989.10	3,500
《一个幻觉的未来》	[奥]弗洛伊德	杨韶刚	1989.10	4,600
《科学与人类行为》	[美]B.F.斯金纳	谭力海、王翠翔、王王斌	1989.10	4,600
《社会控制论编》	[荷]盖叶尔、佐文	黎鸣 等	1989.10	4,500
《美国宪法释义》	[美]卡尔威因、帕尔德森	徐卫东、吴新平	1989.10	3,000
《经济与社会：对经济与社会的理论统一的研究》	[美]塔尔科特·帕森斯、尼尔·斯梅尔瑟	刘进、林午、李新、吴予	1989.12	3,500

"二十世纪文库"在编辑出版过程中也形成了一个与金观涛的"走向未来丛书"编委会、甘阳的"文化：中国与世界"编委会类似的外脑制编委会。在挂靠关系方面，"二十世纪文库"编委会在筹备阶段曾隶属于中国政治与行政科学研究所的编辑部，后来又隶属于北京社会与科技发展研究所的编辑部（陈子明、徐友渔，2009）。在人员结构方面，

编委会主编由中国残疾人联合会领导也是华夏出版社的主管领导邓朴方担任；常务编委由李盛平、张宏儒、张显扬、吴儶深等人担任。此外，"二十世纪文库"在总编委会之下还设有若干学科分编委会，每个学科分编委会设编委5至7人，创办初期共设有11个分编委会，分别是哲学、法学、历史学、政治学、经济学、社会学、人类学、传播学、教育学、艺术学和科学文化学分编委会。各个分编委会的工作任务大致是，首先对本学科的书稿进行初评与审定，待总编委会讨论确认后，再转交分编委会指定的专家进行审读与把关，书稿最终的编辑工作由分编委会的相关工作人员完成，华夏出版社只负责最后的出版工作。

除了"二十世纪文库"，该编委会还主导另外两套丛书的出版，分别是光明日报出版社出版的"现代文化丛书"（共出版8种），主编李盛平，副主编肖金泉、邓正来；中国国际广播出版社出版的"现代社会与文化丛书"（共出版10种），主编李盛平，副主编王伟。这两套丛书在选题与风格上与"二十世纪文库"十分类似，据陈子明叙述，这两套丛书实际上就是"二十世纪文库"的子丛书，"三套丛书分工并不鲜明的原因是为了分流，加快编委会手中大量书稿的出版"（陈子明、徐友渔，2009）。

值得注意的是，为了避免出现与"文化：中国与世界"编委会的"现代西方学术文库"争夺译者的情况，"二十世纪文库"主动将翻译出版的重点放在了社会科学领域，下力气做好政治学、社会学、经济学、法学等学科的出版工作，而在哲学和文学等方面则未投入太多的精力。这一看似无奈实则睿智的决定使"二十世纪文库"在20世纪80年代的思想文化界有了自己独特的定位，拥有了独一无二的特质。有别于"人文学科"的"社会科学"也成为后来人们认识和评价"二十世纪文库"的一个重要标签。根据1988年《中国改革开放新时期年鉴》（2015：37-38）中的说法，"二十世纪文库"编委会邀请了北京的200多名硕士、60余名博士及其他科研人员加入各个学科分编委会，这些学者熟悉20世纪以来世界社会科学各领域具有较高学术价值的思想和理论。这就保证了"二十世纪文库"社会科学选题丰富以及书稿质量过硬。实际上，能够聘请数量如此之多且水平较高的社会科学专家，与李盛平的个人经历有关，大学毕业后的他曾担任中国大百科全书出版社《百科知识》杂志的编辑，并且恰好负责社会科学方面的稿件，这使他能够结识社会科学领域各个方面的专家，能够迅速在社会科学领域积累广泛的人脉。

但是从另一个角度讲，"这一时期出版的西学译著虽然是学术著作，但是在当时的历史语境下，重点并不在学术研究本身，无论是编委会还是出版社的知识精英们主要的目的在于对西方思想的介绍、吸收和参考"（魏清光，2013）。但历史地看，20世纪80年代末至90年代初"二十世纪文库"的出版对中国社会科学研究的发展起到了不可忽视的推动作用。

通过在中国知网进行检索，我们能够找到大量提及"华夏出版社'二十世纪文库'"的社会科学研究文章，这些遍及社会科学各学科的学术成果均将"二十世纪文库"中相关著作在20世纪80年代的译介出版作为该学科发展中的重要节点，如政治学研究中的《中国政治学的主要趋势（1978—2018）》（俞可平，2018）、《中国政治学30年》（杨海蛟、亓光，2008）；史学研究中的《批判与建构：新中国史学理论研究的回顾与思考》（于沛，2019）、《从"历史理论"到"史学理论"：新时期以来中国史学理论研究的回顾与展望》（王学典，2005）；社会学研究中的《从引介到重建：社会理论研究的中国进程》（肖瑛、郭琦，2019）；法学研究中的《改革开放四十年的中国法学：理论进步、形象塑造与发展动因》（姚建宗，2019）；新闻传播学研究中的《中国新闻传播学译著：概念及其特征分析》（李唯梁，2017）、《当代中国电视分众化的文化阐释》（梁春竹，2008）；经济学研究中的《引进西方经济学40年》（方福前，2018）；以及人类学研究中的《中国文化人类学回顾》（陈国强、孙远谋，2000）、《中国人类学重建十年——回顾与展望》（周大鸣，1992）；等等。"二十世纪文库"中的相关著作和观点能够成为后世社会科学研究中被广泛引用的论据，其重要性自然是不言而喻的。

总体来说，虽然"二十世纪文库"首批图书的问世时间比"现代西方学术文库"略晚，从整体影响力来看，"二十世纪文库"也逊色于20世纪80年代同类型的"西方现代文库"，但是，很多社会科学领域的文化学者仍然认为这套丛书反映了20世纪以来世界社会科学各领域具有较高学术价值的思想和理论，为推动中国社会科学研究的发展起到了十分积极的作用。

三、新时期中国"现代派"文学与文化自由主义

（一）20世纪80年代西方"现代派"文学作品及论著的出版

如果从一个更加宏观的视角来看待20世纪80年代的"西学热"，那么它应该不仅仅包括20世纪80年代中后期以"西方哲学"译介为症候的"西方学术热"，还应该包括20世纪80年代早期以"西方'现代派'文学"译介、评价为特征的"西方文学热"。随着"文革"的结束、"思想解放运动"的展开，西方"现代派"文学开始逐渐转化为可供观瞻、讨论和学习的资源。而此时20世纪西方"现代派"文学译介作品的大规模传播，与20世纪80年代中后期侧重于哲学翻译的"西方学术译丛出版热"，共同构成了"西学热"映射在出版界的"一体两翼"，而这些出版物也成为转型期思想文化界重要的创新、变革资源。

需要说明的是，20 世纪 80 年代中国语境中的西方"现代派"是一个颇为特殊的概念，它所涵盖的内容包括 19 世纪后期出现在英国和文学领域的"唯美主义运动"，20 世纪初期的表现主义、超现实主义、后期象征主义、意识流等，以及 20 世纪 60 年代至 70 年代兴起的以存在主义为哲学基础的荒诞派戏剧、新小说、"黑色幽默"和"垮掉的一代"等，它几乎囊括所有"现实主义"以外的西方文学与文艺流派。关于这一问题，文学评论家徐敬亚（1989：52）曾说："19 世纪末至 20 世纪初，在西方各国出现了一个普发性的艺术潮流，各种艺术品类都出现了新的变化，小说中的意识流、美术中的抽象画、音乐中的无调音乐、电影中的无情节、动感雕塑、荒诞派戏剧……诗歌中也出现了众多的流派，这个被统称为'现代主义'的艺术潮流，广泛蔓延。一百多年来，仍绵绵不绝。""文革"结束后，新时期的中国文坛在经过现代化意识形态话语逻辑的转换之后，自然而然地将完成"现代派"自我转化视为中国文学是否能够与世界文学同步的标志，并且将其视为一种与 20 世纪 80 年代前期占据文坛主流位置的现实主义文学相抗衡的批判性思想资源。进一步讲，正是西方"现代派"文艺理论中追求自由、彰显叛逆的思想影响了 20 世纪 80 年代中国青年当中的"先锋派"，这些先锋派也在彼时成为"创新"或叛逆者的效仿对象。

在文学界，一般将 1979 年至 1985 年看作译介和评价西方"现代派"文学的重要阶段（贺桂梅，2010：137）。有别于 1985 年后以哲学、社会科学为翻译的新热点，在这个时期，文化界的译介重点，特别转移到 20 世纪西方文艺理论和文学创作方面，西方现代文论和"现代派文学"成为人们关注的焦点，引发了广泛的社会争论（洪子诚，1999：229）。

由于西方"现代派"在 20 世纪 70 年代末至 80 年代初尚属"新物"，因此许多译介作品往往是通过期刊率先与读者见面的，图书的出版显得稍稍滞后。当时，刊登外国文学作品的刊物有人民文学出版社出版的《世界文学》、中国社会科学院出版社出版的《世界文学》（确与人民文学出版社的文学杂志同名）、上海译文出版社出版的《外国文艺》、文化艺术出版社出版的《外国文学》、上海社会科学院情报文学研究院出版的《外国文学报道》、湖北省外国文学协会出版的《外国文学研究》、江苏人民出版社出版的《译林》、南京大学外国文学研究所出版的《当代外国文学》以及中国戏剧出版社出版的《外国戏剧》等。根据叶水夫（1981）的统计，到 1980 年年初为止，"全国各类的外国文学专业刊物已达 40 余种，除此之外，刊载过外国文学作品或评论的其他文艺刊物和非文艺性刊物，数量多达 80 余种"（刘心武，1997：57-58）。回忆起自己在大学期间读到《外国文艺》杂志时内心的震撼，他说："1978 年第 3 期的《外国文艺》在封二、封三、封四刊登了四幅美国艺术家的作品，都属于'超级现实主义艺术'这一流派。封二是查克·克洛斯的《苏珊》。……虽然我悟不出这幅画究竟想给予我什么教益，但我不得不承认它对我具有一种不仅仅是视觉上，也包括心理和思绪上的强烈冲击。原来这种西方艺术流派的'逼真'效果，竟能如此强烈地震撼我这么个中国人！"

在期刊之后，一批西方"现代派"文学作品选集或译介丛书也在20世纪70年代末至80年代初"姗姗来迟"。1980年10月至1985年10月，袁可嘉、董衡巽、郑克鲁选编的《外国现代派作品选》（一至四册，共八卷）由上海文艺出版社陆续出版。该作品选集编选了世界范围内最具影响力的十种"现代派"文学流派的代表作，共分成十一个专辑被收录于四册图书当中，每册图书对应的"现代派"流派如图7-3所示。根据图书版权页信息，该作品选集最终总印量接近18万册，对西方"现代派"在改革开放初期"冲破禁区"起到了重要的推动作用。

后期象征主义
表现主义
未来主义

意识流
超现实主义
存在主义

荒诞文学
新小说
"垮掉的一代"
黑色幽默

虽不属于某个特殊的流派，但有过较大影响的广义现代派作品

图7-3 《外国现代派作品选》对西方"现代派"文学不同流派的引介

从1979年开始，上海译文出版社先后推出了两套在20世纪80年代颇具影响力的外国文学系列丛书——"外国文艺丛书"和"二十世纪外国文学丛书"。其中包括表现主义作家卡夫卡的《城堡》（汤永宽译，1980年1月）、存在主义作家加缪的《鼠疫》（顾方济、徐志仁译，1980年8月）、日本新感觉派作家川端康成的《雪国》（侍桁译，1981年7月）、"黑色幽默"派作家约瑟夫·赫勒的《第二十二条军规》（南文、赵守垠、王德明译，1981年8月）、法国新小说派代表作家阿·罗布—格里耶的《橡皮》（林青译，1981年4月）、美国"意识流"文学代表人物威廉·福克纳的《喧哗与骚动》（李文俊译，1984年10月）、英国现代主义小说先驱人物约瑟夫·康拉德的《康拉德小说选》（袁家骅译，1985年10月）。除此之外，还有艾·巴·辛格的《卢布林的魔法师》（鹿金、吴劳译，1979年10月）、伊塔络·卡尔维诺的《一个分成两半的子爵》（刘碧星译，1981

年8月)、加·加西亚·马尔克斯的《加西亚·马尔克斯中短篇小说集》(赵德明等译，1982年10月)、豪·路·博尔逝斯的《博尔赫斯短篇小说集》(王央乐译，1983年6月)等。这两套丛书对20世纪80年代作家的影响可谓深远，中国的先锋作家正是通过它们"将自己纳入了由西方现代主义大师构造的'传统'当中，他们同时也被这种文学传统的知识谱系所构造"(贺桂梅，2010：155)。除了"外国文艺丛书"和"二十世纪外国文学丛书"之外，漓江出版社出版的"获诺贝尔文学奖作家丛书"、四川文艺出版社出版的"获诺贝尔文学奖诗人丛书"、云南人民出版社出版的"拉丁美洲文学丛书"等也是20世纪80年代收录了现代派文学作品的较有影响力的丛书系列。

随着西方"现代派"译介作品的不断出版，对其理论进行研究的著作也陆续面世。其中比较著名的研究成果有北京大学出版社出版的《西方现代派文学研究》(陈焜，1981年8月)、贵州人民出版社出版的《欧美现代派文学三十讲》(石昭贤，1982年2月)、中国社会科学出版社出版的《萨特研究》(柳鸣九，1981年10月)、人民文学出版社出版的《西方现代派文学问题论争集》(1984年2月)以及生活·读书·新知三联书店出版的"现代外国文艺理论译丛"等。

总体来看，"文革"结束后，西方"现代派"文学作品及论著的出版对于中国新时期文学的影响是非常明显的。它不仅拓宽了中国文学题材的选择空间，为新时期文学家提供了新主题、新形态和新范式，而且中国当代作家也因此获得了更加开阔的世界眼光，建立起了一种中西文化比较的视角和价值评判体系；更重要的是，西方"现代派"文学中的思想启蒙资源也在此时顺理成章地为中国"现代派"文学种下了反叛与追求觉醒和自由的种子。

(二) 朦胧诗、先锋小说中的反叛精神与文化自由主义主张

在评介和提倡、借鉴和模仿西方"现代派"文学的过程中，中国新时期的现代派文学应运而生。关于反对现实主义的现代派文学，有学者认为，"这种全新的艺术形式非常注重表现人的自我心理意识，它反对古典艺术创作中的教条与刻板，反对传统艺术观念中的理性与逻辑，注重个体的主观性和内向性，主张创作中的自由联想，倡导挖掘并表现艺术家的本能直觉与潜在意识"(周敬、鲁阳，1986：156)。而在20世纪80年代中国现代派文学的阵营当中，最强调自由与反叛精神的当属朦胧诗派和先锋小说派。其中，朦胧诗派又率先以"我不相信"为宣言，踏上了追求"个体生命解放"和"个人精神自由"的艺术之路。

朦胧诗派的雏形最早出现在"文革"后期，萌芽在"四人帮"失败后的最初三年，并于1980年真正登上了中国文坛。1978年12月，一本油印的民间诗刊《今天》创刊，

以这本刊物为核心，聚集了北岛、舒婷、顾城、杨炼、江河、食指、芒克、梁小斌等一批重要的诗人，他们后来也被称为朦胧诗派的最核心成员。这批诗人大多经历了十年"文革"，是那段历史的参与者与见证人，另外，他们又在"文革"之后借助北京的文化优势最先受到西方现代主义和"现代派"文艺的启迪。因此，他们最先以诗歌创作为手段，从思想和形式上开始了双重的反叛和创新。当时，以《今天》为中心的这批诗人以其强烈的感染力，迅速将影响范围扩大至全国各地的大学校园和思想文化界，激起了广大青年的诗歌创作热情。一时间，人人谈诗，人人写诗，这股热潮也将"诗歌"这种文学形式推上了20世纪80年代中国文坛一个非常显要的位置。

  1980年，《诗刊》杂志举办了三次"新人新作专辑"，《人民文学》《安徽文学》《长春》《青春》《奔流》《星星》《春风》等刊物也相继推出"新人小辑""大学生诗页""女诗人专号"等推介新诗的专栏；而且还出现了诗歌创作与诗歌讨论相结合的"诗会"形式，如《诗刊》的"青春诗会"栏目、《上海文学》的"百家诗会"栏目等（徐敬亚，1989：54-55）。1982年2月，舒婷的新诗选集《双桅船》由上海文艺出版社出版；1982年10月，《舒婷、顾城抒情诗选》由福建人民出版社出版；1985年11月，《朦胧诗选》由春风文艺出版社出版；1986年3月，顾城诗选《黑眼睛》由人民文学出版社出版；1986年5月，《北岛诗选》由新世纪出版社出版；1986年12月，北岛、江河、舒婷、顾城、杨炼的《五人诗选》由作家出版社出版。随着朦胧诗代表诗人的作品陆续由各大出版社正式出版，朦胧诗也从20世纪80年代早期的备受争议甚至被彻底否定，转变为被普遍认同（孙绍振，1981）。

  朦胧诗之所以能够在20世纪80年代产生极为轰动的效应，最重要的原因是其在内容方面的突破。在思想内核方面，朦胧诗呼吁对人的精神自由与生存尊严的探寻与求索。朦胧诗人尝试重新确认生命的个体价值，试图再次确立现代诗学对生命尊严的有效维护。北岛曾用《宣告》《回答》批判强权者对个人自由的侵犯；舒婷则通过《致橡树》《会唱歌的鸢尾花》抒发着人们对自由美好的向往。徐敬亚（1989：123-124）曾说："朦胧诗对板块意识的突围和贯通，给予人们自我意识以新大陆般的启迪。大批最具怀疑和反叛意识的青年，在朦胧诗中找到了意识各层次的自由通达。"

  除了在内容上的创新和突破，朦胧派诗人也在诗歌的书写形式上进行了自由化的尝试，彻底抛弃了以往口号诗式的旧模式。实际上，回首中国新诗的发展历程，一直存在自由化与格律化的斗争。新文化运动使新诗逐渐打破了格律限制，但是中华人民共和国成立后，诗歌界过分强调对民歌的学习，由民歌传统声调节奏带来的四行一节的形式越来越泛滥，成为诗歌创作新的束缚。为了打破此前诗歌"四平八稳"的僵化局面，20世纪80年代朦胧诗的创作开始不拘格式、不讲严格排列，诗行忽长忽短，每节行数也是有多有少，呈现一种"任性的"自由化的特征。比如舒婷的《风暴过去之后》，每一节的行数都不一样，节中每一段的行数也不尽相同，如图 7-4 所示。

风暴过去之后
——纪念"渤海2号"钻井船
遇难的七十二名同志

一
在渤海湾
铅云低垂着挽联的地方
有我七十二名兄弟

在春天每年必经的路上
波涛和残冬合谋
阻断了七十二个人的呼吸

二
七十二双灼热的视线
没能把太阳
从水平上举起

七十二对钢缆般的臂膀
也没能加固
一小片覆没的陆地

他们象锚一样沉落了
暴风雪
暂时取得了胜利

三
七十二名儿子，
使他们父亲的晚年黯淡

七十二名父亲
成为小儿子们遥远的记忆
站在岸上远眺的人
终于忧伤地垂下了头
象一个个粗大的问号
矗在港口；写在黄昏
填进未来的航海日记

希望的桅杆上
下了半旗

四
台风早早已经登陆
可是，七十二个人被淹灭的呼吁
在铅字之间
曲曲折折地穿行
终于通过麦克风
撞响了正义的回音壁

盛夏时分
千百万颗心
骤然感到寒意

五
不，我不是即兴创作
一个古罗马的悲剧
我请求人们和我一道深思
我爷爷的身价
曾是地主家的二升小米
我父亲为了一个大写的"人"字

用胸膛堵住了敌人的火力
难道我仅比爷爷幸运些
值两个铆钉，一架机器

六
谁说生命是一片树叶
凋谢了，树林依然充满生机
谁说生命是一朵浪花
消失了，大海照样奔流不息
谁说英雄已被追认
死亡可以被忘记
谁说人类现代化的未来
必须以生命做这样血淋淋的祭礼

七
我希望，汽笛召唤我时
妈妈不必为我牵挂忧虑
我希望，我受到的待遇
不要使孩子的心灵畸曲
我希望，我活着并且劳动
为了别人也为了自己
我希望，若是我死了
再不会有人的良心为之颤栗
最后我衷心地希望
未来的诗人们
不再有这种无力的愤怒
当七十二双
长满海藻和红珊瑚的眼睛
紧紧盯住你的笔

1980.8.6

图 7-4 舒婷的《风暴过去之后》在诗行形式方面的自由表现[①]

此外，在韵脚的设置和标点的运用方面，新时期的新诗也表现出自由化的创作特征。在韵脚的处理上，一些青年诗人认为已经不能将"押韵"作为新诗的唯一特征，新

---

① 该图截取自舒婷诗选《双桅船》（上海文艺出版社 1982 年版第 92 至 96 页）。

诗的内在美，包括诗行中的声音美同样应该受到重视。他们认为脱离古典诗词的韵脚规律支配，也能创作出优秀的诗作。在标点符号的使用方面，逗号、句号等符号在新诗创作中遭到了弃用，仅仅保留标志情感的问号、叹号、破折号等符号，先锋诗人们认为这是为了使诗歌书面排列干净，有素洁的美感。有关朦胧诗的创作形式，徐敬亚（1989：88/118）曾说："自由化，是新诗走向现代化的必然脚步。自由—格律—自由，这是循环着的全部起伏。格律化需要概括的力量、学识和功夫，自由化则需要勇气、才华和魄力，这种勇气和才华更加困难，尤其是在一次长长的禁锢之后。""在朦胧诗之后，往昔一统的艺术准则与法度已经不复存在，诗歌创作的'圭臬已死'。"

可以说，朦胧诗在20世纪80年代上半期以发起一场"文学叛乱"的形式扮演了文化传统反叛者的角色，以强调自我觉醒意识成为彼时自由精神的一种象征。在一些学者看来，20世纪80年代初的朦胧诗应被归于先锋文学的范畴，甚至应将其视为中国当代先锋文学的开端（洪治纲，2005：12）。而如果从先锋意义上来看待20世纪80年代的中国文学，那么紧随朦胧诗而来的，则是先锋小说。

有关"先锋派"和"先锋文学"与生俱来的反叛精神与自由主张，法国剧作家、荒诞派戏剧最著名的代表人物之一欧仁·尤奈斯库（1959/1984：579）曾在1959年的"赫尔辛基先锋派戏剧讨论会"开幕式上掷地有声地表示："所谓先锋，就是自由。"有学者对尤奈斯库的观点进行了补充和延伸，认为"作为现代主义的'先锋派'，往往试图通过对艺术主体创造精神的重新激活，通过对现代性意义上文化追求的充分展现，达到其凸显'否定'与'反叛'核心艺术精神的目的。换言之，无论是对现存文学体制与意识形态的否定，还是对陈旧艺术传统与创作理念的反叛，从本质上讲，都是为了逃避和批判一切既定的艺术圭臬"。"历史地看，西方先锋派的崛起，其实就是作家和艺术家们对当时的文化体制以及艺术思维不满而做出的积极反抗，其目标就在于挣脱早期资产阶级意识形态对个体精神自由的羁绊"（洪治纲，2005：5）。

从1979年开始，王蒙在《当代》杂志上陆续发表《布礼》《夜的眼》《春之声》《风筝飘带》《蝴蝶》等多篇文章。在这些小说中，他尝试将现实的客观世界与主观的精神活动结合起来，不断描写人物内在的心理活动。王蒙的探索被一些学者认定为"中国当代先锋小说的首次实验"（洪治纲，2005：27）。与此同时，宗璞、谌容等作家也尝试运用超现实主义的变形技法以及荒诞手法进行写作，他们相继发表了《我是谁》（宗璞，小说月报，1979）、《蜗居》（宗璞，钟山，1981）、《大公鸡的悲喜剧》（谌容，人民文学，1984）等在当时引起普遍关注与讨论的小说。但是，实事求是地讲，这一时期的文学作品基本上只是对西方"现代派"经典著作的粗线条临摹，创作主体在创新程度、探索勇气和反叛力度等方面都显得稚嫩，尚待时间的进一步打磨。

1984年，马原的《拉萨河女神》在《西藏文学》杂志第8期发表，这篇被誉为"中国先锋小说序幕之作"的作品"第一次把叙述置于故事之上，把几起没有因果联系的事件拼贴在一起"，从而将小说的重点从"'写什么'改变为'怎么写'，这预示了小说观念的根本转变"（陈晓明，1991）。在《拉萨河女神》之后，马原又陆续发表了几篇颇具影响力的"先锋派"作品，分别是1985年发表的《冈底斯的诱惑》、1986年发表的《虚构》、1987年发表的《大师》等。在马原的作品中，他常常使用叙述人视角变换的方式，以达到虚拟与真实位格转换的目的；通过"创作"向"写作"的蜕化使"叙述"本身成为一种能够推动故事发展的力量。可以说，正是马原及其作品在20世纪80年代中期的出现，才使先锋小说成为一支不可被忽略的势力正式进入中国新时期的文学界。在马原之后，洪峰、残雪、扎西达娃、苏童、余华、格非、莫言、孙甘露、北村等一众作家，开创性和实验性地引入了现代主义甚至后现代主义的创作思维与叙事手法，通过他们的努力，"怎么写"在很短的时间内便被提升到了一个全新的审美空间，使20世纪80年代的先锋小说派成为一个不可小觑的文学派别。

这些作家的小说时常能够展现先锋派为内心的自由而写作的态度，为反抗一切制约生命本真的枷锁而写作的精神。而实际上，先锋文学所特有的叛逆性、独创性、非大众性、不可重复性以及动态性，在本质上都是缘于这种创作主体追求自由表达、渴望逃避一切规则的决心。应该说，"拥有自由、恪守自由、用自由的生命形态去对视公众化的现实，去对视庸常的心灵，才能使先锋作家不受到任何意识的潜在束缚，才能保持先锋作家永不枯竭的创新能力，才能树立先锋作家卓尔不群的人格魅力"（洪治纲，2002）。从这个意义上讲，正是先锋作家在不断反叛过程中的持续探索，才将文学与艺术引向了更为自由和深邃的审美空间。

曾经有学者将承续"五四"精神、在社会变革时期力图超越政治而保持个人独立和思想创作自由、反对思想束缚、追求个人自由与解放的文学流派称为"自由派"文学（陈国恩等，2014:1）。从这个意义上讲，或许"朦胧诗"与"先锋小说"等现代派文学形式恰恰可以凭借其强调精神的自由与追求价值的多元等特征，成为"自由派"文学在改革开放新时期的历史延续。

四、20世纪80年代图书出版与文化自由主义思潮的相关性回归分析

（一）文化自由主义思潮相关图书样本的选取

为了对20世纪80年代图书出版对文化自由主义思潮的影响进行考察，笔者仍然采

取与前文类似的研究方法，重点对图书出版与社会思潮之间的相关性进行分析。在这个过程中，首先需要做的便是选取100种与文化自由主义思潮相关的图书样本。在选取样本时，笔者仍然使用立意抽样的方式，同时参考有关研究文献提及的相关书目，并结合一些有影响力的图书排行榜、图书评选活动结果来决定最终的图书样本。

以1979年1月1日至1989年12月31日为出版时间限定，在本章选取的图书样本中，"现代西方学术文库""新知文库""二十世纪文库""二十世纪西方哲学译丛"等西方学术译丛图书66种，朦胧诗、先锋小说等新时期现代派文学图书32种，"全盘西化论"相关图书2种（见表7-5），图书样本详情见本书附录《表4 20世纪80年代文化自由主义思潮图书样本详细列表》。

表7-5　20世纪80年代100种文化自由主义思潮相关图书类目统计

类目	"现代西方学术文库""新知文库""二十世纪文库""二十世纪西方哲学译丛"等西方学术译丛	朦胧诗、先锋小说等新时期现代派文学	"全盘西化论"相关图书
数量（种）	66	32	2

（二）以年份作为维度的相关性对比

为考察20世纪80年代图书出版与文化自由主义思潮之间的相关性，在本节的研究中，仍然首先将"图书样本的出版时间"与"相关讨论文章的发表时间"置于"年份维度"进行初步对比。根据前文所述，使用20世纪80年代文化自由主义思潮最相关TOP5词汇"自由主义""全盘西化""现代派文学""朦胧诗""甘阳"作为关键词，在中国知网数据库检索可得到1979年1月1日至1989年12月31日的讨论文章共513篇，1979—1989年文章发表年份分布情况见表7-6。

表7-6　1979—1989年文化自由主义讨论文章发表年份分布统计

年份	1979	1980	1981	1982	1983	1984	1985	1986	1987	1988	1989
数量（篇）	3	12	38	31	38	46	26	57	97	84	81

在对1979—1989年的100种文化自由主义思潮相关图书的首次出版时间进行统计后，笔者又整理出图书出版年份分布情况表（见表7-7）。

表 7-7　1979—1989 年文化自由主义图书样本出版年份分布统计

年份	1979	1980	1981	1982	1983	1984	1985	1986	1987	1988	1989
数量（种）	0	1	6	5	6	7	5	13	23	16	18

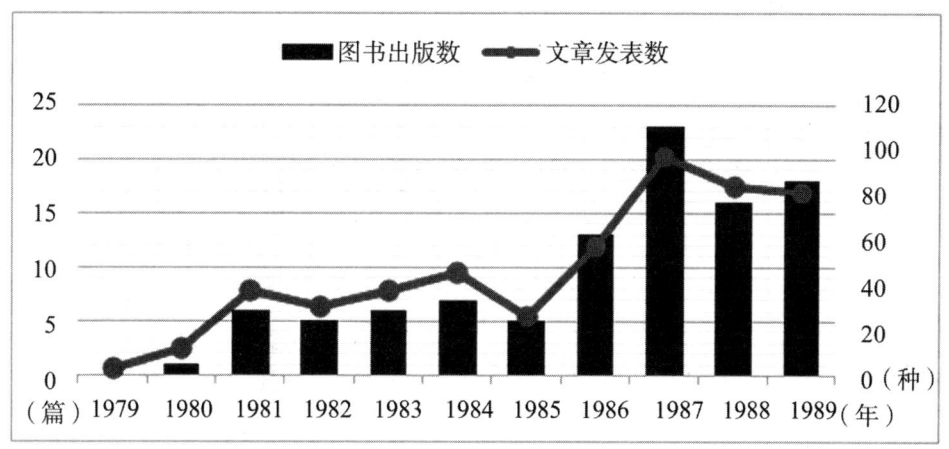

图 7-5　1979—1989 年文化自由主义思潮相关图书出版量与讨论文章发表量的相关性趋势图

通过对以年份作为维度的两组数据进行比对，从图 7-5 中，我们可以很明显地看出 20 世纪 80 年代图书出版与文化自由主义思潮之间的相关性。（1）从总体趋势看，"图书出版种数"和"文化自由主义思潮相关论文发表量"两项数据均在 20 世纪 80 年代呈现整体走高的态势，并同时在 1985 年迎来拐点，在 1987 年达到最高点。（2）从两项数据的总体趋势来看，文化自由主义思潮虽在 20 世纪 80 年代初期即已起潮，但是在 1985 年之后，图书出版数和讨论文章发表量均比 20 世纪 80 年代中前期有十分显著的增长，这显然与前文提到的"西学热"以及"西学译丛出版热"有关。（3）我们就图中的几个关键年份进行分析，首先，1987 年，"现代西方学术文库""二十世纪文库""二十世纪西方哲学译丛"三套最有影响力的西方学术译丛均在当年迎来出版高峰，有关文化自由主义的讨论也因此在 1987 年达到了最高点；其次，1985 年是趋势图中一个明显的拐点，这与当时社会关注的重点转向"科学主义"有直接的关联；最后，在 20 世纪 80 年代中前期，1981 年和 1984 年是文化自由主义讨论相对热烈的两年，其中的内在驱动力应为"朦胧诗"和"先锋小说"在新时期文学舞台上的分别登场。总体来看，20 世纪 80 年代图书出版对文化自由主义思潮的影响与引领能力逐年增强；在 1988 年和 1989 年，正是相关图书出版种数和印数的相对减少，才使"全盘西化论"等极端自由主义思潮得到一定程度的遏制。

（三）以月份作为维度的回归分析

在以自然年份作为考察维度之后，笔者将使用一元线性回归的方法进一步对与文化自由主义相关的图书出版数量与讨论文章数量在1979年1月到1989年12月间的月度分布数据进行分析。图书出版数量月度分布详见本书附录《表4 20世纪80年代文化自由主义思潮图书样本详细列表》，讨论文章数量的月度分布数据见表7-8。

表7-8　1979年1月—1989年12月文化自由主义相关讨论文章发表数月度统计

文章发表数（篇）月份 \ 年份	1979	1980	1981	1982	1983	1984	1985	1986	1987	1988	1989
1月	0	1	0	1	3	2	0	2	0	4	6
2月	0	0	1	0	0	2	0	1	3	1	0
3月	1	3	1	2	6	17	3	7	15	8	4
4月	1	1	8	8	7	8	4	8	9	15	8
5月	0	0	4	1	3	4	5	11	13	2	8
6月	1	0	1	0	1	3	2	3	12	11	10
7月	0	1	8	3	3	3	1	1	10	11	7
8月	0	1	2	3	7	3	1	8	13	11	15
9月	0	1	0	0	0	1	0	0	0	6	3
10月	0	0	8	6	3	1	7	7	9	4	9
11月	0	0	0	0	1	0	0	0	3	2	0
12月	0	4	5	6	5	2	3	9	10	9	11

表7-9　模型检验D

Source	SS	df	MS	Number of obs	=	132
				$F(1, 130)$	=	103.2
Model	1002.466	1	1002.466	Prob > F	=	0.0000
Residual	1262.829	130	9.714069	R-squared	=	0.4425
				Adj R-squared	=	0.4382
Total	2265.295	131	17.29233	Root MSE	=	3.1167

从表 7-9 可以看出，F 检验用于检验回归方程的显著性，回归方程 F 值为 103.2，其 P 值为 0.000，小于 0.05，通过显著性检验。决定系数 r^2 是一个回归直线与样本观测值拟合优度（Goodness of Fit，指回归直线对观测值的拟合程度）的相对指标，反映了因变量的波动中能用自变量解释的比例。$0 \leqslant r^2 \leqslant 1$，$r^2$ 越接近于 1，拟合优度越好，拟合优度 r^2 为 0.4425

表 7-10 回归结果 D

讨论文章数量	系数	标准差	t统计量	P值
出版图书种数	2.9367	0.2891	10.16	0.0000
_cons	1.6616	0.3486	4.77	0.0000

由表 7-10 可知，用 t 检验来检验回归系数的显著性，出版图书种数在 5% 的显著性水平下通过显著性检验。这说明 20 世纪 80 年代相关图书的出版种类每增加 1 个单位，相关讨论文章数量会增加 2.9367 个单位，这一数值高出了图书出版对"人道主义思潮""科学主义思潮""文化保守主义思潮"的影响。因而，以月份作为维度的相关性回归分析再次充分证明，20 世纪 80 年代图书出版在很大程度上引领了文化自由主义思潮的发展与转向。

结论与讨论

罗伯特·达恩顿（2011：210）曾说："图书不仅叙述历史，而且创造历史。"在人类的历史中，"诸多的文化思潮和文化事件，实际上是在人文学界共同参与中产生的，它本身就构成一种话语实践和知识繁衍的特殊形态。"（贺桂梅，2010：49）而图书出版作为社会生活中形塑大众文化趣味、引领读者价值取向的关键力量，毋庸置疑地被视为"人文学界"参与"话语实践和知识繁衍"的重要力量。达恩顿（2005：31）曾在《启蒙运动的生意》一书中详细记述了狄德罗的《百科全书》对18世纪法国社会产生的深刻影响，他认为虽然出版商仅仅把出版当作一门投机的生意，"《百科全书》从一开始就依赖金钱和权力的联合"，但"在它最早期的历史进程中，政治和经济利益其实就纠缠在一起"，随着《百科全书》的畅销，被它征服的不仅仅是法国的图书市场，《百科全书》还最终成为法国大革命爆发的原因之一。从这个意义上讲，图书出版不仅能够推动并引领社会思潮的发生与发展，甚至能够为整个人类社会带来意想不到的深刻变革。

中国改革开放的20世纪80年代是人们思想观念推陈出新、急剧变迁的年代，是各种社会文化思潮潮起潮落、竞相激荡的年代。通过回到20世纪80年代思想文化的现场，我们发现图书出版有力地影响了彼时社会文化思潮的起源、递兴、转向与隐没，参与了新时期社会思潮"起承转合"的各个重要阶段。

首先，图书出版能够成为一种全新的社会思潮的"发生缘起"。1984年至1985年，上海书店、上海人民出版社相继推出了主打传统文化的同名系列丛书——"中国文化史丛书"，随后，以"继承并弘扬传统文化"为宗旨的民间文化团体"中国文化书院"也陆续推出了多达6个细分类目的"中国文化书院文库"。这几套丛书的出版，使20世纪80年代前期一度沉寂的传统文化再次以醒目的姿态呈现在了大众面前，新时期的文化保守主义也因此再次起潮，并成为20世纪80年代中后期直至20世纪90年代最具生命力的社会思潮之一。

其次，图书出版能够使某种社会思潮"得以承续"。1983年至1984年，人道主义者的主张曾遭遇过一次危机，在当时，能否突破马克思主义理论资源的限制，冲破"个人"与"社会"的二元对立话语框架，成为人道主义思潮是否能够延续的一个难题。此时，人民出版社修订并重新发行了李泽厚的《批判哲学的批判》。在该著作中，李泽厚借由对德国古典哲学家康德的再诠释，创造性地提出了"主体性实践哲学"或称"人类学本体论"，这一观点很快成为20世纪80年代"人道主义"的全新表述形式，使人道主义思潮能够继续在新时期的思想文化界保持在场。

再次，图书出版能够使最有影响力的社会思潮"发生转向"。1983年至1984年，两本现象级的超级"未来学"畅销书《第三次浪潮》和《大趋势》相继出版；同一时期，"走向未来丛书"的首批图书也由四川人民出版社陆续出版。可以说，在短时间内以"科学""方法论""未来学"作为标识的出版物的集中出版，几乎在"一瞬间"将人们的注意力和关注点从对"人道主义"的争论转移到了对"科学主义"的思考，20世纪80年代影响力巨大的文化热也因此而发生。

最后，图书出版也可以促进一种社会思潮的"逐渐合闭"。20世纪80年代后期，以"全盘西化论"为代表的极端自由主义思潮大有泛滥之势，通过缩减能够给读者带来自由主义想象的西方学术译著丛书的出版种数和印数，极端化的自由主义思潮得到了一定程度的遏制。

总之，通过本书的粗浅研究，我们可以得出明确的结论：20世纪80年代的图书出版与人道主义思潮、科学主义思潮、文化保守主义思潮、文化自由主义思潮之间均有着密切的关联。但是，从一个更加宏观的维度上讲，由于本书探讨的四种社会思潮均是在它们各自的精神向度探索着中国现代化道路的前进方向，甚至欲求以不同的价值导向对整个国家的改革实践提供某种意识形态方面的参考，因此，在本书的最后，似乎也有必要对"新时期中国到底应该选择什么样的道路而走向现代化"这一时代主题进行讨论与回答。

实际上，无论是从历史还是从现实的维度，现代化都是中国社会发展的必然选择，也是几代中国人的共同理想，时至今日，现代化道路的问题仍然是当代中国面临的重大历史课题。习近平总书记在党的十八大报告中强调："道路关乎党的命脉，关乎国家前途、民族命运、人民幸福""道路问题是关系党的事业兴衰成败第一位的问题，道路就是党的生命。"中国近代以来所走过的历程，特别是中华人民共和国成立以后对现代化强国道路艰辛探索的历程证明，唯有中国特色社会主义道路才是一条既符合中国国情，又适合时代发展要求并能够取得巨大成功的正确道路。习近平总书记指出："当代中国的伟大社会变革，不是简单延续我国历史文化的母版，不是简单套用马克思主义经典作家设想的模板,不是其他国家社会主义实践的再版,也不是国外现代化发展的翻版。"中国特色社会主义道路,既坚持以经济建设为中心,又全面推进经济建设、政治建设、文化建设、社会建设、生态文明建设以及其他各方面建设;既坚持四项基本原则,又坚持改革开放;既不断解放和发展社会生产力,又逐步实现全体人民共同富裕、促进人的全面发展,是实现我国社会主义现代化的必由之路,也是创造人民美好生活的必由之路。

因而,历史地看,20世纪80年代轮番潮涌的人道主义、科学主义、文化保守主义、文化自由主义等社会思潮,均是在彼时以自己的方式对中国特色社会主义道路的探索做出贡献,同时也在潜移默化地推动着中国新时期现代化发展的伟大进程。本书从图书出版的角度对这些纷繁复杂而又彼此相连、明显可感却又难以捕捉的社会思潮进行认识和梳理,有助于研究者和决策者从社会思潮与现代化道路关系的研究中汲取经验,并以此作为我国未来现代化建设的思想资源,进一步思考和解决更具价值的"中国问题"。实际上,本书也仅在这一方面进行了探讨,实为抛砖引玉,希望以一种独特的视角为后来的研究者提供一个可以参考和继续发展的思维空间,期待更多的研究者能有新的发现。

参考文献

专著

1. 北京日报理论部编（1987）.评"全盘西化"论.北京：北京日报出版社.
2. 查建英（2006）.八十年代访谈录.北京：生活·读书·新知三联书店.
3. 陈国恩，张森，王俊（2014）.中国"自由"派文学的流变.北京：中国社会科学出版社.
4. 陈伟军（2015）.社会思潮传播与核心价值引领.北京：人民出版社.
5. 陈昕，杨龙，罗靖（1990）.中国图书业经济分析.上海：学林出版社.
6. 陈序经（2004）.中国文化的出路.北京：中国人民大学出版社.
7. 陈原（2001）.总编辑断想.沈阳：辽宁教育出版社.
8. 陈越光（2018）.八十年代的中国文化书院.北京：生活·读书·新知三联书店.
9. 程光炜，谢尚发（2018）.寻根文学研究资料.南昌：百花洲文艺出版社.
10. 出版工作文件选编（1976.10-1980.12）（1981）.文化部出版事业管理局办公室编.
11. 出版工作文件选编（1981-1983.12）（1984）.文化部出版事业管理局办公室编.
12. 邓小平（1994）.邓小平文选·第二卷.北京：人民出版社.
13. 邓小平（1994）.邓小平文选·第三卷.北京：人民出版社.
14. 丁枫（1987）.高尔泰美学思想研究.沈阳：辽宁人民出版社.
15. 丁晓平（2011）.中共中央第一支笔：胡乔木在毛泽东邓小平身边的日子.北京：中国青年出版社.
16. 范军（2019）.新中国新闻出版业70年.北京：中国书籍出版社.
17. 方厚枢，魏玉山(2008).中国出版通史中华人民共和国卷.北京：中国书籍出版社.
18. 方厚枢（2007）.中国当代出版史料文丛.北京：中国书籍出版社.
19. 高尔泰（1982）.论美.兰州：甘肃人民出版社.

20. 高尔泰（1986）．美是自由的象征．北京：人民文学出版社．

21. 甘阳（2006a）．八十年代文化意识．上海：世纪出版集团、上海人民出版社．

22. 甘阳（2006b）．古今中西之争．北京：生活·读书·新知三联书店．

23. 甘阳（1990）．我们在创造传统．台北：联经出版事业公司．

24. 甘阳（1989）．中国当代文化意识．香港：生活·读书·新知三联书店香港有限公司．

25. 高瑞泉（2005）．中国现代精神传统：中国的现代性观念谱系．上海：世纪出版集团上海古籍出版社．

26. 高瑞泉（2019）．20世纪中国社会思潮研究．北京：经济科学出版社．

27. 高宣扬（2004）．布迪厄的社会理论．上海：同济大学出版社．

28. 国家统计局编（1990）．中国统计年鉴1990．北京：中国统计出版社．

29. 郝振省（2009）．名著的故事．北京：中国书籍出版社．

30. 贺桂梅（2010）．「新启蒙」知识档案：80年代中国文化研究．北京：北京大学出版社．

31. 胡明贵（2013）．自由主义与新文学现代性品格．北京：人民出版社．

32. 胡乔木（1984）．关于人道主义和异化问题．人民出版社．

33. 胡适（2018）．问题与主义．长春：吉林出版集团股份有限公司．

34. 贾长华（2012）．我们的八十年代．天津：天津人民出版社．

35. 姜义华（2015）．姜义华口述历史．上海：上海世纪出版股份有限公司．上海书店出版社．

36. 金观涛，刘青峰（1984）．兴盛与危机：论中国封建社会的超稳定结构．湖南人民出版社．

37. 康晓光，吴玉伦（1998）．中国人读书透视：1978-1998大众读书生活变迁调查．桂林：广西教育出版社．

38. 旷晨，潘良（2006）．我们的1980年代．北京：中国友谊出版公司．.

39. 乐黛云（2004）．比较文学与比较文化十讲．上海：复旦大学出版社．

40. 李世涛（2000）．知识分子立场：激进与保守之间的动荡．长春：时代文艺出版社．

41. 李泽厚，陈明（2002）．浮生论学：李泽厚陈明二〇〇一年对谈录．北京：华夏出版社．

42. 李泽厚（1985）．李泽厚哲学美学文选．湖南人民出版社．

43. 李泽厚（1989）．美学四讲．生活·读书·新知三联书店．

44. 李泽厚（2001）．美的历程．天津：天津社会科学院出版社．

45. 李泽厚（2003a）．批判哲学的批判：康德述评．天津社会科学院出版社．

46. 李泽厚（2003b）．中国现代思想史论．天津：天津社会科学院出版社．

47. 李中华，王守常（1994）．文化的回顾与展望．北京：北京大学出版社．

48. 廖亦武（1999）．沉沦的圣殿．乌鲁木齐：新疆青少年出版社．

49. 梁启超（1998）．清代学术概论．上海：上海古籍出版社．

50. 梁启超（1989）．饮冰室合集·第七册．北京：中华书局．

51. 梁启超（1984）．梁启超选集．上海：上海人民出版社．

52. 梁淑敏（1987）．东西文化及其哲学．北京：商务印书馆．

53. 刘大椿（2017）．审度：马克思科学技术观与当代科学技术论研究．北京中国人民大学出版社．

54. 刘杲，石峰（1999）．新中国出版五十年纪事．北京：新华出版社．

55. 刘蒙之，谢妍妍，严丽雯（2015）．百年中国畅销书史（1912-2012）．西安：世界图书出版西安有限公司．

56. 刘再复（1986）．性格组合论．上海：上海文艺出版社．

57. 毛泽东（1990）．毛泽东选集·第二卷．北京：人民出版社．

58. 毛泽东（1991）．毛泽东选集·第四卷．北京：人民出版社．

59. 毛泽东（1977）．毛泽东选集·第五卷．北京：人民出版社．

60. 毛泽东（1999）．毛泽东文集·第八卷．北京：人民出版社．

61. 罗荣渠（2008）．从"西化"到现代化（上册）．合肥：黄山书社．

62. 罗荣渠（1993）．现代化新论：世界与中国的现代化进程．北京：北京大学出版社．

63. 马国川（2011）．我与八十年代．北京：生活·读书·新知三联书店．

64. 马克思等(1857/1979)．马克思、恩格斯、列宁、斯大林论科学技术．人民出版社．

65. 马克思、恩格斯（1965）．中共中央马克思、恩格斯、列宁、斯大林著作编译局译．马克思恩格斯全集·第十九卷．北京：人民出版社．

66. 马克思、恩格斯（1972）．中共中央马克思、恩格斯、列宁、斯大林著作编译局译．马克思恩格斯全集·第二十三卷．北京：人民出版社．

67. 马克思、恩格斯（1974）．中共中央马克思、恩格斯、列宁、斯大林著作编译局译．马克思恩格斯全集·第二十五卷．北京：人民出版社．．

68. 马原（2016）．重返黄金时代：八十年代大家访谈录．长春：吉林出版集团股份有限公司．

69. 庞朴（1996）．庞朴学术文化随笔．北京：中国青年出版社．

70. 庞朴（1988）．文化的民族性与时代性．北京：中国和平出版社．

71. 秦书生（2016）．马克思恩格斯科学技术思想及其中国化研究．沈阳：东北大学出版社．

72. 邵汉明（2003）.中国文化研究二十年.北京：人民出版社.

73. 沈宝祥（1997）.真理标准问题讨论始末.北京：中国青年出版社.

74. 舒衡哲（2007）.中国启蒙运动：知识分子与五四遗产.北京：新星出版社.

75. 宋木文（2007）.亲历出版三十年：新时期出版纪事与思考（上、下卷）.北京：商务印书馆.

76. 宋应离，刘小敏（2009）.亲历新中国出版六十年.开封：河南大学出版社.

77. 孙琳（2014）.重构场域：出场学场域十论.北京：人民日报出版社.

78. 汤一介（2016）.我们三代人.北京：中国大百科全书出版社.

79. 汪启明（2008）.出版通论.成都：四川大学出版社.

80. 王德领（2011）.混血的成长：二十世纪八十年代（1976-1985）对西方现代派文学的接受.北京：中国社会科学出版社.

81. 王建辉（2000）.文化的商务：王云五专题研究.北京：商务印书馆.

82. 王金玲（2018）.中国特色社会主义道路自信研究.沈阳：辽宁大学出版社.

83. 王明生主编（2018）.中国特色社会主义"四个自信"研究丛书·道路自信.南京：江苏人民出版社.

84. 王学典（2010）.思想史上的新启蒙时代：黎澍及其探索的问题.郑州：河南人民出版社.

85. 王学典（2015）.怀念八十年代.广东：广东人民出版社.

86. 王子野（1993）.当代中国的出版事业.北京：当代中国出版社.

87. 吴江（1995）.十年之路：和胡耀邦相处的日子.香港：镜报文化企业有限公司.

88. 吴仁华（2014）.社会思潮十讲：青年师生读本.福州：福建教育出版社.

89. 吴修艺（1988）.中国文化热.上海：上海人民出版社.

90. 伍旭升，岛石（2009）.30年中国最具影响力的300本书.北京：中国对外翻译出版公司.南昌：江西教育出版社.

91. 伍旭升（1993）.大轰动：中外畅销书解秘.广州：广州出版社.

92. 伍旭升（2001）.30年中国畅销书史.北京：北京大学出版社.

93. 肖东发，方厚枢（2006）.中国编辑出版史（下册）.沈阳：辽海出版社.

94. 肖东发，杨虎（2017）.中国出版史.北京：北京大学出版社.

95. 谢泳，丁东（2008）.文化十日谈.福建：福州教育出版社.

96. 新闻出版署政策法规司编（1991）.中华人民共和国现行新闻出版法规汇编.北京：人民出版社.

97. 新闻出版署主编.新中国出版50年（1949-1999）（1999）.北京：人民美术出版社.

98. 徐奉臻（1999）.历史视野：改革与现代化研究.哈尔滨：黑龙江人民出版社.

99. 徐丽芳，吴永贵（2001）.中国百年畅销书.西安：陕西师范大学出版社.

100. 徐敬亚（1989）.崛起的诗群.上海：同济大学出版社.

101. 许纪霖，陈达凯（2006）.中国现代化史第一卷1800-1949.上海：学林出版社.2006.

102. 许纪霖，罗岗（2007）.启蒙的自我瓦解：1990年代以来中国思想文化界重大论争.长春：吉林出版集团有限公司.

103. 杨尚昆等（1997）.我所知道的胡乔木.北京：当代中国出版社.

104. 杨忠学（2006）.我与书.澳门：国际港澳出版社有限公司.

105. 衣俊卿（2004）.文化哲学十五讲.北京：北京大学出版社.

106. 袁银传，董朝霞（2018）.道路自信：中国特色社会主义道路研究.北京：高等教育出版社.

107. 张维特（2009）.30年中国人的阅读心灵史.北京：中国对外翻译出版社.

108. 张文红（2011）.畅销书理论与实践.北京：中国传媒大学出版社.

109. 张旭东（2014）.改革时代的中国现代主义：作为精神史的80年代.北京：北京大学出版社.

110. 张旭东（1997）.幻想的秩序：批评理论与当代中国文学话语.香港：牛津大学出版社.

111. 张志强（2004）.20世纪中国的出版研究.桂林：广西教育出版社.

112. 赵晓恩（1994）.六十年出版风云散记.北京：中国书籍出版社.

113. 郑士德（2009）.中国图书发行史（增订本）.北京：中国时代经济出版社.

114. 周恩来（1984）.周恩来选集·下卷.北京：人民出版社.

115. 周国平（2004）.岁月与性情：我的心灵自传.武汉：长江文艺出版社.

116. 周敬，鲁阳（1986）.现代派文学在中国.沈阳：辽宁大学出版社.

117. 钟华民等（1989）.重评《河殇》.杭州：杭州大学出版社.

118. 周扬（1994）.周扬文集.北京：人民文学出版社.

119. 朱汉国（2012）.当代中国社会思潮研究.北京：北京师范大学出版社.

120. 朱俊峰（2013）.道路自信：中国共产党与中国特色社会主义道路（修订简明版）.北京：社会科学文献出版社.

121. 朱伟（2018）.重读八十年代.北京：中信出版集团.

122. 邹诗鹏（2012）.三十年社会与文化思潮.上海：复旦大学出版社.

123. 张立宪（2012）.闪开，让我歌唱八十年代：插图珍藏版.北京：人民文学出版社.

124. 中共中央宣传部（2019）.习近平新时代中国特色社会主义思想学习纲要.北京：

学习出版社，人民出版社.

125. 中国出版工作者协会，中国出版发行科学研究院编（1980-1991）.中国出版年鉴（1980-1991）.北京：中国书籍出版社出版.

126. 中国大百科全书总编辑委员会《哲学》编辑委员会编（1985）.中国大百科全书·哲学卷（Ⅱ）.北京：中国大百科全书出版社.

127. 中国科学院语言研究所词典编辑室编（1973）.现代汉语词典.北京：商务印书馆.

128. 中国文化书院讲演录编委会（1988）.论中国传统文化.北京：生活·读书·新知三联书店.

129. 中国改革开放新时期年鉴编纂办公室（2015）.改革开放新时期年鉴（1988年）.北京：中国民主法制出版社.

130. 《辞海》编辑委员会编（1979）.辞海.上海：上海辞书出版社.

131. [美]罗伯特·达恩顿著.熊祥译（2011）.阅读的未来.北京：中信出版社.

132. [美]罗伯特·达恩顿著.叶桐，顾杭译（2005）.启蒙的大生意：《百科全书》出版史（1775-1880）.北京：生活·读书·新知三联书店.

133. [美]戴维·斯沃茨著.陶东风译（2006）.文化与权力：布尔迪厄的社会学.上海：上海译文出版社.

134. [法]皮埃尔·布尔迪厄著.华康德著.李猛，李康译（2015）.反思社会学导引.北京：商务印书馆.

135. [法]皮埃尔·布尔迪厄著（1996）.许钧译（2011）.关于电视.南京：南京大学出版社.

136. [美]埃里希.弗洛姆著.毛泽应等译（1991）.人的呼唤：弗洛姆人道主义文集.上海生活·读书·新知三联书店.

137. [美]道格拉斯·诺斯著.刘守英译（1994）.制度、制度变迁与经济绩效.生活·读书·新知三联书店上海分店.

138. [英]艾瑞克·霍布斯鲍姆著.郑明萱译（2014）.极端的年代：1914-1991.北京：中信出版集团.

139. Chen Fong-ching and Jin Guantao（1997）. From Youthful Manuscripts to River Elegy: The Chinese Popular Cultural Movement and Political Transformation 1979-1989. Hong Kong: Chinese University of Hong Kong Press.

140. Elizabeth L.Eisenstein（1979）. The Printing Press as an Agent of Change: Communications and Cultural Transformations in Early-Modern Europe. Cambridge: Cambridge University Press.

141. Roger.Chartier（1991）.The Culture Origins of The French Revolution. Newyork:Duke University Press.

142. Robert Darnton（1979）. The Business of Enlightenment: Publishing History of the Encyclopedie,1775-1800.Cambridge:Harvard University Press.

143. Pierre.Bourdieu（1993）.The Field of Cultural Production: Es-says on Art and Literature.Cambridge:Polity Press.

期刊

1. 毕光明（2002）.从"伤痕"到"反思"：新时期文学回叙之一.海南师范学院学报（人文社会科学版）.（3），15-19.

2. 编辑之友编辑部（1998）.1986年度图书"金钥匙"奖评选揭晓.编辑之友.（3），94-95.

3. 蔡红（2015）.男西裤双嵌线袋工艺模板的设计与应用研究.毛纺科技.（9），66-69.

4. 蔡翔（2000）.有关"杭州会议"的前后.当代作家评论.（6），58-61.

5. 陈晓明（1991）.最后的仪式："先锋派"的历史及其评估.中国现当代文学研究.（12），3-57.

6. 陈序经（1935/1987）.关于全盘西化答吴景超先生.独立评论.（142）.转引自《评"全盘西化"论》.北京：北京日报出版社.266-267.

7. 陈应年，徐式谷（1992）.哲学社会科学翻译的回顾与现状(续).中国翻译.（3），3-5.

8. 巢峰（1986）.出版物的价值构成.出版发行研究.（1），8-14/19.

9. 陈达凯，周舜培，徐维东（2008）.图书品牌的创建、发展与维护散论.编辑学刊.（6），10-13.

10. 陈伟军（2008）.改革开放以来的图书出版与文化思潮.中国出版.（10），25-28.

11. 程光炜（2015）."85文化热"三十年.文艺争鸣.（10），1-3.

12. 出版广角编辑部（1999）.五十年风雨路、半世纪民族情："感动共和国的50本书"评选揭晓.出版广角.（8），7.

13. 方厚枢（1999）.五十年巨变.出版科学.（3），4-8.

14. 方厚枢（1987）.从统计数字看我国出版事业的发展.编辑之友.（1），92-96.

15. 傅世俤（1986）.一切为了饥渴者和盗火者——对《走向未来》丛书的一点回顾和思考.出版工作.（10），33.

16. 高崧，陈应年（1984）.从《汉译世界学术名著丛书》的出版谈起.翻译通讯.（10），4-9.

17. 甘阳（1986）.传统、时间性与未来.读书.（2），3-10.

18. 甘阳（1999）.自由主义：贵族的还是平民的？.读书.（1），85-95.

19. 郭笑天（2012）.自由与美：高尔泰与李泽厚美学思想比较.安庆师范学院学报（社会科学版）（4），114-117.

20. 贺桂梅（2009）.80年代、"五四"传统与"现代化范式"的耦合：知识社会学视角的考察.文艺争鸣.（6），6-18.

21. 洪治纲（2002）.先锋：自由的迷津——论九十年代以来中国先锋小说所面临的六大障碍.花城.（5），193-207.

22. 华南，王海珍，张惠清（2009）.从"书荒"到"书海"，出版大国在当下.中华儿女.（8），50-51.

23. 姜义华（1984）.在马克思主义指导下编出高质量的中国文化史丛书.大庆社会科学（5），35-37.

24. 金观涛，刘青峰（1980a）.中国历史上封建社会的结构：一个超稳定系统（续）.贵州师范大学学报.（2），34-49.

25. 金观涛，刘青峰（1980b）.中国历史上封建社会的结构：一个超稳定系统.贵州师范大学学报.（1），5-24.

26. 金观涛（2000）.我们生活在"新世纪"吗？.二十一世纪（香港）.（10），44-47.

27. 金观涛（1981）.系统论、控制论可以成为历史研究者的工具.读书.（11），11-13.

28. 金石（2004）.20世纪80年代丛书：追忆那一场盛宴.青年探索.（1），61-63.

29. 建红（1986）."老三论"与"新三论".理论建设.（2），87-91.

30. 江泽民（1989）.在庆祝中华人民共和国成立四十周年大会上的讲话.党建研究.（8），2-12.

31. 久安（1980）.百天发行三百万册的畅销书.湘图通讯.（1），8.

32. 黎澍（1979）.消灭封建残余影响是中国现代化的重要条件.历史研究.（1），3-19.

33. 李洪林（1979）.读书无禁区.读书.（1）.

34. 李洁非（1995）.寻根文学：更新的开始（1944—1985）.当代作家评论.（4），101-113.

35. 李鹏，谢纳（2015）."八十年代"的思想现场：思想解放与文化启蒙的复杂关联.文艺争鸣（5），51-57.

36. 李杨（2002）."救亡压倒启蒙"：对八十年代一种历史"元叙事"的解构分析. 书屋.（5），4-15.

37. 李泽厚（1987）. 漫说"西体中用". 孔子研究.（1），15-29.

38. 李泽厚（1986）. 启蒙与救亡的双重变奏：五四回想之一. 走向未来.（1），18-38.

39. 刘芳（2006）. 出版的文化属性及其文化功能. 出版发行研究.（4），31-32.

40. 刘杲（2008）. 文化是出版的灵魂. 出版史料.（3），5-6.

41. 刘海龙（2005）. 当代媒介场研究导论. 国际新闻界.（2），53-59/75.

42. 刘美华，周志平（2009）. 论五四时期出版的文化功能. 出版发行研究.（8），71-74.

43. 刘青峰（1991）. 二十世纪中国科学主义的两次兴起. 二十一世纪（香港）.（4），32-47.

44. 刘伟，俞建章（1988）. 中青年学术群体的崛起：访金观涛. 求是.（4），15.

45. 刘月悦（2019）. 场域理论视角下二十一世纪中国文学变革. 郑州大学学报(哲学社会科学版).（4），85-91.

46. 刘训练（2001）. 近年来学术译丛漫议. 博览群书.（12），4-16.

47. 柳斌杰（2008）. 把出版放在文化的的坐标上考察. 科技与出版.（10），79.

48. 庞多益（1989）. 新中国书刊印刷工业的发展历程. 出版工作.（8），33-47.

49. 彭宏（2016）. 地下的潜藏与流动——对文革"类侦探"手抄本的解读. 文艺评论.（4），38-46.

50. 覃建（1990）. 七十年来中国文化史著作简介. 管子学刊.（2），77-83.

51. 散木（2011）. 党史中勇于修正错误的中共领导人. 领导文萃（12），80-83.

52. 宋木文（2008）.《关于加强出版工作的决定》(1983)的历史地位. 中国出版.（3），16-23.

53. 宋木文（2005）. 出版领域的拨乱反正（续）. 出版史料.（3），12-19.

54. 宋木文（2005）. 出版领域的拨乱反正. 出版史料.（2），4-13.

55. 宋木文（1999）. 从拨乱反正到繁荣发展：中国出版改革发展20年的巨变. 中国出版.（1），11-14.

56. 宋木文（2009）. 感受八十年代出版. 出版参考.（28），8-11.

57. 宋镇玲（1985）.《走向未来》丛书怎样走向未来：访四川人民出版社副总编杨忠学. 博览群书.（6），20-21.

58. 苏炜（1992）.八十年代北京知识界的文化圈子.中国之春.（1）.

59. 孙绍振（1981）.新的美学原则在崛起.诗刊.（3），55-59.

60. 石光树（1999）.李维汉建议邓小平肃清封建遗毒.百年潮.（5），4-9.

61. 汤一介（1988）.中国新文化的创建.读书.（7），6-10.

62. 田影（1986）.《中国文化史丛书》问世.文史知识.（1），88.

63. 汪晖（1997）.当代中国的思想状况与现代性问题.天涯.（5），133-150.

64. 王建辉（1998）.十一届三中全会和当代中国出版.编辑学刊.（6），4-9.

65. 王学典(2009)."80年代"是怎样被"重构"的？：若干相关论作简评.开放时代.（6），44-58.

66. 王杨宗（2018）.中国科学技术事业的历史性转变：回望1978年全国科学大会.中国科学院院刊.（4），351-361.

67. 王尧（2011）.《第二次握手》："手抄本"与"定稿本".小说评论（1），33-38.

68. 王兆辉，肖军，闫峰（2015）.出版媒介场域对抗战歌谣的传播研究.重庆邮电大学学报(社会科学版).（27），133-137.

69. 卫垒垒（2017）.重申高尔泰美学的意义.中国美学研究.（2），200-213.

70. 魏清光（2013）.改革开放以来我国翻译出版选题变迁的社会动因分析.中国出版.（4），13-16.

71. 文晖（2008）.改变我们阅读方式的20本书.当代人.（4），3-14.

72. 吴越（1998）.《第二次握手》：从手抄本到畅销书（下）.纵横.（11），57.

73. 吴于廑（1980）.中西启蒙运动的比较.读书.（12），26-29.

74. 夏中义（2011）.青年马克思与中国第一次"美学热"：以朱光潜、蔡仪、李泽厚、高尔泰为人物表.文学评论.（5），189-197.

75. 新周刊（1998）.20年中国备忘录：20年来最有影响的20本书.新周刊.（22），54.

76. 徐奉臻（1998）."西化主义"：现代化的误区.北方论丛.（6），74-78+83.

77. 杨凤城（2014）.毛泽东、邓小平与中国经济长远发展战略：以"两步走"和"三步走"为中心的历史考察.中国井冈山干部学院学报.（4），60-67.

78. 余焕椿（2003）.李维汉痛定思痛疾呼反封建.炎黄春秋.（3），1-2.

79. 于淑敏（2018）.思想解放进程的见证、学术丛书运营的典范：陈原与《汉译世界学术名著丛书》的出版.中国出版史研究.（3），124-143.

80. 袁正（1986）."老三论""新三论"的提法不科学.哲学动态.（12），26.

81. 张岱年（1989）.传统文化与现代化.北京大学学报.（3），3-5.

82. 张东荪（1984）.政治上的自由主义和文化上的自由主义.观察.（4），2-4.

83. 张法（1998）.伤痕文学：兴起、演进、解构及其意义.江汉论坛.（9），58-62.

84. 张继玺（2009）."浪漫年代"的社会启蒙.河北师范大学学报（教育科学版）.（11），39-42.

85. 张文红（2017）.论出版的性质及其关系.出版发行研究.（3），5-10.

86. 张旭东，徐勇（2012）."重返八十年代"的限度及其可能：张旭东教授访谈录.文艺争鸣.（1），97-102.

87. 张志斌（2014）.服装工艺模板的技术特征与应用研究：以夹克口袋工艺模板设计为例.邢台职业技术学院学报.（5），89-92.

88. 甄巍然，陈昌辉（2017）."场域"视角下出版伦理困境探因与路径建构.出版发行研究.（7），11-15.

89. 郑大华（2004）.30年代的"本位文化"与"全盘西化"的论战.湖南师范大学社会科学学报.（3），84-90.

90. 郑大华（2005）.中国文化保守主义研究的几个问题.社会科学.（2），129-136.

91. 郑丽平（2008）."全盘西化"思潮：一种现代化视角的解析.中国特色社会主义研究.（1），78-84.

92. 中国科学院（2018）."科学的春天"：1978年全国科学大会.中国科学院院刊.（4），342.

93. 仲维光（1992）.北京文化丛书派的工作及思想：80年代大陆知识分子研究之一.当代（台北）.（5）.

94. 周根红（2008）.从单一到多元：图书出版30年的文化特征变迁.出版发行研究.（6），9-12.

95. 周介人（1985）.青年作家与青年评论家对话共同探讨文学新课题.上海文学.（2），75/80.

96. 周隆宾（1987）."全盘西化"论的过去和现在.红旗.（8），28-34.

97. 周蔚华（2018）.出版：文化自信的拱心石——一个出版史的视角.出版发行研究.（1），5-12.

98. 周蔚华（2009）.出版物的价值和效益评价辨析：兼评"两个效益"重大命题.中国人民大学学报.（4），142-147.

99. 周蔚华，杨石华（2018）.中国出版对外交流与国际合作40年.中国出版.（20），19-26.

100. 朱国华（2004）. 场域与实践：略论布迪厄的主要概念工具（下）. 东南大学学报（哲学社会科学版）.（6），41-45.

101. Pierre.Bourdieu（1983）.The field of cultural production, or: The economic world reversed. Poetics.（12），311-356.

102. Pierre.Bourdieu（1971）. Champ du pouvoir,champ intellectuel et habitus de classe.Scolies.（1），7-26.

报纸

1. 本报讯（1984）."中国文化书院筹备委员会"成立. 北京：光明日报.1984-12-31[2].
2. 梁子民，毕文昌（2007）. 回望"丛书热". 北京：中国青年报.2007-11-14[9].
3. 马国川（2008a）. 汤一介：思想自由是最重要的. 北京：经济观察报.2008-03-17[55].
4. 马国川（2008b）. 金观涛：八十年代的一个宏大思想运动. 北京：经济观察报.2008-04-28[41].
5. 马国川（2008c）. 李泽厚：我和八十年代. 北京：经济观察报.2008-06-09[45].
6. 马国川（2008d）. 刘再复：那是富有活力的年代. 北京：经济观察报.2008-5-21[41].
7. 姜鹏（2016）.《中国文化史丛书》出版的台前幕后. 上海：东方早报.2016-03-13[A03-04].
8. 人民日报（1984）. 一套开阔眼界的大型丛书：评《走向未来》丛书. 北京：人民日报.1984-9-3.
9. 人民日报评论员（1987）."全盘西化"就是全盘否定社会主义. 北京：人民日报.1987-1-12[1].
10. 习近平（2009）. 在中央党校2009年秋季开学典礼上的讲话（2009年9月1日）. 北京：学习时报.2009-09-28[1].
11. 苏颂兴（1988）. 探索科学理性社会结构的竞赛：访金观涛教授. 北京：社会科学报.1988-11-17[1].
12. 王学典(2014).启蒙的悖论：庞朴与八十年代传统文化的复兴.济南：山东大学报.2014-09-10[3].
13. 文汇报（1984）. 展现当代科学新貌、反映认识真理道路：大型丛书《走向未来》引人注目. 上海：文汇报.1984-3-18.
14. 张贺（2018）. 从"书荒"到"书海"的跨越. 北京：人民日报.2018-11-15[18].
15. 周扬（1983）. 关于马克思主义几个理论问题的讨论. 北京：人民日报.1983-03-16[5].

学位论文

1. 陈丽芳（2013）.《走向未来》丛书出版研究.西南交通大学.成都.
2. 洪治纲（2005）.反叛与超越：论现代性语境中的中国当代先锋文学.浙江大学.杭州.
3. 李鹏（2015）.1980年代启蒙主义文学思潮研究.辽宁大学.沈阳.
4. 皮炯勋（2013）.1980年代"科学"和"理性主体"的重建：以"走向未来"丛书为中心.北京大学.北京.
5. 王琛（2007）.论八十年代"方法论革命"及其历史域境.华东师范大学.北京.
6. 徐丹（2013）.《中国文化史丛书》的出版、演变与启示.华中师范大学.武汉.
7. 徐敬龙（2016）.20世纪80年代中国人道主义思潮研究.黑龙江大学.哈尔滨.
8. 易图强（2011）.新中国畅销书历史嬗变及其与时代变迁关系研究（1949.10-1989.5）.湖南师范大学.长沙.

集刊论文

1. 阿城（2018）.文化制约着人类.程光炜，谢尚发（主编）.寻根文学研究资料.南昌：百花洲文艺出版社.88-91.
2. 曹炎（2008/2009）.《情爱论》：冲破读书的禁区..郝振省（主编）.名著的故事.北京：中国书籍出版社.202-215.
3. 陈来（1988/2006）.思想出路的三动向..甘阳（主编）.八十年代文化意识.上海：上海人民出版社.565-571.
4. 陈宣良（1987）.译后记.让保罗·萨特著.陈宣良译.存在与时间.北京：生活·读书·新知三联书店.800-806.
5. 方励之（1986a/1987）.方励之在同济大学的讲话.北京日报理论部编.评"全盘西化"论.北京：北京日报出版社.274.
6. 方励之（1986b/1987）.方励之在宁波大学的讲话.北京日报理论部编.评"全盘西化"论.北京：北京日报出版社.275.
7. 方鸣，滕明道，陈沙（1988）.近几年丛书出版综述.中国出版工作者协会，中国出版发行科学研究院编.中国出版年鉴（1988）.北京：中国书籍出版社出版.267-271.
8. 韩少功（2018）.文学的"根".程光炜，谢尚发（主编）.寻根文学研究资料.南昌：百花洲文艺出版社.76-81.
9. 旷新年（2009）.写在"伤痕文学"边上.洪子诚，程光炜（主编）.重返八十年代.北京：北京大学出版社 .154-168.

10. 李昌（1998/2005）.邓小平指导中国科学院整顿内情 .杨天石，谢春涛（主编）.邓小平写真 .上海：世纪出版集团、上海辞书出版社 .75-92.

11. 李杭育（2018）.理一理我们的"根" .程光炜，谢尚发（主编）.寻根文学研究资料 .南昌：百花洲文艺出版社 .82-87.

12. 李杨（2009）.重返 1980 年代：为何重返以及如何重返 .程光炜（主编）.重返 1980 年代 .北京：北京大学出版社 .13-27.

13. 刘心武（1997）.滴水可知海味 .本社编 .作家谈译文 .上海：上海译文出版社 .57-64.

14. 卢之超（1997）.回忆胡乔木 .杨尚昆等著 .我所知道的胡乔木 .北京：当代中国出版社 .159-175.

15. 莫言（1997）.我与译文 .本社编 .作家谈译文 .上海：上海译文出版社 .234-241.

16. 邱飒爽，严强（1983）.评"人是马克思主义的出发点" .南京大学学报编辑部 .纪念马克思逝世一百周年专辑 .南京：南京大学出版社 .33-60.

17. 苏晓康，王鲁湘（1988）.《河殇》解说词 .崔文华（主编）.《河殇》论 .北京：文化艺术出版社 .3-80.

18. 孙向晨（2009）.从社会的热潮到深层的问题：西方哲学研究三十年来的反思 .苏力、陈春声 .中国人文社会科学三十年 .北京：生活·读书·新知三联书店 .563-574.

19. 沈宝祥（2005）.真理标准问题讨论概述 .中共中央党史研究室科研管理部 .拨乱反正中央卷（上）.中国党史出版社 .57-171.

20. 王若水（1981）.人是马克思主义的出发点 .人民出版社编辑部 .人是马克思主义的出发点：人性、人道主义问题论集 .北京：人民出版杜 .1-15.

21. 许力以（1999）.出版改革的起步，摆脱思想上的束缚，开拓迈进 .中国当代出版社史料第八卷 .26-27.

22. 薛巍（2008）.现代西方学术文库：开启学术新思潮和新方法的窗口 .守望家园：生活·读书·新知三联书店 .北京：生活·读书·新知三联书店 .91-106.

23. 叶茂根（2009）.我与上海译文版《百年孤独》.郝振省 .名著的故事 .北京：中国书籍出版社 .221-225.

24. 郑万隆（2018）.我的根 .程光炜，谢尚发（主编）.寻根文学研究资料 .南昌：百花洲文艺出版社 .92-95.

25. 郑义（2018）.跨越文化的断裂带 .程光炜，谢尚发（主编）.寻根文学研究资料 .南昌：百花洲文艺出版社 .96-97.

26. 周扬（1980）.三次伟大的思想解放运动 .纪念五四运动六十周年学术讨论论文

选（一）.北京：中国社会科学出版社.6-9.

27.[法]欧仁·尤奈斯库著（1959/1984）.李化译.论先锋派.王忠琪等译.法国作家论文学.北京：生活·读书·新知三联书店.567-579.

网络文献

1.陈子明，徐友渔（2009）.关于八十年代：文化思想派别等的通信——陈子明致徐友渔.检索于 http://www.aisixiang.com/data/29150.html . [2009-07-15].

2.徐友渔（2009）.中国三十年各派社会思潮——2009年2月28日在三味书屋的演讲.检索于 http://www.aisixiang.com/data/26067.html . [2009-04-05].

附 录

表1 20世纪80年代人道主义思潮图书样本详细列表

序号	书名	作者	出版社	出版年月
1	《批判哲学的批判：康德述评》	李泽厚	人民出版社	1979.3
2	《班主任》	刘心武	中国青年出版社	1979.6
3	《马克思1844年经济学-哲学手稿》	刘丕坤 译	人民出版社	1979.6
4	《第二次握手》	张扬	中国青年出版社	1979.7
5	《天云山传奇》	鲁彦周	百花文艺出版社	1980.1
6	《啊！》	冯骥才	百花文艺出版社	1980.4
7	《许茂和他的女儿们》	周克芹	百花文艺出版社	1980.5
8	《德国古典美学》	蒋孔德	商务印书馆	1980.6
9	《谈美书简》	朱光潜	上海文艺出版社	1980.8
10	《我们这一代年轻人》	叶辛	中国青年出版社	1980.8
11	《人啊，人！》	戴厚英	花城出版社	1980.11
12	《人是马克思主义的出发点：人性、人道主义问题论集》	人民出版社编辑部	人民出版社	1981.1
13	《美的历程》	李泽厚	文物出版社	1981.3
14	《灵与肉》	张贤亮	百花文艺出版社	1981.5
15	《美学散步》	宗白华	上海人民出版社	1981.6
16	《美学概论》	王朝闻	人民出版社	1981.6
17	《傅雷家书》	傅雷	生活·读书·新知三联书店	1981.8

（续表）

序号	书名	作者	出版社	出版年月
18	《芙蓉镇》	古华	人民文学出版社	1981.11
19	《风凛冽》	叶辛	中国青年出版社	1981.12
20	《朱光潜美学文集》第一卷	朱光潜	上海文艺出版社	1982.2
21	《飘逝的花头巾》	陈建功	四川人民出版社	1982.4
22	《马克思恩格斯论人性和人道主义》	《马克思主义文艺理论研究》编辑部 编	光明日报出版社	1982.4
23	《蹉跎岁月》	叶辛	中国青年出版社	1982.6
24	《朱光潜美学文集》第二卷	朱光潜	上海文艺出版社	1982.9
25	《高山下的花环》	李存葆	山东人民出版社	1982.12
26	《马克思早期思想研究》	陈先达	北京出版社	1983.1
27	《高山下的花环》	李存葆	北京出版社	1983.1
28	《时代精神的精华：纪念马克思逝世一百周年》	全国党校系统纪念马克思逝世一百周年论文选编组哲学组 编	中共中央党校出版社	1983.3
29	《纪念马克思逝世一百周年论文选集》	江苏省社联编委会	江苏省哲学社会科学联合会	1983.3
30	《纪念马克思逝世一百周年专辑》	南京大学学报编辑部	南京大学出版社	1983.3
31	《人性、人道主义问题讨论集》	中国社会科学院哲学研究所《国内哲学动态》编辑部 编	人民出版社	1983.3
32	《学习马克思的教育思想 纪念马克思逝世一百周年文集》	中国教育学会教育研究会 编	人民教育出版社	1983.4
33	《异化与人：国内哲学界五年来关于异化、人性、人道主义问题的争论》	辽宁省历史唯物主义研究会 编	辽宁省历史唯物主义研究会	1983.4
34	《方舟》	张洁	北京出版社	1983.4
35	《河的子孙》	张贤亮	百花文艺出版社	1983.6
36	《将军吟》（上、下）	莫应丰	人民文学出版社	1983.6
37	《论人性、异化、人道主义》	中国社科院哲学所历史唯物主义研究室、中国历史唯物主义研究会 编	清华大学出版社	1983.8

（续表）

序号	书名	作者	出版社	出版年月
38	《男人的风格》	张贤亮	百花文艺出版社	1983.12
39	《朱光潜美学文集》第三卷	朱光潜	上海文艺出版社	1983.12
40	《关于人道主义和异化问题》	胡乔木	人民出版社	1984.1
41	《谈谈异化和人道主义问题》	靳辉明	北京出版社	1984.1
42	《高山下的花环》	李存葆	山东文艺出版社	1984.1
43	《北国草》	从维熙	北京十月文艺出版社	1984.2
44	《异化与人道主义问题评论集》	四川省社会科学院综合理论研究所	四川社会科学院出版社	1984.2
45	《〈关于人道主义和异化问题〉一文的注释》	《红旗》杂志编辑部	红旗出版社	1984.3
46	《〈关于人道主义和异化问题〉学习辅导》	教育部政治思想教育司 编	中国人民大学出版社	1984.4
47	《春前草》	鲁彦周	上海文艺出版社	1984.4
48	《雾中人》	冯骥才	群众出版社	1984.4
49	《傅雷家书》（增补本）	傅雷	生活·读书·新知三联书店	1984.5
50	《批判哲学的批判：康德述评》（修订本）	李泽厚	人民出版社	1984.6
51	《被爱情遗忘的角落：从小说到电影》	张弦	中国电影出版社	1984.6
52	《人道主义和异化三十题》	上海社会科学院哲学研究所 编	上海人民出版社	1984.7
53	《美的历程》	李泽厚	中国社会科学出版社	1984.7
54	《学习〈关于人道主义和异化问题〉问答》	解放军报理论处 编	中共中央党校出版社	1984.7
55	《美学和中国美术史》	朱光潜 黄药眠 常任侠	知识出版社	1984.9
56	《情爱论》	[保]瓦西列夫 著；赵永穆等 译	生活·读书·新知三联书店	1984.10

（续表）

序号	书名	作者	出版社	出版年月
57	《朱光潜美学文集》	朱光潜	上海文艺出版社	1984.10
58	《绿化树》	张贤亮	北京十月文艺出版社	1984.12
59	《肖尔布拉克》	张贤亮	上海文艺出版社	1984.12
60	《这是一片神奇的土地》	梁晓声	百花文艺出版社	1985.1
61	《李泽厚哲学美学文选》	李泽厚	湖南人民出版社	1985.1
62	《人道主义和异化问题研究》	北京大学哲学系 编	北京大学出版社	1985.6
63	《爱情泪》	牛元光	山东文艺出版社	1985.8
64	《我的遥远的清平湾》	史铁生	北京十月文艺出版社	1985.10
65	《感情的历程：唯物论者的启示录》	张贤亮	作家出版社	1985.10
66	《马克思主义哲学基础》（上）	高清海	人民出版社	1985.10
67	《〈男人的一半是女人：唯物论者启蒙论〉之一》	张贤亮	中国文联出版社	1985.12
68	《男人的一半是女人》	张贤亮	四川文艺出版社	1986.1
69	《张贤亮自选集》	张贤亮	宁夏人民出版社	1986.3
70	《犯人李铜钟的故事》	张一弓	中原农民出版社	1986.4
71	《为人道主义辩护》	王若水	生活·读书·新知三联书店	1986.7
72	《性格组合论》	刘再复	上海文艺出版社	1986.7
73	《飞越欧罗巴》	张贤亮	百花文艺出版社	1986.7
74	《张贤亮集》	张贤亮	海峡文艺出版社	1986.9
75	《张洁集》	张洁	海峡文艺出版社	1986.10
76	《文学的反思》	刘再复	人民文学出版社	1986.11
77	《隐形伴侣》	张抗抗	作家出版社	1986.12
78	《美是自由的象征》	高尔泰	人民文学出版社	1986.12
79	《活动变形人》	王蒙	人民文学出版社	1987.3

（续表）

序号	书名	作者	出版社	出版年月
80	《从维熙代表作》	从维熙	黄河文艺出版社	1987.5
81	《冯骥才代表作》	冯骥才	河南人民出版社	1987.5
82	《人、人性、人道主义、异化：国内理论讨论资料选编》（上、下）	中共中央党校科研办公室 编	中共中央党校科研办公室	1987.5
83	《马克思主义哲学基础》（下）	高清海	人民出版社	1987.6
84	《血色黄昏》	老鬼	工人出版社	1987.6
85	《马克思主义与人道主义》	陆梅林	文化艺术出版社	1987.9
86	《古塔上的风铃》	鲁彦周	人民文学出版社	1988.2
87	《一个红卫兵的自白》	梁晓声	四川文艺出版社	1988.3
88	《哲学与主体自我意识》	高清海	吉林大学出版社	1988.4
89	《刘再复集：寻找、呼唤》	刘再复	黑龙江教育出版社	1988.9
90	《初吻》	张贤亮	陕西旅游出版社	1998.10
91	《雪城》（上、下）	梁晓声	北京十月文艺出版社	1988.11
92	《习惯死亡》	张贤亮	百花文艺出版社	1989.1
93	《华夏美学》	李泽厚	中外文化出版公司	1989.2
94	《海上繁花梦》	王安忆	花城出版社	1989.4
95	《朱光潜美学文集》第五卷	朱光潜	上海文艺出版社	1989.4
96	《张一弓代表作》	张一弓	河南人民出版社	1989.8
97	《美学四讲》	李泽厚	生活·读书·新知三联书店	1989.6
98	《刘心武代表作》	刘心武	河南人民出版社	1989.8
99	《张贤亮代表作》	张贤亮	河南人民出版社	1989.8
100	《美的历程》	李泽厚	中国社会科学出版社	1989.11

表2 20世纪80年代科学主义思潮图书样本详细列表

序号	书名	作者	出版社	出版年月
1	《科学的春天》	本社 编	北京出版社	1979.7
2	《科学的春天》	郭沫若、徐迟 等	百花文艺出版社	1979.8
3	《相对论原理:狭义相对论和广义相对论经典论文集》	A.爱因斯坦 著;赵志田 刘一贯 译	科学出版社	1980.2
4	《科学学译文集》	[英]J.D.贝尔纳等 著;中国社会科学院情报研究所 编译	科学出版社	1980.3
5	《董纯才科普创作选集》	董纯才	科学普及出版社	1980.3
6	《高士其科普创作选集》（上集）	高士其	科学普及出版社	1980.4
7	《戴文赛科普创作选集》	戴文赛	科学普及出版社、江苏科学技术出版社	1980.4
8	《科学社会学理论和方法论问题》	[保]尼科·雅赫尔 著;顾镜清 译	中国社会科学出版社	1981.1
9	《哥德巴赫猜想》	潘承洞、潘承彪	科学出版社	1981.2
10	《竺可桢科普创作选集》	竺可桢	科学普及出版社	1981.3
11	《水下千里眼》	于永源、潘来星	国防工业出版	1981.3
12	《飞向宇宙》	杨广耀	科学普及出版社	1981.3
13	《60个第一的故事》（上、下）	王国文	甘肃人民出版社	1981.4
14	《简明科学技术史话》	申漳	中国青年出版社	1981.7
15	《贾祖璋科普创作选集》	贾祖璋	科学普及出版社、福建科学技术出版社	1981.8
16	《漫游科学世界》	[苏联]米·费·列勃罗夫 著;王友玉、祝康济等 译	江苏科学技术出版社	1982.3
17	《科学研究的方法论》	陈衡	科学出版社	1982.5
18	《二十世纪科学史话》	[美]J.希夫勒 著;吴鹤年、马德林 译	科学出版社	1982.7

（续表）

序号	书名	作者	出版社	出版年月
19	《茅以昇科普创作选集》	茅以昇	科学普及出版社	1982.8
20	《2001年的世界》	[日]谢世辉 著；刘青然等 译	北京出版社	1982.10
21	《当代科学之门》	《自然杂志》编辑部 编著	学林出版社	1982.10
22	《控制论和科学方法论》	金观涛、华国凡	科学普及出版社	1983.1
23	《第三次浪潮》	[美]阿尔温·托夫勒 著；朱志焱、潘琪、张焱 译	生活·读书·新知三联书店	1983.3
24	《系统科学方法论导论》	魏宏森	人民出版社	1983.7
25	《语言学和现代科学》	陈明远 编著	四川人民出版社	1983.11
26	《在历史的表象背后：对中国封建社会超稳定结构的探索》	金观涛	四川人民出版社	1983.12
27	《让科学的光芒照亮自己：近代科学为什么没有在中国产生》	刘青峰	四川人民出版社	1984.1
28	《GEB：一条永恒的金带》	乐秀成 改写	四川人民出版社	1984.1
29	《大趋势：改变我们生活的十个新方向》	[美]约翰·奈斯比特 著；梅艳 译	中国社会科学出版社	1984.2
30	《面临新挑战的科学技术》	杨纪珂	安徽科学技术出版社	1984.3
31	《科学史上的明星：外国物理学家的故事》	邵建明、殷献之、刘玉平、高建军	山东人民出版社	1984.3
32	《神奇的设想》	[英]奈杰尔.考尔德 著；宇川 译	知识出版社	1984.3
33	《兴盛与危机——论中国封建社会的超稳定结构》	金观涛、刘青峰	湖南人民出版社	1984.4
34	《科学相声》	郝爱民、谈宝森	工人出版社	1984.5
35	《科学家的思维方式》	姜念涛	云南人民出版社	1984.5

（续表）

序号	书名	作者	出版社	出版年月
36	《大趋势：改变我们生活的十个新趋向》	[美]约翰·奈斯比特 著；孙道章、路林沙、王金余、赵英琪 译	新华出版社	1984.6
37	《美国科学技术史话》	[美]卡罗尔·卡尔金斯 主编；程毓征、王岱等 译	人民出版社	1984.8
38	《中国的大趋势：温元凯谈改革》	本社编	上海人民出版社	1984.8
39	《高士其科普创作选集》（下集）	高士其	科学普及出版社	1984.10
40	《预测与前提：托夫勒未来对话录》	[美]阿尔温·托夫勒 著；粟旺、德胜、徐复 译	国际文化出版公司	1984.12
41	《摇篮与墓地：严复的思想和道路》	陈越光、陈小雅	四川人民出版社	1985.4
42	《择优分配原理：经济学和它的数理基础》	茅于轼	四川人民出版社	1985.4
43	《第三次数学危机》	胡作玄	四川人民出版社	1985.4
44	《昨天、今天、明天：新技术革命与国际私法》	邓正来 编著	四川人民出版社	1985.4
45	《未来学概论》	顾镜清	贵州人民出版社	1985.5
46	《十万个为什么》	本社编	少年儿童出版社	1985.6
47	《预测和未来学研究》	[美]韦维恩·鲍彻等 著	上海科学技术文献出版社	1985.7
48	《西方文官系统》	杨百揆、陈子明等 著	四川人民出版社	1985.8
49	《动态经济系统的调节与演化》	邓英淘、何潍凌 编著	四川人民出版社	1985.8
50	《系统方法》	张卓民、康荣平 编著	辽宁人民出版社	1985.12
51	《遗传学与社会》	赵功民	辽宁人民出版社	1986.3
52	《日本为什么"成功"：西方的技术和日本的民族精神》	[日]森岛通天 著；胡国成 译	四川人民出版社	1986.4

（续表）

序号	书名	作者	出版社	出版年月
53	《信息革命的技术源流》	宋德胜	四川人民出版社	1986.4
54	《控制论·信息论·系统科学与哲学》	王雨田	中国人民大学出版社	1986.5
55	《系统论·控制论·信息论概要》	曾广容、易可君等 编	中南工业大学出版社	1986.5
56	《美学原理：系统论·控制论·信息论》	黄海澄	湖南人民出版社	1986.5
57	《富饶的贫困：中国落后地区的经济考察》	王小强、白南风	四川人民出版社	1986.6
58	《系统思想》	杨志信、葛明浩 译	四川人民出版社	1986.6
59	《性格组合论》	刘再复	上海文艺出版社	1986.7
60	评《第三次浪潮》	高放	光明日报出版社	1986.7
61	《增长、短缺与效率：社会主义经济的一个宏观动态模型》	崔之元、钱铭今 译	四川人民出版社	1986.8
62	《科学学五十年》	王兴成、徐耀宗	辽宁人民出版社	1986.8
63	《走向二十二世纪：卡恩的大过渡理论》	陆象淦	辽宁人民出版社	1986.8
64	《十七世纪英国的科学、技术与社会》	范岱年、吴忠、蒋效东 译	四川人民出版社	1986.9
65	《定量社会学》	郭治安、姜璐、沈小峰 编译	四川人民出版社	1986.9
66	《新技术革命与经济科学》	于东林	辽宁人民出版社	1986.12
67	《现代科学之花：技术美学》	涂途	辽宁人民出版社	1986.12
68	《科学技术之光：科技美学概论》	长相轮	人民出版社	1986.12
69	《科学发现的逻辑》	张士嵘	人民出版社	1986.12

（续表）

序号	书名	作者	出版社	出版年月
70	《科学技术预测》	[苏联]B.N.马克西缅科、[民主德国]D.埃特尔著；蒋长斌 译	科学技术文献出版社	1986.12
71	《21世纪科学奇观》	姚诗煌、朱长超等 编译	文汇出版社	1986.12
72	《大思路：预见未来的方法论》	张学礼	陕西人民出版社	1987.2
73	《走向现代国家之路》	钱乘旦、陈意新	四川人民出版社	1987.3
74	《上帝怎样掷骰子：因果性、概率与归纳》	陈克艰	四川人民出版社	1987.3
75	《人心中的历史：当代西方历史理论书评》	刘昶	四川人民出版社	1987.3
76	《控制论方法》	马成立	辽宁人民出版社	1987.3
77	《社会研究方法》	[美]艾尔·巴比 著；李银河 编译	四川人民出版社	1987.5
78	《未来与未来学》	刘茂松	湖南教育出版社	1987.6
79	《凯恩斯理论与中国经济》	林一知	四川人民出版社	1987.6
80	《对科学的傲慢与偏见》	[英]查·帕·斯诺 著；陈恒六、刘兵 译	四川人民出版社	1987.6
81	《竞争中的合作：西方国际经济学导论》	陈汉文 编著	四川人民出版社	1987.7
82	《计量历史学》	闻一、肖吟 编译	四川人民出版社	1987.7
83	《哲学·生态学·宇航学》	[苏联]O.A.什科连科 著；范习心 译	辽宁人民出版社	1988.1
84	《人类理性与设计科学：人类设计技能探索》	杨砾、徐立	辽宁人民出版社	1988.1
85	《世纪工程："星球大战"与当代世界》	刘戟锋、周建设	辽宁人民出版社	1988.1
86	《软科学决策》	贺仲雄	辽宁人民出版社	1988.2
87	《大科学观》	赵红州	人民出版社	1988.2

（续表）

序号	书名	作者	出版社	出版年月
88	《科学夜谭：全国晚报第二次科学小品正文选集》	赵之、黄天祥 主编	中国青年出版社	1988.2
89	《科学研究的艺术：科学方法导论》	张巨青	湖北人民出版社	1988.2
90	《现代化的动力》	[美]C.E.布莱克 著；段小光 译	四川人民出版社	1988.3
91	《第一个工业化社会》	钱乘旦	四川人民出版社	1988.3
92	《科学家在社会中的角色》	约瑟夫.本.戴克 著；赵佳苓 译	四川人民出版社	1988.5
93	《平等与效率：重大的权衡》	[美]阿瑟.奥肯 著；王忠民、黄清 译	四川人民出版社	1988.5
94	《人的哲学：论"科学与理性"的基础》	金观涛	四川人民出版社	1988.6
95	《未来学与西方未来主义》	沈恒炎	辽宁人民出版社	1989.2
96	《软科学在中国》	甘师俊、余建华等 编著	华中理工大学出版社	1989.3
97	《新科学》（全两册）	[意]维柯 著；朱光潜 译	商务印书馆	1989.6
98	《论科学》	吴义生	求实出版社	1989.8
99	《中国科普作家词典》（第一卷）	《中国科普作家词典》编委会 编	黑龙江科学技术出版社	1989.8
100	《科普广播佳作选》	中国科普研究所	学术书刊出版社	1989.12

表3 20世纪80年代文化保守主义思潮图书样本详细列表

序号	书名	作者	出版社	出版年月
1	《公孙龙子研究》	庞朴	中华书局	1979.12
2	《中国哲学发微》	张岱年	山西人民出版社	1981.12
3	《中印文化关系史论文集》	季羡林	生活・读书・新知三联书店	1982.5
4	《沉思集》	庞朴	上海人民出版社	1982.6
5	《庄子今注今译》（全三册）	陈鼓应	中华书局	1983.4
6	《黑骏马》	张承志	百花文艺出版社	1983.6
7	《郭象与魏晋玄学》	汤一介	湖北人民出版社	1983.10
8	《中国哲学史方法论发凡》	张岱年	中华书局	1983.10
9	《三松堂学术文集》	冯友兰	北京大学出版社	1984.3
10	《儒家辩证法研究》	庞朴	中华书局	1984.6
11	《在伊犁：淡灰色的眼珠》	王蒙	作家出版社	1984.8
12	《北方的河》	张承志	百花文艺出版社	1985.3
13	《中国古代思想史论》	李泽厚	人民出版社	1985.3
14	《腊月・正月》	贾平凹	北京十月文艺	1985.6
15	《玄儒评林》	张岱年	湖南人民出版社	1985.8
16	《棋王》	阿城	作家出版社	1985.11
17	《中国甲骨学史》	吴浩坤、潘悠	上海人民出版社	1985.12
18	《中西文化交流史》	沈福伟	上海人民出版社	1985.12
19	《小鲍庄》	王安忆	上海文艺出版社	1986.5
20	《禅宗与中国文化》	葛兆光	上海人民出版社	1986.6
21	《天狗》	贾平凹	作家出版社	1986.9
22	《陆文夫集》	陆文夫	海峡文艺出版社	1986.9
23	《方言与中国文化》	周振鹤、游汝杰	上海人民出版社	1986.10
24	《东方学术概观》	梁漱溟	巴蜀书社	1986.11
25	《中国文化与中国哲学》	深圳大学国学研究所	东方出版社	1986.12

（续表）

序号	书名	作者	出版社	出版年月
26	《东西文化及其哲学》	梁漱溟	商务印书馆	1987.2
27	《神话与民族精神：几个文化圈的比较》	谢选骏	山东文艺出版社	1987.2
28	《冈底斯的诱惑》	马原	作家出版社	1987.3
29	《中国文化概论》	李中华	中国文化书院	1987.5
30	《比较文学》	乐黛云、张文定	中国文化书院	1987.5
31	《比较史学》	庞卓恒	中国文化书院	1987.5
32	《比较哲学》	焦树安	中国文化书院	1987.5
33	《中国文化要义》	梁漱溟	学林出版社	1987.6
34	《中国古典哲学概念范畴要论》	张岱年	中国社会科学院出版社	1987.6
35	《古船》	张炜	人民文学出版社	1987.8
36	《楚文化史》	张正明	上海人民出版社	1987.8
37	《道教与中国文化》	葛兆光	上海人民出版社	1987.9
38	《受戒：汪曾祺自选集》	汪曾祺	漓江出版社	1987.10
39	《孔子研究论文集》	中华孔子研究所 编	教育科学出版社	1987.11
40	《中国小学史》	胡奇光	上海人民出版社	1987.11
41	《士与中国文化》	余英时	上海人民出版社	1987.12
42	《简明东方文学史》	季羡林	北京大学出版社	1987.12
43	《瀚海》	洪峰	作家出版社	1988.1
44	《论中国传统文化：中国文化书院演讲录》第一集	中国文化书院 讲演录编委会 编	生活·读书·新知三联书店	1988.1
45	《良莠集：中国文化与哲学论集》	庞朴	上海人民出版社	1988.3
46	《商周青铜文化》	徐鸿修	山东教育出版社	1988.4
47	《中国古代考试制度》	盛奇秀	山东教育出版社	1988.4

（续表）

序号	书名	作者	出版社	出版年月
48	《书法源流概谈》	陈梗桥	山东教育出版社	1988.4
49	《中国历代官制纵谈》	周国荣	山东教育出版社	1988.4
50	《魏晋南北朝时期的道教》	汤一介	陕西师范大学出版社	1988.4
51	《中国佛教史》第三卷	任继愈	中国社会科学院出版社	1988.4
52	《梁漱溟学术精华录》	梁漱溟	北京师范学院出版社	1988.6
53	《冯友兰学术精华录》	冯友兰	北京师范学院出版社	1988.6
54	《费孝通学术精华录》	费孝通	北京师范学院出版社	1988.6
55	《中国传统文化潜结构的改造——温元凯谈改革》	温元凯	上海人民出版社	1988.7
56	《中西比较文学教程》	乐黛云	高等教育出版社	1988.7
57	《文化与哲学》	张岱年	教育科学出版社	1988.7
58	《中国文化与中国哲学1987》	深圳大学国学研究所	生活·读书·新知三联书店	1988.8
59	《人性与自我修养》	杜维明	中国和平出版社	1988.8
60	《文化的民族性与时代性》	庞朴	中国和平出版社	1988.8
61	《佛教与中国文学》	孙昌武	上海人民出版社	1988.8
62	《中国传统文化中的儒道释》	汤一介	中国和平出版社	1988.10
63	《中国文化的现代化与世界化》	成中英	中国和平出版社	1988.10
64	《中外文化比较研究：中国文化书院演讲录》第二集	中国文化书院讲演录编委会 编	生活·读书·新知三联书店	1988.12
65	《穆斯林的葬礼》	霍达	北京十月文艺出版社	1988.12
66	《中国儒学辞典》	赵吉惠、郭厚安	辽宁人民出版社	1988.12
67	《中国传统的创造性转化》	林毓生	生活·读书·新知三联书店	1988.12
68	《儒学与中国人》	李颖科	陕西师范大学出版社	1989.2
69	《华夏美学》	李泽厚	中外文化出版公司	1989.2

（续表）

序号	书名	作者	出版社	出版年月
70	《当代新儒家》	封祖盛	生活·读书·新知三联书店	1989.4
71	《中西文化异同论》	郁龙余	生活·读书·新知三联书店	1989.4
72	《张岱年文集》（第一卷）	张岱年	清华大学出版社	1989.4
73	《从西方哲学到禅佛教》	傅伟勋	生活·读书·新知三联书店	1989.4
74	《现代新儒学研究论集》（一）	方克立、李锦全	中国社会科学出版社	1989.4
75	《梁漱溟全集》第一卷	中国文化书院学术委员会 编	山东人民出版社	1989.5
76	《中国伦理思想研究》	张岱年	上海人民出版社	1989.5
77	《中国文化传统简论》	张岱年、姜广辉	浙江人民出版社	1989.5
78	《中国传统论理思想史》	朱贻庭	华东师范大学出版社	1989.6
79	《西藏新小说》	扎西达娃 等	西藏人民出版社	1989.6
80	《中国思想传统的现代诠释》	余英时	江苏人民出版社	1989.6
81	《魏晋玄学史》	许抗生、李中华、陈战国、那薇	陕西师范大学出版社	1989.7
82	《东方文化知识讲座》	季羡林、任继愈、常任侠、周一良等	黄山书社	1989.7
83	《厚土：吕梁山印象》	李锐	浙江文艺出版社	1989.7
84	《孔子精神与基督精神》	高旭东、吴忠民、陈炎 等	河北人民出版社	1989.8
85	《生命之树与知识之树：中西文化专题比较》	高旭东	河北人民出版社	1989.8
86	《庄子》与现代主义	张石	河北人民出版社	1989.8
87	《"天人合一"与"神人合一"：中西美学的宏观比较》	王生平	河北人民出版社	1989.8

（续表）

序号	书名	作者	出版社	出版年月
88	《文化精神与小说观念：中西小说观念比较》	白海珍、汪帆	河北人民出版社	1989.8
89	《传统文化与近代中国》	本社 编	上海古籍出版社	1989.9
90	《中国创世神话》	陶阳、钟秀	上海人民出版社	1989.9
91	《新加坡的挑战：新儒学伦理与企业精神》	[美]杜维明 著；高专诚 译	生活·读书·新知三联书店	1989.10
92	《中国饮食文化》	林乃燊	上海人民出版社	1989.10
93	《东方文学名著题解》	季羡林、刘安武	中国青年出版社	1989.10
94	《古代医药史精华录》	张知寒	山东教育出版社	1989.12
95	《中华礼俗纵横谈》	李万鹏、姜文华	山东教育出版社	1989.12
96	《汉字的演变》	刘聿鑫、刘景林	山东教育出版社	1989.12
97	《中国古代图书》	鲁海、鲁军	山东教育出版社	1989.12
98	《中华的智慧：中国古代哲学思想精粹》	张岱年、方立天	上海人民出版社	1989.12
99	《彝族文化史》	马学良	上海人民出版社	1989.12
100	《中国历代官制与文化》	王超	上海人民出版社	1989.12

表4　20世纪80年代文化自由主义思潮图书样本详细列表

序号	书名	作者	出版社	出版年月
1	《新诗创作问题讨论集》（附舒婷《心歌集》）	《福建文学》编辑部	《福建文学》杂志社	1980.12
2	《小说奇葩》	王蒙、谌容 等	福建人民出版社	1981.1
3	《朦胧诗及其他》	中国作家协会江西分会 编	《星火》文学月刊社	1981.3
4	《宗璞小说散文选》	宗璞	北京出版社	1981.4
5	《雪莱政治论文选》	杨熙龄 译	商务印书馆	1981.4
6	《塔西佗〈编年史〉》（全两册）	王以铸、崔妙因 译	商务印书馆	1981.4
7	《夜的眼及其他》	王蒙 等	花城出版社	1981.10
8	《双桅船》	舒婷	上海文艺出版社	1982.2
9	《爱情诗选》	伊仲晞 选编	广西人民出版社	1982.4
10	《价值与资本：对经济理论某些基本原理的探讨》	[英]希尔斯 著；薛蕃康 译	商务印书馆	1982.5
11	《乌托邦》	[英]托马斯·莫尔 著；戴镏龄 译	商务印书馆	1982.7
12	《舒婷、顾城抒情诗选（一九七一年至一九八一年）》	舒婷、顾城	福建人民出版社	1982.10
13	《狄德罗哲学选集》	[法]狄德罗 著；江天骥、陈修斋、王太庆 译	商务印书馆	1983.1
14	《一九八一年诗选》	诗刊社 编	人民文学出版社	1983.3
15	《伦理学》	[荷兰]斯宾诺莎 著；贺麟 译	商务印书馆	1983.3
16	《科学哲学的兴起》	[德]H.赖欣巴哈 著；伯尼 译	商务印书馆	1983.4
17	《共和国的星光》	谢冕	春风文艺出版社	1983.6
18	《一九八二年诗选》	诗刊社 编	人民文学出版社	1983.11
19	《谈诗》（修订本）	郭小川	上海文艺出版社	1984.3
20	《现实的人类和理想的人类：一个贫苦罪人的福音》	[德]威廉·魏特林 著；胡文建、顾家庆 译	商务印书馆	1984.4

（续表）

序号	书名	作者	出版社	出版年月
21	《她们的抒情诗》	阎纯德 主编	福建人民出版社	1984.4
22	《神圣人生论》（全两册）	[印度]室利·阿罗频多 著；徐梵澄 译	商务印书馆	1984.5
23	《回忆苏格拉底》	[古希腊]色诺芬 著；吴永泉 译	商务印书馆	1984.9
24	《情爱论》	[保]瓦西列夫 著，赵永穆等 译	生活·读书·新知三联书店	1984.10
25	《十六、十七世纪科学、技术和哲学史》	[英]亚·沃尔夫 著；周昌忠、苗以顺等 译	商务印书馆	1984.12
26	《礼魂》	杨炼	长安诗家编委会	1985.3
27	《一九八三年诗选》	诗刊社 编	人民文学出版社	1985.4
28	《淡蓝色的星：林雪诗集》	林雪	春风文艺出版社	1985.10
29	《朦胧诗选》	阎月君、高岩、梁云、顾芳 选编	春风文艺出版社	1985.11
30	《人论》	[德]恩斯特·卡西尔 著；甘阳 译	上海译文出版社	1985.12
31	《一九八四年诗选》	诗刊社 编	人民文学出版社	1986.2
32	《黑眼睛：顾城诗选》	顾城	人民文学出版社	1986.3
33	《透明的胡萝卜》	莫言	作家出版社	1986.3
34	《你别无选择》	刘索拉	作家出版社	1986.3
35	《北岛诗选》	北岛	新世纪出版社	1986.5
36	《弗洛伊德后期著作选》	[奥]西格蒙德·弗洛伊德 著；林尘、张唤民、陈伟奇 译	上海译文出版社	1986.6
37	《探索诗集》	本社 编	上海文艺出版社	1986.6
38	《猜想与反驳：科学知识的增长》	[英]卡尔·波普尔 著；傅季重、纪树立等 译	上海译文出版社	1986.8
39	《从这里开始：江河诗选》	江河	花城出版社	1986.9
40	《归来的陌生人》	北岛	花城出版社	1986.10

（续表）

序号	书名	作者	出版社	出版年月
41	《五人诗选》	北岛、江河、舒婷、顾城、杨炼	作家出版社	1986.12
42	《科学研究纲领方法论》	[英]伊·拉尔托斯 著；兰征 译	上海译文出版社	1986.12
43	《悲剧的诞生：尼采美学文选》	[法]尼采 著；周国平 译	生活·读书·新知三联书店	1986.12
44	《知识价值革命》	[日]堺屋太一 著；黄晓勇、韩铁英、刘大洪 译	生活·读书·新知三联书店	1987.2
45	《冈底斯的诱惑》	马原	作家出版社	1987.3
46	《西西弗的神话》	[法]阿尔贝·加缪 著；杜小真 译	生活·读书·新知三联书店	1987.3
47	《存在与虚无》	[法]让保尔·萨特 著；陈宣良等 译	生活·读书·新知三联书店	1987.3
48	《北欧现代诗选》	北岛 译	湖南人民出版社	1987.4
49	《红高粱家族》	莫言	解放军文艺出版社	1987.5
50	《爱的艺术》	[奥]埃·弗罗姆 著；康革尔 译	华夏出版社	1987.5
51	《荣格心理学入门》	[美]C.S.霍尔、V.J.诺德贝 著；冯川 译	生活·读书·新知三联书店	1987.5
52	《文化：中国与世界》（第一辑）	"文化：中国与世界"编委会	生活·读书·新知三联书店	1987.6
53	《城市社会学：芝加哥学派城市研究文集》	[美]帕克、伯吉斯、麦肯齐 著；宋俊岭等 译	华夏出版社	1987.6
54	《伦理学》	[美]威廉·K.弗兰克纳 著	生活·读书·新知三联书店	1987.7
55	《科学与谬误》	[美]戴西·拉德纳、迈克尔·拉德纳 著；安宝明、张松林 译	生活·读书·新知三联书店	1987.7
56	《爱欲与文明：对弗洛伊德思想的哲学探讨》	[美]赫伯特·马尔库塞 著；黄勇、薛民 译	上海译文出版社	1987.8
57	《欧洲小说的演化》	[美]杰拉德·吉列斯比 著；胡家恋、冯国忠 译	生活·读书·新知三联书店	1987.8

（续表）

序号	书名	作者	出版社	出版年月
58	《文化：中国与世界》（第二辑）	"文化：中国与世界"编委会	生活·读书·新知三联书店	1987.10
59	《自我实现的人》	[美]马斯洛 著；许金声、刘锋等 译	生活·读书·新知三联书店	1987.10
60	《结构主义和符号学：电影理论译文集》	李幼蒸 选编	生活·读书·新知三联书店	1987.11
61	《科学知识进化论：波普尔科学哲学选集》	[英]波普尔 著；纪树立 编译	生活·读书·新知三联书店	1987.11
62	《心理学与文学》	[瑞士]荣格 著；冯川、苏克 译	生活·读书·新知三联书店	1987.11
63	《存在与时间》	[德]马克·海德格尔 著；陈嘉映、王庆节 译	生活·读书·新知三联书店	1987.12
64	《新教伦理与资本主义精神》	[德]马克斯·韦伯 著；于晓、陈维刚 译	生活·读书·新知三联书店	1987.12
65	《哲学和自然之境》	[美]理查·罗蒂 著；李幼蒸 译	生活·读书·新知三联书店	1987.12
66	《文化：中国与世界》（第三辑）	"文化：中国与世界"编委会	生活·读书·新知三联书店	1987.12
67	《成长心理学：健康人格的各种模式》	[美]杜·舒尔兹 著；李文湉 译	生活·读书·新知三联书店	1988.1
68	《心的概念》	[英]吉尔伯特·赖尔 著；刘建荣 译	上海译文出版社	1988.3
69	《语言哲学名著选辑》（英美部分）	徐纪亮 主编	生活·读书·新知三联书店	1988.3
70	《穆罕默德：伊斯兰教的创立者》	[英]罗伊斯顿·派克 著；朱水飞 译	生活·读书·新知三联书店	1988.4
71	《存在主义是一种人道主义》	[法]让保尔·萨特 著；周煦良、汤永宽 译	上海译文出版社	1988.4
72	《自然科学的形而上学基础》	[德]康德 著；邓晓芒 译	生活·读书·新知三联书店	1988.4

（续表）

序号	书名	作者	出版社	出版年月
73	《文化模式》	[美]露丝·本尼迪克特 著；王炜等 译	生活·读书·新知三联书店	1988.5
74	《批评的批评：教育小说》	[法]茨维坦·托多洛夫 著；王东亮、王晨阳 译	生活·读书·新知三联书店	1988.6
75	《语言与神话》	[德]恩斯特·卡西尔 著；于晓等 译	生活·读书·新知三联书店	1988.6
76	《教育哲学》	[美]詹姆斯·麦克莱伦 著；宋少云、陈平 译	生活·读书·新知三联书店	1988.8
77	《语言哲学》	[美]威廉·阿尔斯顿 著；牟博、刘鸿辉 译	生活·读书·新知三联书店	1988.8
78	《命名与必然性》	[美]索尔·克里普克 著；梅文 译	上海译文出版社	1988.10
79	《文化：中国与世界》（第四辑）	"文化：中国与世界"编委会	生活·读书·新知三联书店	1988.11
80	《文化：中国与世界》（第五辑）	"文化：中国与世界"编委会	生活·读书·新知三联书店	1988.11
81	《雅斯贝尔斯》	[德]汉斯·萨尼尔 著；张继武、倪梁康 译	生活·读书·新知三联书店	1988.12
82	《接受美学译文集》	刘小枫 选编	生活·读书·新知三联书店	1989.1
83	《单向度的人：发达工业社会意识形态研究》	[美]赫伯特·马尔库塞 著；刘继 译	上海译文出版社	1989.2
84	《世纪病：别无选择："垮掉的一代"小说选萃》	刘索拉、徐星等 著；陈雷 选编	北京师范大学出版社	1989.3
85	《发达资本主义时代的抒情诗人：论波德莱尔》	[德]本雅明 著；张旭东、魏文生 译	生活·读书·新知三联书店	1989.3
86	《心的哲学》	[美]J.A.沙弗尔 著；陈少鸣 译	生活·读书·新知三联书店	1989.4
87	《资本主义文化矛盾》	[美]丹尼尔·贝尔 著；赵一凡、蒲隆、任晓晋 译	生活·读书·新知三联书店	1989.5
88	《词语》	[法]萨特 著；潘培庆 译	生活·读书·新知三联书店	1989.5

（续表）

序号	书名	作者	出版社	出版年月
89	《摩西与一神教》	[奥]弗洛伊德 著；李展开 译	生活·读书·新知三联书店	1989.6
90	《影响的焦虑》	[美]哈罗德·布鲁姆 著；徐文博 译	生活·读书·新知三联书店	1989.6
91	《占有还是生存：一个新社会的精神基础》	[美]埃里希·弗罗姆 著；关山 译	生活·读书·新知三联书店	1989.6
92	《社会控制》	[美]爱华德·罗斯 著；秦志勇、黄永政等 译	华夏出版社	1989.7
93	《变化社会中的政治秩序》	[美]塞缪尔·P.亨廷顿 著；王冠华、刘为等 译	生活·读书·新知三联书店	1989.7
94	《黄：朦胧诗精品》	杨炼	人民文学出版社	1989.8
95	《审美之维：马尔库塞美学论著集》	[美]赫伯特·马尔库塞 著；李小兵 译	生活·读书·新知三联书店	1989.8
96	《劳动剩余经济的发展》	[美]费景汉、古斯塔夫·拉尼斯 著；王月、甘杏娣、吴立范 译	华夏出版社	1989.9
97	《一个幻觉的未来》	[奥]弗洛伊德 著；杨韶刚 译	华夏出版社	1989.10
98	《经济与社会：对经济与社会的理论统一的研究》	[美]塔尔科特·帕森斯、尼尔·斯梅尔瑟 著；刘进等 译	华夏出版社	1989.12

图书在版编目（CIP）数据

20 世纪 80 年代图书出版与社会思潮关系研究 / 宋扬著 . -- 北京：中国传媒大学出版社，2024.8.

ISBN 978-7-5657-3721-3

Ⅰ. G239.2；D092.7

中国国家版本馆 CIP 数据核字第 2024LZ1378 号

20 世纪 80 年代图书出版与社会思潮关系研究
ERSHI SHIJI BASHI NIANDAI TUSHU CHUBAN YU SHEHUI SICHAO GUANXI YANJIU

著　　者	宋　扬
策划编辑	裴向敏
责任编辑	裴向敏
封面设计	拓美设计
责任印刷	李志鹏

出版发行	中国传媒大学出版社			
社　　址	北京市朝阳区定福庄东街 1 号	**邮　编**	100024	
电　　话	86-10-65450528　65450532	**传　真**	65779405	
网　　址	http://cucp.cuc.edu.cn			
经　　销	全国新华书店			
印　　刷	唐山玺诚印务有限公司			
开　　本	787mm×1092mm　1/16			
印　　张	14			
字　　数	282 千字			
版　　次	2024 年 8 月第 1 版			
印　　次	2024 年 8 月第 1 次印刷			
书　　号	ISBN 978-7-5657-3721-3 / G · 3721	**定　价**	69.00 元	

本社法律顾问：北京嘉润律师事务所　郭建平